アメリカ自然思想の源流

フロントカントリーとバックカントリー

柴﨑文一

明治大学出版会

オーデュボンのリョコウバト
(BA, 226)
かつては世界で最も個体数の多い
鳥だと思われていたが、
絶滅してしまった。

ウィルソンのリョコウバトと
アメリカムシクイ(Blue Mountain Warbler, Hemlock Warbler)
(Wilson 1829, Pl. 44)

ウィリアム・キース William Keith (1838-1911) のヘッチー・ヘッチー渓谷
キースはミューアと同郷の友人だった。

ウォールデン湖の秋 ©Allahabad

はじめに——フロントカントリーとバックカントリー

アメリカには歴史はないが、自然があると言われる。たしかにヨーロッパには、古代ギリシアの時代以来、二千数百年の歴史がある。これに対してアメリカの歴史は、メイフラワー号に乗った一〇二人の清教徒たちがプリマスロックに降り立ち、新大陸の森に初めて斧を入れた一六二〇年から数えても、四百年に満たない。ただしヨーロッパにとって、二千数百年という文明の歴史は、原生自然喪失の歴史であったとも言える。現在のヨーロッパに、原生林と呼ばれうるものはほとんど残っていない。ドイツやスイスの山々に見る緑の森は、およそこの二百年の間に、人間の手によって造り上げられた人工の森にほかならない。

カエサルは『ガリア戦記』の中で、「ゲルマニアのこの地方の誰でも、六十日間の行程を経て森の端まで行ったものがないし、森がどこからはじまるのか聞いたものもいない。森の中には確かにほかでは見ることのできない種類の野獣が多く棲息している」(カエサル 205)(1)と書き残しているが、ゲルマニアに広がる原始の森は、開墾や牧畜、ガラス製造や製鉄などにより、長いヨーロッパ文明の展開過程で、ほぼ完全に伐り倒されてしまったのである。[2] ドイツでは、十九世紀に近代的な林学が発達するが、これは十八世紀までに、原生林はおろか、細々と自然更新しつつ形成されていた森林が、国土の一〇パーセント以下にまで減少してしまったものを回復するため、必要に迫られてのことだったのである(石 2003, 186-204)。

これに対して、アメリカの開拓の歴史はまだ浅い。猛烈な勢いで新大陸の森を切り開き、新国家を建設して行く過程にあっても、原生自然はまさに征服の対象として厳然たる姿で立ちはだかっていた。鳥類を始めとした野生動物の画家であり、優れたネイチャーライティングの作家でもあったオーデュボン John James Audubon（一七八五―一八五一）は、当時のアメリカの自然と、それに対するアメリカ人の思いを次のように記している。

> 我が愛する祖国を見知らぬ誰が、それを適切に描けるというのか。太古の森の広がりを――幾千年もの間、そよ風に葉を揺らし、嵐に耐え抜いて来た木々の壮麗さを――。天上に瞬く星々の光のように、或いは強く、或いは弱く、幾千もの流れが合流して流れ込む、大西洋岸の無数の入り江を。西部に広がる草原と、南部に点在する葦原の湿地や砂の海岸、そして、東部の海岸を守護する断崖絶壁が織り成す多様な景観を……。
>
> (Audubon OB, Vol. 2, 1-2)

新大陸の大自然と対峙したとき、思想家やナチュラリストの中には、道具や技術によってではなく、エマソンRalph Waldo Emerson（一八〇三―一八八二）のように、ヨーロッパの伝統的な観念論の力を借りながら、精神の力によって、これを征服しようとする人がいる一方で、自然の大いなる姿に打たれ、それを恐れるとともに、その力に魅了される人がいても不思議ではない。こうしてアメリカの新大陸で大きく花開くことになるのが、ソローHenry David Thoreau（一八一七―一八六二）やミューアJohn Muir（一八三八―一九一四）に代表される「自然」をめぐる思索と実践の探求である。アメリカの自然思想は、人里に隣接した自然の豊かな多様性を見つめ続けたソローによる「フロントカントリー」front-countryの思想と、厳しい原生自然の中で、荒々しくも繊細な野生の姿を追い求めたミューアによる「バックカントリー」back-countryの思想の両面をもって、独自の世界を創り上げて行くことになるのである。

ただし、「フロントカントリー」と「バックカントリー」という表現自体が、一般的に用いられるようになったのは、それほど古いことではない。これらの語は、本書で取り上げるソローやミューアの時代には、ほとんど使用されておらず、大分時代が下って、「土地倫理」Land Ethicで有名なアルド・レオポルドAldo Leopoldの著作などでも、私の見る限りまだ使用されていない(Leopold 1949)。しかしこのことは、これらの表現に対応する概念が、ソローやミューアの時代に存在していなかったということを意味するものではない。

あえて日本語にするなら、「里山」に近い意味を持つフロントカントリーは、伝統的には「人里に隣接した自然の風景」landscapeとして表現され（ソローMW, 172）、「奥山」に近い意味を持つバックカントリーは、「野生」や「原生自然」を意味する〝ウィルダネス〟wildernessという語によって表現されていたと言ってよいだろう（ソロー MW, 88）。しかし、現代のアメリカでは、これらの自然の領域を「フロントカントリー」と「バックカントリー」という呼び名をもって表現することが一般的であり、またこれらの領域を表現する言葉として、この二つの用語ほど適切なものはないとも言えるところから、本書では、この二つの語によって表現される概念を中心に据え、アメリカに特有の自然観を描き出して行くことにしたいと思う。

しかしアメリカには、ソローやミューアに先立つ博物学者や思想家がいたことも忘れてはならない。中でも、アメリカの持つ原生自然と、そこに暮らす野性動物の価値を深く認識し、開拓の荒波の中で、それらが急速に失われて行くことを危惧したナチュラリストとして、オーデュボンの存在は、アメリカ自然思想の形成を考える上で極めて重要な意味をもつ。そこで第一章では、後のバックカントリーの思想形成へとつながる源泉の一つとしてオーデュボンに着目し、彼の生涯と作品について見て行くことにしたい。

アメリカの自然思想を概括的に扱った書物の中には、エマソンを、後のソローやミューアへと続く思想的源流であるかのように描いているものが多い。しかし私は、本書で論じるようなフロントカントリーとバックカントリーというアメリカ独自の自然観の形成において、エマソンの思想は、本質的な役割を占めてはいないと考えている。ただしソローやミューアと個人的な交わりのあったエマソンの思想は、彼らの思想を正確に理解する上で、押さえておくべき重要な考察課題であるとは言える。それゆえ第二章で我われは、エマソンの思想と彼の自然観を概観することになる。

そして第三章で我われは、フロントカントリーの代表的な思想家であり、アメリカ文学に特有の、ネイチャーライティングの形成に決定的な役割を果たした作家でもあるソローを取り上げ、彼の目を通して、アメリカ的な「フロントカントリー」の自然観が、如何に形成されて行ったかの道筋を辿り、第四章では、原生自然の保護活動に生涯を捧げたナチュラリストであり、優れたバックカントリーの作家でもあったミューアを取り上げて、アメリカに特有の「バックカントリー」という自然観が確立して行く過程をつぶさに見て行くことになるだろう。

註

＊1——一部改訳。

＊2——ポンティング1994, 193-198; ハーゼル1996, 21-26。なお現在のヨーロッパにも、樹齢八百年以上と推定される巨木が点在するが、これらは極めて幸運な結果として局所的に残ったもので、アメリカのように原生林が大規模な森林として残っているわけではない。

目次

第1章——オーデュボンのアメリカ自然誌

オーデュボンの名前は、日本ではあまり知られていないように思われるが、アメリカでは、彼の描いた野鳥の絵が、カレンダーやグリーティングカードの絵柄としてしばしば使用されることもあり、彼はアメリカを代表する野鳥の画家として、よく知られている。また、日本野鳥の会のアメリカ版ともいうべきアメリカの自然保護団体、オーデュボン協会の名称は、言うまでもなく彼の名に由来したものである。

このようにオーデュボンは、一般には野鳥との関わりが深い画家として知られているが、そればかりではなく、彼には優れたネイチャーライティングの作家としての一面もある。彼の作品としては、当時のアメリカに生息していた野鳥を、四三五点の銅版画に収めた『アメリカの鳥類』*The Birds of America*（一八二七—一八三八）が有名だが、その解説書として同時に出版された『鳥類の生態』*Ornithological Biography*（一八三一—一八三九）は、全五巻計三、五〇〇ページにものぼる大著で、その中には野鳥の生態に関する詳細な記述とともに、当時のアメリカの自然に関するエッセイが六十編収録されている。これらを見ることによって、我われは、現在は絶滅してしまった幾種類かの野鳥の生態を知ることができるとともに、当時のアメリカの自然の様子をうかがい知ることもできる。今日ネイチャーライティングの父とも呼ばれるソローをして、「オーデュボンを読むと嬉しさでゾクゾクする」と言わしめたほど、いずれのエッセイも、生きいきとした自然の描写で溢れている(NH of Mass, 103)。

●——少年時代

ジョン・ジェームズ・オーデュボンは、一七八五年にフランス領サン・ドマング Saint-Domingue（現ハイチ共和国）で生まれ、その後フランス北西部のナント Nantes およびクエロン Couëron で少年時代をおくっている。

オーデュボンの出生は、最近まで謎に包まれていた。フランス革命を逃れた、ルイ十六世の王子ルイ＝シャルルではないかとする説まであったほどである。この原因は、オーデュボン自身が自己の出生について、ほとんど何も語っていないことにあるが、それは、おそらく彼自身が自己の出生について、真実を知らなかったからでもあろう。しかし近年、オーデュボン研究の第一人者アリス・フォード Alice Ford によって、オーデュボンの生涯は、ほぼその全容が解明されている。

彼の父であるジャン・オーデュボン Jean Audubon は、軍船や商船の船長としてフランスやアメリカで様々な活動をしたフランス人であり、さらに一時はサン・ドマングでプランテーションを経営したり、ペンシルバニア州ミル・グローヴに農場を所有したりといった、実業家としての一面も持つ人物であったようだ(Ford 1988, 14 ff.)。

十一歳の時、オーデュボンは、海軍士官となるべく、ロシュフォール Rochefort-sur-Mer の海軍士官養成学校に入れられるが、進級試験に失敗するなどして、十五歳で家に戻って来てしまったようだ（Ford 1988, 36 ff.）。こうして、オーデュボンが受けた正規の教育は、フランス革命の動乱の最中に通った小学校と、この海軍士官学校でのものだけとなる。後年、彼は鳥類研究家・博物学者として大著を世に出すことになるが、実際の著述には、妻のルーシーや、スコットランドの博物学者ウィリアム・マクギリブレー William MacGillivray（一七九六―一八五二）から多くの助けを得ている。第一言語をフランス語とするオーデュボンにとって、青年期に習得した英語で、学問的な著述を行うことは、易しいことではなかったということはもちろんだが、第一言語の習得段階でも、十分な教育を受けていなかったことは、後年の著作で彼が常に協力者を必要とした要因の一つでもあると言えよう。

●――ミル・グローヴ

一八〇三年、十八歳の時に、オーデュボンはアメリカに渡り、以後アメリカを新しい故郷とすることになる。彼がアメリカに渡ることになった理由についても、はっきりとしたことはわかっていない。ナポレオン政権下での徴兵制を逃れるためであったとも、父親が所有する農場を管理するためであったとも言われている。

彼が、ペンシルバニア州にあった農場、ミル・グローヴ Mill Grove にやって来ると、そこにあった鉛の鉱脈が注目されることになった。しかし経験のないオーデュボンには、鉱山の管理は不可能だったので、父親の共同経営者として、ダコスタ Francis Dacosta という人物がフランスからやって来た。するとミル・グローヴの実権は、この人物に握られてしまい、実際にはオーデュボンが、農場や鉱山の経営に従事することはなかったようだ(Ford 1988, 54-5, 68)。

しかし、ミル・グローヴで過ごした一年弱の期間は、その後のオーデュボンの人生にとって、最も意義深いものとなった。この地で彼はルーシーと出会い、本格的な野鳥の研究を始めたのである。ルーシー Lucy Bakewell は、オーデュボンがミル・グローヴに来たのとほぼ同時期に、コネチカット州のニューヘイヴンから移って来たベイクウェル家の長女で、二人が出会った時、オーデュボンが十九歳、ルーシーは十八歳の誕生日前だった。ベイクウェル家は、イギリス出身の裕福な家族で、ミル・グローヴに隣接した土地で暮らしていた。またベイクウェル家は、ジョゼフ・プリーストリー Joseph Priestley[1] や、エラスムス・ダーウィン Erasmus Darwin[2] とも親交のあった家柄で、ルーシーはイギリスでの少女時代に、上流社会の女子として十分な教育を受けていたと言われている(DeLatte 1982, 2-3)。

◉——ツキヒメハエトリ

一八〇四年の四月、オーデュボンは、ツキヒメハエトリ Pewee Flycatcher[3] の観察を行った。記録に残る限りでは、これが、彼の行った初めての野鳥観察である。

ツキヒメハエトリは、北アメリカの東部に生息するタイランチョウ科 Tyrannidae の鳥で、ア

オーデュボンのツキヒメハエトリ（BA, 268）

メリカでは市街地の公園などでもよく見かけられる。この鳥は、人の手に乗っている写真なども目にすることがあるので、人になつきやすい性質なのだろう。オーデュボンの記録にも、彼が「隠れ家」として利用していた洞穴でこの鳥と出会い、すっかり彼になついてしまったことが記されている。タイランチョウ科の鳥は日本には生息していないが、ツキヒメハエトリの見かけは、ヒタキ科の鳥に似ている。オーデュボンの記録は、後年出版された『鳥類の生態』に、ミル・グローヴでの青春時代の思い出と共に収められている(OB, Vol. 2, 122-30)。

ある時オーデュボンは、日課にしていたパーキオメン川沿いの散歩で、小さな洞穴を見つけた。彼はラ・フォンテーヌの寓話集などを手に、しばしばこの洞穴を訪れ、川のせせらぎと、時おり聞こえる鳥の声に包まれながら、心ゆくまで静かな時を楽しんだのだった(OB, Vol. 2, 122)。

ある日のこと、この洞穴の入り口の上部に、鳥の巣ができているのを彼は発見した。ツキヒメハエトリのつがいが、この巣で新しい命を育むことを決めたのだ。その様子を記したオーデュボンの描写は、あたかも、ルーシーとはじめて出会ったころの、彼ら自身の思い出を描いているかのようだ。

その囀《さえず》りは、まるで二羽が、彼らの未来を予期し、その喜びを優しく愛情をこめて表現しているかのようだった。彼らは互いに相手を思いやり、雄は雌を喜ばせようと優しく接して愛撫する。彼らのそうしたしぐさは、私の目を釘付けにした。その時の感動を、私は決して忘れることができない。(OB, Vol. 2, 124)

ツキヒメハエトリのつがいは、この巣に、六日間で六個の卵を産みつけた。そして十三日目に、一つを残してすべての雛がかえった。残った一つは、五羽の雛がかえってから二日後に、雌がゆっくりと慎重に巣の下に落とした。オーデュボンがこの卵を調べてみると、その中には乾燥しかけの胚が入っていて、脊椎が殻に固着しているのが分かった(OB, Vol. 2, 126)。

オーデュボンは、毎日洞穴に通って、親子の観察を続けた。そのうちに親鳥は、彼をまったく警戒しないようになり、彼が雛に触れても気にしないまでになった。そこで、オーデュボンは、一つの計画を実行に移した。彼は、細い糸を雛の足に結びつけた。初めのうち、糸は、雛が自分で取るのか親鳥に取ってもらうのか、いつも外されてしまった。それでも何度かつけ直すうちに、雛たちは、糸がついていることに慣れていった。こうしてオーデュボンは、巣立ちの前に、どの雛の足にも「銀色の細い糸」を結びつけることに成功した(OB, Vol. 2, 126)。

十七日目に、雛たちは巣立ち、その年の十月八日には、すべてのツキヒメハエトリが南の方へと渡って行った(OB, Vol. 2, 126)。

翌年の春、ツキヒメハエトリたちは、ミル・グローヴに戻って来た。そして多くのつがいが、洞穴以外にも牧場や橋げたなどの、色々なところに巣をかけた。巣ごもりをする鳥たちをオーデュボンが調べてみたところ、彼が「銀色の糸」を結びつけた鳥が二羽見つかった。ツキヒメハエトリは、冬になり南へと渡って行っても、次の年の春に、自分が生まれた場所の近くに帰ってきて、繁殖を行うことが分かったのである(OB, Vol. 2, 126-7)。

オーデュボンの野鳥観察は、こうして始まったのだった。しかし、彼は当初から、野鳥研究の専門家になろうとしていたわけではない。もちろん残された資料から見るかぎり、彼は野山を駆け巡って、鳥や獣を狩ったり、観察したりすることが、何よりも好きだったことがよく分かる。しかし、それは飽くまでも趣味の範囲でのことであり、それを生業とすることは考えられていなかった。またこの時彼は、ルーシーと結婚するためにも、しっかりとした職に就いておく必要があった。

●――ルイヴィル――ウィルソンとの出会い

一八〇六年、オーデュボンは、以前からの知り合いだったフェルディナンド・ロジェ

Ferdinand Rozier と、共同で事業を起こす契約を交わし、翌年ケンタッキー州のルイヴィル Louisville で、日用雑貨や食料品を扱う店を開いている。そして一八〇八年四月五日、彼はルーシーと結婚した。しかしロジェとの共同出資による商売は、なかなか上手くいかず、ヘンダーソン（ケンタッキー州）、サント・ジュヌヴィエーヴ（ミズーリ州）と商売の場所を転々と変えた後、一八一一年の四月、彼はロジェとの共同出資を解消した。

その後オーデュボンは、妻ルーシーの弟トーマス・ベイクウェルと再び共同出資による商店をヘンダーソンに出した。この店はほどほどに繁盛したようだが、折からの投機ブームにのって、彼は、土地、木材、製材所、蒸気船と、次々に投資しては失敗し、一八一九年七月には、ついに破産宣告を受けるまでになってしまった。

こうして一大転機を迎えることになったオーデュボンは、この後、投機や商売からは一切身を引き、野鳥の画家として生きて行く道を歩み出すことになる。しかし、この時期の出来事として特筆するべきことが一つある。それは、彼がまだロジェとルイヴィルで店を出していた時のことだった。アレキサンダー・ウィルソン Alexander Wilson（一七六六―一八一三）が彼を訪ねて来たのである。

ウィルソンは、一七六六年にスコットランドのペイズリーで生まれ、十代の頃、織物の行商人となるが、当時スコットランドで人気のあったロバート・バーンズ Robert Burns（一七五九―一七九六）の詩に影響を受け、自らも詩人として生きることを志す（Burtt [*et al.*] 2013, L. 342-3）。しかし詩人として立つことには成功せず、一七九四年に彼はアメリカに渡る。

アメリカでは、当初、銅版工や織工などの仕事をしていたが、その後彼は、幾つかの町で小学校の教師をするようになる（Burtt［*et al.*］2013, L. 482-4）。一八〇二年、彼はフィラデルフィア・キングセッシング Kingsessing の学校にやって来る(Burtt［*et al.*］2013, L. 513)。そしてこのことが、彼の人生に大きな転機をもたらすことになる。学校の近くには、ウィリアム・バートラム William Bartram（一七三九—一八二三）の屋敷があり、彼はバートラムから博物学の教えを受けることになるのである(Burtt［*et al.*］2013, L. 537)。

バートラムは、マーク・ケイツビィ Mark Catesby（一六八三—一七四九）に次いで、北米の動植物を体系的に観察、採集した博物学の大家であり、画家でもあった。動植物の標本を求めて、アメリカ南東部を旅した記録『旅行記』*Travels*（一七九一）は、その後のアメリカ文学にも大きな影響を与え、彼はネイチャーライティングの祖とも言われている。

ウィルソンは、こうしたバートラムとの出会いを機に、鳥類に関する研究を始め、後に全九巻にも及ぶ『アメリカ鳥類学』*American Ornithology*（一八〇八—一四）を刊行することになるのである。『アメリカ鳥類学』には、ウィルソンによって初めて同定された二五種の新種を含む(4)、二六八種の野鳥に関する詳細な解説が記されている(Burtt［*et al.*］2013, L. 4036)。

ウィルソンがオーデュボンの店を訪れたのは、一八一〇年三月のことだった(Burtt［*et al.*］2013, L. 4408)。『アメリカ鳥類学』は一八〇八年から刊行が始まり、この時は既に二巻が刊行されていた。

当時、絵画のような図版の入った書籍は、エッチングと呼ばれる銅版画によって印刷されていた。そのため、多数の図版を印刷するには、高度な技術と共に、高価な銅版が大量に必要だった。それは、このような書籍の出版には、多額の費用が必要だったということに他ならない。そのために当時は、既に名声を博している人物は別として、無名に近い著者がそうした書籍を出版する場合には、「予約購読者」を募って、そのための資金を集めるという方法が採られていた。『アメリカ鳥類学』の予約価格は、当時の金額で一二〇ドル（今日の日本円にして恐らく二十一万円程度）だった(Wilson 1983, 295)。これはウィルソンが教師として得る給料の、四ヶ月分に相当した。(5)

ウィルソンがルイヴィルを訪れたのも、『アメリカ鳥類学』の予約購読者を探す旅の途上だった。ウィルソンは、ピッツバーグで高級ガラス細工の工房を開いていたルーシーの叔父、ベンジャミン・ベイクウェルの紹介で、オーデュボンを訪ねたのだった(Ford 1988, 77)。

オーデュボンは、『アメリカ鳥類学』二巻の内容を見るや、すぐにも予約購読の契約をしようとした。しかし、当時の彼にそのような「贅沢品」に支出できる余裕はなかった。また、一緒にいた共同経営者のロジェに、「オーデュボン君、どうしてこれに契約するんだい。君の絵の方が、明らかにずっと上手いし、その上、アメリカの鳥の習性なら、君もあの人と同様に、良く知ってるじゃないか」とささやかれたこともあって、結局、彼は予約購読者にはならなかった（OB, Vol. 1, 438)。

一方ウィルソンは、オーデュボンを訪ねた際に、彼の絵を見て非常に驚き、「自分以外にこういう絵を描きためている人物がいるとは、思いもよらなかった」と言って、オーデュボンに「出版するつもりなのか」と尋ねた。オーデュボンが、そのつもりはないと言うと、ウィルソンはさらに驚いて、オーデュボンの絵を何枚か借り、滞在先のホテルに持ち帰った。さらにオーデュボンによれば、ウィルソンはルイヴィルに滞在中、彼の案内で狩りにも出かけた(OB, Vol. 1, 439)。
ウィルソンの日記には、次のような記述が見られる。

三月十九日――銃をもって町をぶらついた。〔オーデュボン〕氏のクレヨン画を何枚か見た。非常に良い。彼が捕った二羽の新種を見た。――両方ともセキレイの類か。
三月二十日――午後、銃を持って出かけた。目新しいものは得られなかった。……同行してくれるナチュラリストはなかった。
三月二十一日――〔オーデュボン〕氏と狩りに出かけた。カナダヅルをたくさん見た。ものすごいハトの数。
三月二十三日――……ルイヴィルに別れを告げた。紹介状を四通携え、全て期待通りに事は運ぶだろうと言われて訪れた町だった。しかし紹介先では、礼儀の一つもなく、予約者はおろか、一羽の新しい鳥でさえ得られなかった。紹介状を持参し、幾つもの森を抜け、予約の望めそうな人は全て訪ねたにもかかわらず。ここには、科学や文学を友とする者はいない。
……
(Wilson 1983, 370-1)(6)

オーデュボンがウィルソンの日記を見るよしもないが、後に刊行されたウィルソンの『アメリカ鳥類学』第九巻に、彼の日記から「三月二十三日」の記述が引用されているのを見て、オーデュボンは愕然としたのだった(Wilson 1813, xxxix; OB, Vol. 1, 440)。

オーデュボンの回想とウィルソンの記述には、食い違いが見られる。これを我われは、どのように理解したらよいのだろうか。ウィルソン自身の日記の中に、オーデュボンと狩りに出かけたことや、新種の鳥を見たことが記されているのであるから、これらのことは事実と考えてよいだろう。

問題は、『アメリカ鳥類学』では、オーデュボンの存在が全く無視されている点である。実は、『アメリカ鳥類学』の第九巻は、ウィルソンの死後、編集者のジョージ・オード George Ord（一七八一―一八六六）によって刊行されたもので、この箇所は、残されたウィルソンの日記や書簡をもとに、オードが記述したウィルソンの伝記の中に見えるものなのである。

「ルイヴィルに別れを告げた。……礼儀の一つもなく、予約者はおろか、一羽の新しい鳥でさえ得られなかった」とウィルソンが日記に記したとき、「一羽の新しい鳥でさえ得られなかった」というのは、「一人の予約購読者も得られなかった」ということの比喩的表現であって、本当に新種を見なかったという意味ではないのではないだろうか。「礼儀の一つもなく」というのも、やはりルイヴィルでは、誰にも予約購読者になってもらえなかったことを嘆いているのであり、本当の意味で、「誰にも丁重な扱いはされなかった」ということではないのではないだろうか。それをオードが、わざわざ文字どおりに、第九巻に収めた伝記の中で採用してしまったのではないだろうか。

しかし、ウィルソンがオーデュボンの存在を、鳥類研究の世界で、誰にも知られないままに、隠しておきたいという気持ちを持っていたかも知れないと考えることはできる。オーデュボンの回想によると、彼は後にフィラデルフィアのウィルソンを訪ねたこともある(OB, Vol. 1, 440)。しかしウィルソンの『アメリカ鳥類学』に、オーデュボンの名前は一切出てこないのである。

ウィルソンのものに比べて、オーデュボンの野鳥の絵は、その芸術性において格段に優れているばかりか、科学的な正確さにおいても圧倒的な完成度をもっている。このことは誰よりもウィルソン自身が、オーデュボンの絵を見たとき痛切に感じ取ったことだろう。ウィルソンがオーデュボンと初めて出会ったとき、オーデュボンはまだ専門の鳥類研究者ではなかった。また、彼は自分の絵を公にする意図も持っていなかった。しかしオーデュボンと出会った時、ウィルソンが、彼の「天才」に脅威を感じたことは想像に難くない。苦難の結晶である自分の『アメリカ鳥類学』の価値を失墜させる原因にもなりかねないオーデュボンの存在を、世に知らしめないことが得策であるとする判断が、ウィルソンにはたらいた可能性は、否めないのではないだろうか。しかしオーデュボンは世に出てしまったのである――それも鳥類研究者としてのみならず、野生の美を描く「巨匠」として。

●――『アメリカの鳥類』*The Birds of America*

一八一九年七月に破産宣告を受けた後、オーデュボンは、しばらくの間、子どもに絵を教えたり、肖像画を描いたりして生活をしながら、野鳥の絵を描きためて行く。

それにしてもオーデュボンは、何をきっかけに、そしてまたいつから、自身の絵を『アメリカの鳥類』として出版しようと思うようになったのだろうか。図版を含む書物の出版に、今日とは比べものにならないほど多額の費用が必要だった時代に、無名であるばかりか、日々のパンを買う金にも困窮していたオーデュボンが、自分の絵を印刷物として出版したいと考えるには、何か大きなきっかけがあったはずである。しかも彼の『アメリカの鳥類』に収められるべき図版は、大型の鳥類も含め、多くは原寸大で描かれたものなのである。

先ごろ出版されたウィルソンに関する伝記的研究の著者は、オーデュボンがウィルソンと出会い、ウィルソンの『アメリカ鳥類学』を見たことが、彼に作品の出版を強く意識させるきっかけになったとする説を提起している（Burtt [*et al.*] 2013, L. 4466 ff）。仮説としての面白さはあるが、はたしてそれは真実なのだろうか。

オーデュボン自身の回想によれば、出版を決意するに至ったきっかけは、ナポレオン皇帝の甥、シャルル・ルシアン・ボナパルト Charles-Lucien-Jules-Laurent Bonaparte（一八〇三―五七）の勧めだったとされている（OB, Vol. 1, 439）。オーデュボンが、初めてボナパルトと会ったのは、一八二四年の四月だった。当時ボナパルトは新進気鋭の博物学者としてフィラデルフィアにいて、ウィルソンの『アメリカ鳥類学』を増補・改訂する仕事に取り組んでいるところだった（Ford 1988, 146）。

なぜボナパルトが、オーデュボンに作品の出版を勧めたのかは、明らかではない。しかしボナパルトは、剝製のように描かれたのではなく、まるで生きているかのように、原寸大で描かれた野鳥のパステル画を見て、すぐさま作品の偉大な価値を認識したのではないだろうか。そして、彼自身がウィルソンの『アメリカ鳥類学』を改訂する仕事に取り組んでいたこともあり、彼は、鳥類に関するこれまでのどのような書物にも収められることのなかった、「自然のままの鳥たちの姿」を、美術館に展示される作品としてではなく、印刷物として広く世に流布せしめることに意義があると思ったのかもしれない。

ボナパルトは、フィラデルフィアの様々な科学者や芸術家に、オーデュボンを紹介している。その中の一人に、ウィルソンの遺稿となった『アメリカ鳥類学』の第八巻と第九巻を、彼の死後に完成させた、編集者のジョージ・オードがいた。オーデュボンはオードにも、自分の作品の出版を打診したようだが、一顧だにされなかったようである（Ford 1988, 147）。しかし、それは当然のことだろう。オードはウィルソンの遺志を継ぐ最大のウィルソン信奉者である。ウィルソンにとってオーデュボンが、忌まわしい影のような存在であるならば、オードにとってもオーデュボンは、おぞましき亡霊なのである。

フィラデルフィアでオーデュボンは、ボナパルトの力を借りて、作品を出版するための可能性を様々な形で探し求めたが、全て失敗に終わっている。さらに彼は、ニューヨークやピッツバーグでも出版の可能性を模索するが、どれも実を結ぶことはなかった(Ford 1988, 146-56)。こうして彼は、アメリカで出版することをあきらめ、一八二六年の六月末、新たなる希望を求めて、イギリスに旅立った(Audubon 1897, Vol. 1, L. 1219)。

しかし、ボナパルトの支援を受けながら、フィラデルフィアやニューヨークで出版の可能性を探る活動に奔走した期間は、オーデュボンにとって、決して無駄な時間ではなかった。なぜならこの間に彼は、彼を支持する多くの著名人と知り合い、彼らから多くの貴重な推薦状を得ることができたからである。

アメリカから携えてきた推薦状のおかげで、イギリスに到着すると、オーデュボンは、数々の名士に面会することができた。そして彼は、こうして知り合った実力者の斡旋により、リバプール、マンチェスター、エディンバラなどの科学協会で、彼の絵の公開展示会を催すことができた。各地の展示会は大変な評判となり、瞬く間に彼は野生の美を描く「アメリカの森の男」としてもてはやされる存在となった(Audubon 1897, Vol. 1, L. 2394)。

その結果オーデュボンは、一八二六年秋のある日、ワーナー博物史協会 Wernerian Natural History Society(7) の会員の紹介で、ウィリアム・リザーズ William Home Lizars と会うことができ、ついに彼が出版を引き受けてくれることになった。リザーズは、当時エディンバラで、最高の彫師として知られた人物だった。オーデュボンの日記によれば、彼の原画を見たリザーズは、その素晴らしさに一瞬言葉を失うほど驚嘆し、「これこそ私が彫りたいと願うものだ、世に出したいと思うものだ」と言ったという(Audubon 1897, Vol. 1, L. 2108)。

しかし、彼の『アメリカの鳥類』が実際に刊行され、全巻が完成するまでには、まだいくつもの難題があった。最も大きな問題は、出版の資金だった。

『アメリカの鳥類』の企画は遠大だ。この時代の図版は、原画をもとにまず彫師が銅版を刻み、それに色付け師が彩色していくという仕方で印刷された。このやり方で、四〇〇種以上に及ぶ「原寸大」の鳥の絵を、印刷しようというのである。紙のサイズも、三八・五インチ×二六・五インチ(九八センチメートル×六七センチメートル)という規格が選ばれた(Baker 1985, 6)。これは、当時の印刷技術で扱い得る最大の規格である。

この画集は、いわゆるオーデュボンの自費出版となるため、ウィルソンと同様に、彼も予約購読者を募る必要があった。予約購読料はイギリスで一八二・七ポンド(一七四ギニー)、アメリカでは八〇〇ドルほどとなった(Baker 1985, 7)。教師としてのウィルソンの報酬が、三ヶ月で一〇〇ドルだった時代に、八〇〇ドルの画集の買い手を探そうというのである。

オーデュボンは、イギリス、フランス、アメリカの各地を、予約購読者を求めて旅することとなり、この旅は以後、最後の四三五番目の図版が完成するまで、十年以上続くことになる。また、原画の制作も当初から完成していたわけではなかった。アメリカの全ての野鳥を描くという壮大な計画の完成を目指して、彼はまだ描いていない鳥を求め、アメリカ各地の山野を駆け巡る旅も続けなければならなかった。

しかし、苦労の末にこぎつけた画集の出版が、現実のものとなりかけた時、大きな問題が発生してしまった。図版の印刷を引き受けたリザーズが、最初の十枚を試作した段階で、仕事を続けることができないと言って来たのである。原因は、彼の工房の色付け師たちが、オーデュボンの色調を再現するために、あまりにも複雑で繊細な作業を必要としたことから、法外な賃金を要求して、ストライキに入ってしまったことにあった(Ford 1988, 225)。しかし、美の女神はオーデュボンを見放さなかった。彼は、ほどなくしてロンドンに工房を持つハベル親子 Robert Havell & Son と出会い、『アメリカの鳥類』に納められるべき四五七種四三五枚の図版は、ついにこの親子によって制作されることになったのである(Baker 1985, 6)。

原寸大の『アメリカの鳥類』(©Pierre-Olivier Combelles)

●——『鳥類の生態』*Ornithological Biography*

『アメリカの鳥類』を完成させるためには、もう一つの難題があった。それは、この画集を補完する鳥類についての解説書『鳥類の生態』を執筆するということだった。

『アメリカの鳥類』に収められているのは図版のみであり、この中には目次もなければ、解説もない。これには理由があった。イギリスには一七〇九年以来、「本」book に関する法律があり、これによると、文字が含まれた印刷物は「本」と認定され、「本」を出版した場合に著者は、イギリス United Kingdom にある九つの図書館に、一部ずつ寄贈しなければならなかったのである (Peterson 1993, 8)。

『アメリカの鳥類』の価格は、イギリスで一八二・七ポンドだった。当時の一ポンドは今日の一万円ほどになると考えると、(8) この「本」の価格は一八二万円余りということになる。また制作費用は、二八、九一〇・七ポンド(一一五、六四〇ドル)とされているので(Baker 1985, 12)、この換算で考えると、二億九千万円に近い金額ということになる。実際に出版された部数は二〇〇部前後と推定されているので、一部あたりの制作費は、約一四四・六ポンド、一四五万円となる。このように高価な「本」を九部も寄贈したら大変なことになる。これを避けるためにオーデュボンの採った方策が、莫大な費用のかかる画集には一切文字を使わず、「本」にしないことだったのである。(9)

しかし、オーデュボンは当初から、画集と同時に、「解説書」の出版を考えていたと思われる。

それは、日記やメモのかたちで長年に渡り蓄積された、鳥類の生態に関する膨大な量の観察記録の存在からも裏づけられる。また彼の絵が、単に野鳥の美しさを描写しようとしたものではなく、つねに鳥類学的な正確さを求めて制作されていたことからも、彼の目指していたものは、鳥類に関する「研究」だったことは明らかであろう。そのためにも、図版を補完する科学的な解説の執筆は、彼にとって必要なことだったのである。

しかし彼は、アカデミックな鍛錬を全く積んでいないどころか、初等の学校教育ですら満足には受けていなかった。そのため、母国語のフランス語にしても、青年期から習得した英語にしても、彼の言語的な表現能力は不完全なものであり、また専門的な自然科学の知識や用語法にいたっては、極めて未熟なレベルのものだったと言わなければならない (Ford 1988, 275)。そのため彼には、解説書の執筆にあたって、言語と科学的知識の両面においてサポートをしてくれる人物が必要だった。

言語の面に関しては、妻のルーシーがサポートした。まずオーデュボンが原稿を作成し、綴りや文法、表現の不備をルーシーが修正したのである (Peterson 1993, 8)。また、鳥類の生態に関する科学的な記述の校閲は、スコットランドの比較解剖学者で、エディンバラ大学の教授だったウィリアム・マクギリブレーによって行われた。

マクギリブレーは、一巻につき五〇から六〇ポンド (五〇万円から六〇万円) という報酬でこの仕事を引き受けている (Peterson 1993, 8)。一巻につき五〇万円から六〇万円の報酬と聞くと、一見高そうだが、『鳥類の生態』の各巻は約六〇〇ページあるので、一ページ当たりの校閲料は、千円程度だったことになる。これは、例えば今日の科学論文に対する欧文校閲料が、一ページ当たり約一万円であることを思うと、驚くほど高額な報酬だったとは言えないだろう。

『鳥類の生態』は、一八三一年に第一巻がエディンバラで上梓され、一八三九年に最後の第五巻が刊行されて完結した。全三、五〇〇ページにも及ぶ、文字通りの大著である。『アメリカの鳥類』は、一八二七年に最初の図版が発行され、一八三八年に、四三五番目になる最後の図版が発行されて完成した。こうして、『アメリカの鳥類』の壮大なプロジェクトは、完了したのである。

ちなみに日本に存在する『アメリカの鳥類』は、かのペリー提督が二度目に来日した際、徳川将軍家への贈物として献上したものであることが知られている(大西 1993, 337)。

●――リョコウバト

『鳥類の生態』には、『アメリカの鳥類』に収録されている鳥の図版と同じ順番で、各鳥類の習慣や分布が記述されている。ただし現代の学術書とは異なり、各解説には科学的な記述と共に、その鳥にまつわる言い伝えや、オーデュボン自身の体験談が記されていて、どちらかと言うとそれは、鳥類に関する親しみやすいエッセイ集といった感じのものになっている。

『アメリカの鳥類』に収録されている四三五枚の図版の中には、現在は絶滅してしまった六種類の鳥も含まれている。その中の一つ、リョコウバトの絵は、オーデュボン最高傑作の一つであるとされ、またこの鳥に関する記述も、『鳥類の生態』に収められた解説の中で、最もよく知られているものの一つである。

リョコウバトは、一九一四年九月一日にオハイオ州のシンシナティ動物園で、マーサ Marthaと名づけられた最後の雌が死に、絶滅している。しかしオーデュボンの時代には、世界中に生息する鳥の中で、最も個体数の多い鳥ではないかと思われていたほど、リョコウバトは大量に存在していたのである。

一八一三年の秋、ヘンダーソンの自宅から、オハイオ川の土手を通り、ルイヴィルへと向かっていた時のことだった。ハーデンスバーグから数マイル先の、バレンズを通りかかった時に、私は、北東から南西へと向かうハトの群れを見た。それは、これまでに見たことがないほどの、もの凄い数だったので、私は、自分の目に入る限りで、一時間にどれほどの群れが通り過ぎるのか、数えてみようと思った。馬を降り、高台に腰を下ろして、一つの群れを点一つとし、私は鉛筆で印をつけ始めた。しかしやり始めてみると、次から次へと数えきれないほど大量の鳥たちがやって来るので、しばらくして私は、こんなことはとてもやっていられないと思った。立ち上がって、それまでに付けた点を数えてみると、私は二十一分間で、一六三個も印を付けていた。さらに旅を続けると、先に行けば行くほど、ハトの数は増して行った。文字通り、空はハトで埋め尽くされてしまい、日中だというのに、陽《ひ》の光は、まるで日食の時のようにおぼろになった。牡丹《ぼたん》雪のような糞が、ぼたぼたと落ちて来た。唸り続ける羽音で、私は眠り込んでしまいそうになった。…中略…日没前に私は、ハーデンスバーグから五五マイルほど離れたルイヴィルに着いた。ハトは数を減らす様子もなく、なおも上空を通り過ぎて行き、それが三日間も続いた。

(OB, Vol. 1, 320-1)

とてつもない数である。昨今日本でも、一時期、絶滅を危惧された鵜《う》が、保護の結果、数を増やし、その大量の糞が各地で問題になっているが、当時のリョコウバトの糞たるや、その比ではなかっただろう。空を真っ暗にするほどのハトの群れが、途切れることなく三日間も渡って行くというのだから、当時の人々がこの鳥を、世界で最も個体数の多い鳥だと思ったというのも無理はない。

またこの鳥には、飛行速度が非常に速いという特徴もある。ニューヨークの近くで仕留められたハトの嗉嚢《そのう》を調べたところ、「米がいっぱいに詰まっている」ことが確認された、とオーデュボンは言う。米を食べられるニューヨークに最も近い場所は、約一、〇〇〇キロメートル離れたカロライナか、一、四〇〇キロメートル離れたジョージアの穀倉地帯だと考えられる。さらにこの鳥は、餌を十二時間で完全に消化することが知られているところから、それは十二時間以内でこの距離を飛んだことになる。つまりこの鳥は、ほぼ時速八〇キロメートルから、一二〇キロメートルのスピードで飛んでいたのである。このスピードで長時間飛び続けられるというのだから驚きだ(OB, Vol. 1, 319-20)。

さらに、オーデュボンは面白い計算をしている。一つの群れの横幅を一・五キロメートルとし、それが三時間にわたって通り過ぎたとする。その時の飛行速度を時速一〇〇キロメートルとすると、先頭のハトから三時間後に通過するハトまでの距離は三〇〇キロメートルになる。すると単純計算で、この群れの面積は四五〇平方キロメートルということになる。一平方メートル当たりにハトが二羽いるとすれば、一つの群れにいるハトの総数は、九億羽になる。さらに、ハト一羽が一日に食べる餌の量を〇・三リットルとして、この群れに必要な餌の量を計算すると、実にそれは二億七千万リットルということになる。ハトの数も膨大だが、必要な餌の量も尋常ではない(OB, Vol. 1, 323)。

それゆえ、この鳥が渡りを行うのは、食料を確保することが目的であって、北の厳しい寒さから逃れるためでも、繁殖に適した環境を南に求めるためでもない、とオーデュボンは考えている。だから「ある地域に餌が十分にあって、その状態が続くなら、彼らは別の地域に行ったりせず、何年もの間そこに居つく」ということがあり、逆に多くのリョコウバトが見られた土地でも、「ある季節に、ドングリのような実がすっかりなくなると、突如として彼らは居なくなり、長い間戻って来ない」ということもあったようだ(OB, Vol. 1, 319)。

さらに、リョコウバトの肉は、黒っぽいが、「まあまあの味」だったと言う(OB, Vol. 1, 326)。そのため、多くのリョコウバトが食用として捕らえられ、「一八三〇年の三月、ニューヨークの市場は大量のハトであふれかえり、どちらを向いてもハトの山が目に入って来るほどだった」とされている。(OB, Vol. 1, 325)

あまりに数が多いため、その捕らえ方も凄まじい。一度に効率よく捕らえるために、夕暮れ近く、人々はハトのねぐらの近くで待ち構える。「ある者は硫黄の入った鉄鍋を持ち、ある者は松のこぶで出来た松明《たいまつ》を掲げている。棍棒を手にしている者が多いが、銃を持った者もいる」(OB, Vol. 1, 323)。ハトの群れがものすごい羽音とともに、ねぐらをめがけて飛んでくる。

たちまち数千羽が、棍棒を持った男たちに叩き落された。……ハトは数千という単位で到着しては、至る所に降り立った。一羽の上にまた一羽と、折り重なるように止まるので、枝という枝が大樽ほどの塊になった。あまりの重さで、あちこちの止まり木が折れて、地面に落ちた。びっしりとハトの止まった枝が、どすんと落ちて来るので、その度に数百羽の鳥が下敷きになって死んで行った。阿鼻叫喚の図そのものだ。……銃声でさえほとんど聞こえない。弾を込めなおしているのを見て、撃っているのが分かるほどだった。…中略…日付が変わる時分になると、騒ぎは幾分収まり、まだ物がぼんやりとも見えない暗いうちに、ハトは、昨日の夕方やって来たのとは、全く違う方角に飛び立ち始めた。…中略…するとこの惨劇の張本人たちは、死んだり、死にかけたり、ずたずたにされたりしたものの中に踏み込んで、ハトを拾い上げては山積みにし、もうこれ以上はどうにもならないというところまで拾い集めると、最後はブタを放して、残りを食べさせた。(OB, Vol. 1, 323-4)

鳥類ばかりではなく、様々な動物を乱獲し、単なる「楽しみ」のために大量虐殺していたこの時代のあり方を、「こんな、絶滅させるための戦争のようなことが、この先何年も続けられるはずがない」と嘆いていたオーデュボンも(OB, Vol. 3, 85)、リョコウバトについてだけは見方があまかったようで、「この鳥についてよく知らない人なら、こんな恐ろしい虐殺行為は、すぐに種を絶滅させてしまうに違いないと思うのが普通だが、私は長年の観察の結果、我が国の森林面積が徐々に縮小してしまうようなことがなければ、この鳥が減少することはないと結論するに至った」と言っている(OB, Vol. 1, 314-5)。「この鳥は一年で四倍に増えることもしばしばで、通常は最低でも二倍になる」(OB, Vol. 1, 315)という観察から、彼はこのように考えたのだが、その後リョコウバトは絶滅してしまったのである。

絶滅の原因には、ウィルス説なども考えられているが、そもそもこの種は、大きな集団でしか繁殖できないという特徴をもっていたことが、絶滅の原因と深く係わっていたようだ。人間の組織的で大規模な狩猟や乱獲により、集団の規模が縮小し始めると、それが繁殖に大きく影響し、人々が気づいた時には、もうリョコウバトは、種の繁殖に必要な集団の規模を回復することが出来なくなってしまっていたとする説が、有力視されている(Smithsonian Institution 2014)。

●——ラブラドールの卵盗り

『鳥類の生態』には、『アメリカの鳥類』に収録されている野鳥に関しての詳細な解説とともに、オーデュボンが「エピソード」と呼んだエッセイも収められている。「エピソード」は、鳥類の解説五編ごとに一つ、第一巻から第三巻までの各巻に収められており、全部で六十編ある。それぞれの「エピソード」には、鳥を求めて各地を旅する中で彼が目にした、当時のアメリカの風景や生活習慣が、生きいきとした文章でつづられている。字句や文法については、妻のルーシーやマクギリブレーによる修正を受けてはいるが、それぞれの「エピソード」の土台となっている体験は、まぎれもなくオーデュボン自身のものである。そして、そこに描かれるアメリカ大陸の大自然や風習は、オーデュボン自身の目を通して見られたものである。

いずれの「エピソード」も興味深いものばかりだが、ここでは、当時のアメリカ人が「自然」に対して行っていたことと、それに対するオーデュボンの見方を紹介するために、彼がラブラドール半島を訪れた際の「エピソード」を紹介することにしたい。

ラブラドール半島は、カナダの北東部に位置する大きな半島で、現在では、大西洋岸の約四分の一がラブラドール地方（ニューファンドランド・ラブラドール州）と呼ばれ、残りの四分の三がケベック州に属している。言うまでもなく、日本でも人気の高い犬種、ラブラドール・レトリーバーのふるさとでもある。半島の東側に横たわるニューファンドランド島は、海洋性の気候のため、極寒の地というほどではないが、半島の北側は、ほとんど北極圏に近い気候として知られている。オーデュボンがこの半島を訪れたのは夏の季節だが、ここでキャンプをした時の様子を彼は、「足などは、温めるために、ほとんど直火であぶるようにしても、頭と肩は強い風に吹きつけられて、凍るほど寒い。朝が来ても、彼女はバラ色の頬で微笑んでくれたりはしない。灰色の冷たい霧のマントで現れて、快適な一日になる兆候は全くないことを教えてくれるだけだ」と記している(OB, Vol. 3, 587)。

オーデュボンは、このラブラドール半島とニューファンドランド島を、スクーナー船(三本マストの帆船)に乗って、一八三三年六月の初めから八月の末にかけて訪れている。この頃は、『アメリカの鳥類』と『鳥類の生態』の出版も順調に進み、その価値が認められて、ロンドン・リンネ協会 The Linnean Society of London をはじめとする数々の権威ある科学協会の会員にも選出された、彼の黄金時代である。[10]

オーデュボンはこの探検旅行に、息子のジョン John Woodhouse Audubon (一八一二―一八六二) とボストンの医学生二名、それに船長と乗組員を加えた総勢七名で出かけている (Charles 1919, 424)。

ラブラドール半島周辺に到着してからの一行のスケジュールは、まさに殺人的だ。毎日三時前にはコックが起きる。三時半には食事の用意が整い、みな大急ぎで、コーヒーとパン、その他若干の付けあわせで朝食をとる。そして四時には、コックと一人の船員を除いて、全員がそれぞれの調査区域へと出発して行く。夜になり戻ってくると、今度は、空き瓶の口に立てた蠟燭《ろうそく》の明かりを頼りに、昼の調査で捕獲した生物の計測や解剖などが行われる。「こちらで植物の花や、葉の特徴を調べる者がいれば、向こうでは誰かが、アビの食道の陥凹《かんおう》を調べ、カモメやライチョウの皮を剝いでいる者もいる。日誌の記録も忘れてはならない。明日の準備もし、十二時になると、後片付けはコックにまかせて、みな寝床に潜り込む」といった調子である。これでは、毎日四時間も寝ていないことになる(OB, Vol. 3, 585)。

オーデュボンはこの探検旅行で、後にリンカーンフィンチ Lincoln Finch と名づけられる新種を発見し、二三枚の新しい野鳥の絵を描いている(11)(Ford 1988, 308)。

それは六月の下旬、オーデュボンたちの船が、ラブラドール半島の沿岸部を航行中のことだった。彼らは、怪しい船を発見した。その船は、ごつごつした岩の小島にある、草地の下あたりに泊まっていた。「お天道様の明るい光を避けるようにして、まるでこそ泥のようにうろつく船に、……八人の船員が、ぐらつくマストの下で眠り込んでいる」のが見えた(OB, Vol. 3, 82)。

もう午後も日が傾きかけようとする時刻、船員たちが小型のボートを水面に降ろした。錆だらけの銃を持ち、彼らは次々にボートへと乗り移った。そしてボートは、その小島に近づいて行った。そこは、何百年もの間、ウミガラスたちが繁殖を繰り返してきたところだ。「今や、彼らが餌食にされてしまうのだ」(OB, Vol. 3, 83)。

古びたマスケット銃の乾いた銃声が、続けざまに鳴り響く。「死んだり、傷ついたりした鳥たちが、どすんと岩場に落ちたり、海の中へと落下して行く」。そして男たちは小島に上陸すると、その汚らしいブーツで卵を蹴散らし、ふ化しかけの雛を、情け容赦なく踏みつぶして行くのである。大昔から、数えきれないほどのウミガラスたちが、繁殖地としてきた小島で、雛や卵がこうして踏み潰されてしまったのである(OB, Vol. 3, 83)。

乱獲で絶滅してしまったオオウミガラス(BA, 211)

男たちは、死んだ鳥をかき集め、ボートに乗り込むと、再び「おんぼろ船」へと戻って行った。「まだ温かい体から羽の衣装をひとむしりに剝ぎ取ると、石炭の燃えさしに放り込む。ほどなくして鳥の丸焼きが出来上がる。美味そうにウミガラスが焼き上がったところで、ラム酒がふるまわれた」(OB, Vol. 3, 83)。

こうして一週間、その船の男たちは、毎日、海鳥たちの楽園に上陸しては、殺戮を繰り返し、手当たり次第に卵を割って歩くのだった。そして、沿岸の最後の繁殖地の島にたどり着くと、彼らは船の向きを変え、前に上陸した島に再び上がって行く。そして彼らは、じゃまな親鳥を再び撃ち殺しては、卵を拾い集めて行くのである。そう、一回目の上陸で卵を踏みつぶしたのは、海鳥たちに新鮮な卵を産ませるためであり、彼らの本当の目的は、二回目の上陸で「新鮮な卵を拾い集める」ことだったのである(OB, Vol. 3, 84)。

オーデュボンの日記(一八三三年六月二十二日)には、卵一ダースを二五セントで売り、二ヶ月間で八〇〇ドル以上も稼いだ男の話が出ている(Audubon 1897, Vol. 1, L. 5004-5)。単純計算で、この男は三八、四〇〇個以上の卵を盗み、それに匹敵するか、もしくはそれ以上の卵を「踏み潰した」ことになる。

これらの卵は、ほとんどが食用だが、当時は、めずらしい卵や綺麗な卵は、装飾品としても売買されていたようだ。またこうした破壊的な「乱獲」は、卵だけのことではなかった。前節で紹介したリョコウバトのように、食用として鳥そのものを大量に殺すこともあれば、ご婦人がたの優雅な帽子を飾る「羽」を集めるために、「ニシツノメドリなど数種類の鳥」は、やはり大量に殺されていたのである(OB, Vol. 3, 85)。

●——オーデュボンとアメリカの原生自然

当時のアメリカで行われていた野生動物の大量殺戮は、鳥ばかりのことではない。オオカミやバッファローも、単なる「楽しみ」で大量に殺されていた。

一八四三年の春、オーデュボンはミズーリ川上流から、イエローストーン地域の川をたどる探検旅行に出かけている。このとき彼が目にしたものは、アメリカ西部の大平原とともに、そこで殺され腐り果てた、獣たちの累々たる死骸の山だった。バッファローをはじめとする大平原の野生動物たちが、ほとんどの場合ただの「楽しみ」で、大量に殺されていたのである。

アメリカでは様々な理由をつけて、現代でもハンティングが続けられている。人間が自然の均衡を崩してしまったために、自然の力では各種間のバランスを保つことができなくなってしまった、というまったく不条理な理由のために、「頭数制限」が必要になることもあるかもしれない。しかし現代のアメリカで行われているハンティングのほとんどは、「スポーツ」の一種であり、煎じつめれば人間の「楽しみ」以外の何ものでもない。「生き物に対して、何てひどいことをするんだ」(Audubon 1897, Vol. 2, L. 1503)というオーデュボンの嘆きの声が、今でも聞こえてきそうだ。

しかし、そのオーデュボン自身も、常にハンティングによって研究対象の野鳥を得ていたということは、事実である。オーデュボンの日記や、『鳥類の生態』を読むと、彼が研究対象とする鳥を銃で撃ち落とし、手もとでその鳥の細部を調べながら、記録をつけたり、絵を描いたりしていたことがよく分かる。特に、「鳥たちの自然の姿」を描くことにこだわったオーデュボンは、銃で鳥を撃ち落すと、その鳥の内部に針金を入れ、自然の姿を再現させて、絵を描いていたようである(Audubon 1897, Vol. 1, L. 2741-3)。しかし、現代のように高精度の光学器機があるわけではなく、ましてや手軽なカメラやビデオがなかった時代には、それは致し方のないことだったと言うべきだろう。
オーデュボンの書き残したものを見ていると、彼の時代に、アメリカの原生自然が「人間」の侵略を受けて、猛烈な勢いで後退して行ったこともよくわかる。フロンティアと呼ばれる辺境の地は、まだ存在していたものの、北米大陸のいたるところで森が切り開かれ、原生自然の王国が音をたてて崩壊していく姿を目のあたりにしたのが、オーデュボンたちだったのである。

バッファローの大量殺戮を目にし、「こんな事が続けられて良いものか。すでに群れの規模には、はっきりとした違いが出ている。もう何年もしないうちに、あのオオウミガラスと同様に、バッファローも絶滅してしまうだろう」(Audubon 1897, Vol. 2, L. 1827-8) と嘆き、極寒のラブラドール半島では、毛皮を求めて繰り返される、野生動物の大規模な殺戮に対して、「いったいどこへ行ったら、手つかずの自然に出会えるんだ」(Audubon 1897, Vol. 1, L. 5066) と叫びながら、急速に失われていく原生自然の中で、今はまだ自然の姿で暮らしている鳥たちの姿を描こうとしたのが、オーデュボンだったのである。

●——オーデュボンの願い "National Audubon Society"

失われていく原生自然と、野生動物の保護を願ったオーデュボンの思いは受け継がれ、彼の死後ほどなくして、それは現実化して行くことになる。

オーデュボンは一八五一年、「ミニーズランド」Minniesland で静かに息をひきとった。ミニーズランドは、オーデュボンが晩年に暮らした屋敷の名称で、この呼び名は、ルーシーの愛称だった「ミニー」Minnie にちなんでつけられたものだった。

オーデュボンの死後、残された妻のルーシーと、二人の息子たちは、広大なミニーズランドに何軒かの貸家を建て、その家賃で暮らしていた。一八五七年一月一日、そのうちの一軒に、グリンネル一家が引っ越してきた。グリンネル家には何人かの子どもがいて、長男がジョージ George Bird Grinnell という名前だった(Fisher 1939, 2)。

その頃、ルーシーは、長男ヴィクターの家で、小さな塾のような学校を開いていた。当初この「学校」は、彼女が孫たちの教育のために開いたものだったが、求めに応じて、近隣の子どもたちにも門戸を開いていた。そこに通って来ることになったのが、七歳のジョージだった。ジョージはここで、ルーシーから、読み書きや初等の算数を習うと共に、鳥類学や博物学の初歩も学んだ。ジョージがここで学んだのは、わずかな期間に過ぎなかったが、ルーシーから受けた感化は、その後の彼の人生にとって、大きな意味を持つことになった。

成長してイェール大学に進んだジョージ・グリンネルは、博物学を学んだ。卒業後、彼は探検隊に参加してアメリカ各地をまわる中で、アメリカインディアンの歴史や生活に興味を持つようになった。またそれと共に彼は、傷つけられ、失われていく原生自然を保護することの必要性も、強く感じるようになった。こうして彼は、様々な自然保護活動に係わることとなり、その活動の一環として、一八八六年二月、「野鳥とその卵の保護」を呼びかける組織を立ち上げた。そして彼は、この組織を「オーデュボン協会」Audubon Society と名づけたのである(Barrow 1998, 118)。

グリンネルが立ち上げたオーデュボン協会は、「全米鳥類学者連合」American Ornithologists' Union によって行われていた野鳥の保護活動を、補完するものだった。また彼は、各地で活動の拠点が自由に形成されていくことを推奨した。その結果、一八八六年の終わり頃には、三〇〇以上の地方組織が結成され、一万八千人がオーデュボン協会のメンバーとして登録された。翌年には、会員に向けた情報誌『オーデュボン・マガジン』Audubon Magazine が創刊され、会員数は益々増加していった(Barrow 1998, 119)。

しかし、会員数や地方組織が拡大するにつれ、組織を運営するための経費や労力が膨大なものとなって行った。グリンネルの計画は、そこまで大きな組織になることを予測して出発したものではなかった。そのため、他の仕事も抱えていた彼は、オーデュボン協会を運営しきれなくなり、設立から二年後の一八八八年には、組織を解散せざるを得なくなってしまった。解散時の会員数はおよそ五万人だった(Barrow 1998, 246)。

しかし、オーデュボン協会が解散した後も、単なる楽しみや、帽子を飾る羽を取るために野鳥を殺したり、卵を採ったりすることは、止めるべきだという声がなくなってしまったわけではなかった。むしろ、グリンネルが組織の運営を続行できなくなるほど多くの人々が、こうした思いを共有していたということを、オーデュボン協会の解散劇は物語っていると言える。

こうして、野鳥の保護を求める声は、全米の各所で、新たな組織の結成へとつながって行くことになり、一八九六年二月十日、改めてオーデュボンの名を冠した組織「マサチューセッツ・オーデュボン協会」Massachusetts Audubon Society がボストンで設立された(Barrow 1998, 127)。これを契機として、続く六年間に二十六の州で、新しいオーデュボン協会が設立されていった(Barrow 1998, 130)。

ただし、この新しい動きは、当初、ローカルな活動であったため、各州のオーデュボン協会に、相互の連携などはなかった。しかし野鳥の保護を、実効性をもって進めて行くためには、法律の制定に向けた政治的な活動なども行われる必要がある。このためには各地方組織が相互に情報を共有し、協力して活動を行っていく方が、効果的であることは言うまでもない。そこで各州に分立していたオーデュボン協会は、一九〇一年に「オーデュボン協会全米委員会」National Committee of Audubon Societies of America を発足させ、さらに一九〇五年には、この組織を「野鳥と動物保護のための全米オーデュボン協会連合」National Association of Audubon Societies for the Protection of Wild Birds and Animals と改称して、連携を深めていった(Barrow 1998, 134)。そして一九四〇年に、この長い名称が改められ、「全米オーデュボン協会」National Audubon Society となって、今日に至っている。

現在のオーデュボン協会は、ニューヨークに本部を持ち、全米各地に五〇〇の支部と六〇万人の会員を擁する、アメリカ屈指の環境保護団体の一つである。当初のオーデュボン協会は、野鳥と卵の保護を主な目的として出発したものだったが、現在のオーデュボン協会は、自然環境全般の保護を大きな目的として、多岐にわたる活動を行っている。

主要な活動の一つとして挙げられるのが、自然環境の保護を目的とする法律の制定に向けた活動である。そのためオーデュボン協会は、議会でのロビー活動を主要な目的とするオフィスを、ワシントンＤＣに置き、シエラクラブ Sierra Club をはじめとする、他の環境保護団体などとも連携しつつ、政治的な活動を展開している。その成果としてオーデュボン協会は、これまでに「絶滅の危機に瀕する種の保存に関する法律」Endangered Species Act（一九七三年）や「大気清浄化法」Clean Air Act（一九六三年）、「水質浄化法」Clean Water Act（一九七二年）などの制定に力を発揮し、近年は「北極圏野生生物保護区」Arctic National Wildlife Refuge の石油採掘を阻止するべく、活発なロビー活動を続けている。

こうした政治的活動に加えて、オーデュボン協会では、各支部が中心となり、それぞれの地域における生物や自然環境を、自らが保護していく活動にも、力が注がれている。その一つが、野生生物の聖域としての「サンクチュアリ」sanctuary を確保し、そこに生息する動植物を、自然のままに保護して行こうとする活動だ。全米から寄付を募って必要な土地を購入し、そこを野生生物のサンクチュアリとして、オーデュボン協会が管理して行くのである。現在オーデュボン協会が所有するサンクチュアリは、全米に大小一〇〇箇所（一五万エイカー）以上あり、大きなものでは、二六、〇〇〇エイカー（一一〇平方キロメートル）の規模を擁する、ポール・レイニー・サンクチュアリ Paul J. Rainey Wildlife Sanctuary がある。各サンクチュアリの管理は、ほぼ各支部独自の方針に任されており、各地域の自然の特性に基づいた、生物環境の保護が行われている。

しかしアメリカの自然保護活動は、オーデュボン協会に限らず、保護することだけを頑なに徹底するのではなく、保護の対象としている自然の一部分を「フロントカントリー」と位置づけ、そこを開放することによって、人々に自然のすばらしさを実感してもらうことも、重要であるとする特徴を持っている。こうした考え方は、おそらく国立公園の運営方法に由来するものと思われるが、オーデュボン協会が所有する各サンクチュアリでも、必ず一部分がフロントカントリーとして一般の人々に公開されている。そこにはネイチャーセンターと共に、生物や環境教育に関する専門知識をもったレンジャーが配置され、人々に、「体験」を通して自然の意味や価値を学ぶ場が提供されている。

今日オーデュボン協会のネイチャーセンターを訪れると、子どもたちのための自然観察教室から、夏のサマーキャンプ、定期的に行われる探鳥会や、レンジャーによるインタープリテーション（自然解説）など、様々な企画が盛りだくさんに用意されている。中でもレンジャーによるインタープリテーションはまことに素晴らしく、あっという間に人々を「自然の世界」へと引き入れてしまう。また、子どもたちを集めての単なる「安全な遊びの時間」に終始しがちなサマーキャンプも、オーデュボン協会で行われているものは、各年齢層の知的レベルに合わせた「自然学習」が、豊かな自然環境を利用した体験活動の中で行われるように工夫されており、アメリカの各地で行われているサマーキャンプの中でも、ひときわ質の高いものになっている。

ラブラドールの卵盗りや、バッファローの大量殺戮を目にしたオーデュボンが、野生動物の保護を願ってから二百年、アメリカの自然保護は確実に進展している。現代アメリカの環境政策は、自然環境の保護のみを重視しているかのようにさえ見えるほどだ。こうした自然保護の姿勢が形成されて行く過程で、オーデュボンの果たした役割は非常に大きい。彼の願いを実現するべく組織されたオーデュボン協会の活動もさることながら、何よりも彼の描いた野鳥の絵の美しさは、見る人に野生動物の愛らしさを伝えてあまりある。その力は、文字によって自然を表現するネイチャーライティングにはないものだろう。彼の絵を見て野鳥のファンとなり、野鳥観察を通じて、自然を保護することの必要性を認識した人は、数えきれないほど多いはずだ。しかも彼は、全五巻計三、五〇〇ページにものぼる、ネイチャーライティングの著作まで残しているのである。

オーデュボンの後、アメリカの「自然思想」は、ソローやミューアによって、より明確な姿へと磨き上げられて行く。そして、その基底には、単なる思弁的な精神の対象としての自然ではなく、現実的な体験の基盤としての自然が常に存在した。オーデュボンが見、描いていったものこそ、そうした生きた自然の世界であり、そこで暮らす鳥たちの姿だったのである。

註

*1――ジョゼフ・プリーストリーは、化学者であり神学者でもあった。

*2――エラスムス・ダーウィンは、医学者、生物学者であり、チャールズ・ロバート・ダーウィン Charles Robert Darwin の祖父でもある。

*3――現在は一般に Eastern Phoebe と呼ばれている。

*4――ウィルソンは、イエミソサザイ House Wren をバートラムの発見による新種としているが、バートラムの同定は不十分だったところから、現在イエミソサザイの発見者は、ルイ＝ジャン＝ピエール・ヴィエロット Louis Jean Pierre Vieillot とされている。(Burtt [*et al.*] 2013, L. 3958-9)

*5――キングセッシングの学校での彼の給料は、三ヶ月で一〇〇ドルだった。しかしニュージャージーのブルームフィールド Bloomfield で教師をしていた時の彼の給料は、三ヶ月で四〇ドルだった (Wilson, 1983, 70)。

*6――この日記の記述は、一八一〇年三月十八日付けでウィルソンが、ミシシッピーのナチェズ Natchezから、ローソン Alexander Lawson という人物に宛てた手紙の中に見られるものである。記述の中でオーデュボンの名前は、“Mr.”となっていたり、“Mr. A”となっていたりして、“Audubon”という文字は見られない。しかしオーデュボンの回想と照らし合わせて、この“Mr.”が、オーデュボンであることは間違いないと考えられている。

*7――ワーナー博物史協会は、一八〇八年にエディンバラで設立され、一八五八年まで続いた博物学に関する学会である。

*8――http://en.wikipedia.org/wiki/John_James_Audubon（二〇一四年二月一日）。ここで参照したページでは、当時の一ドルを四〇倍にして、今日の価値に換算している。さらに当時の一ポンドは、四・五ドルに相当するとされているので (Baker 1985, 7)、この基準で考えると、当時の一ポンドは、今日の一八〇ドルに相当することになる。ただし、当時の一ドルを四〇倍にして今日の価値と

する算定基準が、必ずしも明確ではないことと、分かりやすさの点から勘案して、ここではポンドの価値をかなり低く見積もり、一ポンドを一万円として換算してみることにした。

＊9――西郷（1995, 313）は全く逆の説を紹介しているが、これは誤りだと思われる。

＊10――ロンドン・リンネ協会は、自然史に関する世界で最も古い学術組織で、日本では天皇陛下が外国会員として選出されている。

＊11――この名前は、オーデュボンと一緒にいたトーマス・リンカーン Thomas Lincoln が撃ち落したことにちなんでつけられたものである（OB, Vol. 2, 539）。なお現在この鳥は、アメリカ鳥類学会の分類では、リンカーンフィンチ（アトリ）ではなく、リンカーンスズメ Lincoln's Sparrow と呼ばれている。これは、オーデュボンが、スズメとアトリを見誤ったということを意味しているわけではない。鳥類の分類は、ごく最近まで、主に見かけの形状や特徴に基づいて行われてきた。しかし近年、ＤＮＡ等の科学的分析によって、従来の分類が生物学的に正しくない場合のあることが判明し、その結果として、鳥類の分類は、現在、世界中で再検討されているところなのである。

第2章

エマソンの自然観

アメリカの自然思想を概括的に扱った書物の中には、エマソンをアメリカ自然思想の源流として紹介し、また、ソローをエマソンの思想的継承者であるかのように述べているものが多い。しかし私は、エマソンの思想と、本書で取り上げているようなアメリカの自然思想との間に、本質的な連関性はないと考えている。もちろんエマソンの思想が、一時期のソローに大きな影響を与えていたということは事実だが、それはソローが彼独自の自然観を確立する前のことであり、彼が作り上げて行くことになる「フロントカントリー」の思想は、エマソンの自然観とは大きく異なるものである。しかし、これから詳しく見て行くことになるソローやミューアとの関係で、しばしば言及されるであろうエマソンの思想について概観を得ておくことは、ソローやミューアの思想を正確に理解するためにも有用である。そこで本章では、エマソンの思想と彼の自然観に認められる本質的な特徴を見ておくことにしたい。

ただし、以下の論述から明らかなように、「超越主義」と呼ばれるエマソンの思想は、十九世紀のアメリカにおける宗教事情と、ヨーロッパの伝統的な観念論に基づくものであるため、しばらくの間我われは、直接的な自然体験を基盤とする自然観から離れて、抽象的で思弁的な思想の議論と向き合うことになるだろう。

◉——ニューイングランドの精神的風土——会衆派とカルヴァン主義

ラルフ・ワルド・エマソン Ralph Waldo Emerson は一八〇三年五月二十五日、牧師の父ウィリアム Rev. William Emerson（一七六九―一八一一）と母ルース Ruth Haskins Emerson（一七六八―一八五三）の次男としてボストンで生まれる。父ウィリアムは、ハーヴァード大学を卒業した後、ハーヴァード地区の牧師を経て、一七九九年から亡くなる年の一八一一年まで、ボストン第一教会 First Church in Boston の牧師を務めている。父ウィリアムが亡くなった時、息子ラルフはまだ八歳だった。

父ウィリアムが牧師を務めた時代の第一教会は、それまで百七十年近く続いて来た会衆派 Congregationalist Church から、ユニテリアン派 Unitarian Church へと改宗が進められようとする激動の時期にあった。

会衆派は、一六二〇年にメイフラワー号でアメリカにやって来たピルグリム・ファザーズ Pilgrim Fathers、すなわちカルヴァン Jean Calvin（一五〇九―一五六四）の宗教改革に倣い、イギリス国教会を改革しようとして受け入れられなかったピューリタン Puritan（清教徒）の流れをくむ教派である。会衆派の各教会は独立しており、教会の運営を行う役員は教会員である会衆によって選ばれる。牧師の選定や礼拝の仕方も会衆によって決定される。また上述のようにピューリタンの流れをくむ教派であるため、会衆派の信仰は、カルヴァン主義を基本としている。

カルヴァン主義の特徴は、アダム以来人間は全面的に堕落しているという原罪の強い意識と、神による救いは予め神によって選ばれた人間だけにもたらされるという予定説にある。この予定説に基づき、イエスによる十字架上の贖《あがな》いは、救いに選ばれた者だけのためにあると考えられ、選ばれた者は、神の恵みを拒否することはできず、また選ばれた者は必ず救われるので、如何なる苦難や逆境にも耐えてそれを克服することができるとされる。

そして会衆派では、神に選ばれていることの確信は、禁欲的な生活と労働に励むことによって得られると考えられた（ヴェーバー 1989, 178-9）。一般にピューリタンが、高い倫理性と勤勉さを重視すると言われるのは、この点から来ている。さらに初期の会衆派では、正式な「会衆」となるための資格として、「突如としておこる宗教的体験」（回心）により、この確信を得ていることが求められたという特徴がある（パーク 1978, 91）。

このような会衆派やピューリタンの伝統は、二つの点で、後に会衆派の改革から発達することになるユニテリアン主義以上に、若きエマソンに大きな影響を与えたのではないかと私は考えている。一つは、彼が後に提唱する超越主義と、ユニテリアン主義との間には、重要な点で本質的な差異が認められるという点である。そしてもう一つは、若きエマソンがヒューム David Hume（一七一一―一七七六）に由来する懐疑論に悩まされていた時、彼はそれを、ある意味では「回心」にも似た、「全能の神に直接由来する」（JMN, Vol. 2, 192）自己の内なる「道徳感覚」moral sense（JMN, Vol. 2, 83）の自覚と、これに基づく「自己の内なる神」God in me（「神学部講演」CEE, L. 1541）の知覚によって乗り越えているという点である。エマソンの時代には、すでに「回心」を必須とする会衆派の教義はほとんど放棄され、禁欲と労働を重んじるピューリタンの精神も、かつての輝きを失っていたことは事実だろう。しかし、そもそも会衆派の牧師であった彼の父が家族に残した遺風と、特に子供たちの「道徳的進歩」を重視したと言われる母ルースを通して(市村 1994, 51-2)、伝統的な会衆派とピューリタンの精神が、エマソンに影響を与えていたことは十分に考えられ得る。

ニューイングランドのユニテリアン思想は、会衆派の改革の中から生まれて来る。[1]上述のように会衆派では、「回心」という特殊な宗教的体験が強く要求されたため、その自覚を得られない多くの人々の心が、教会から離れてしまうことになった。このことに危機感を抱いた会衆の中に、「回心」ではなく「理性と良心」という新しい理念のもとで、教会の再生を図ろうとする動きが生まれた。そしてこれが会衆派におけるリベラル派となり、この展開の中からユニテリアン思想が生まれて来たのである。

そもそもリベラル派の動きが始まることになった原因は、「回心」という宗教的な体験を得ることが、現実には極めて困難なことだったからだ。そして「回心」が必要とされたのは、カルヴァン主義に基づく「神による選び」の確信を得るためだった。したがって「回心」を必要ないとするリベラル派の教義は、カルヴァン主義から離れることになる。すなわちリベラル派は、人間を堕落した存在として見る「原罪」を認めず、人間の善性と自由意思の根源性を主張し、「回心」という神秘的な宗教体験ではなく、理性による神の摂理の理解こそキリスト教にとって必要なことであると主張した。これはイエスを神とみなす三位一体説や、多くの奇跡を否定することになり、さらに神の単一性 unity のみが原事実として主張されることへとつながって行く（パーク 1978, 90-1）。こうして生まれた「神の単一性」という理念を基盤としてさらに発展する教義が、ユニテリアン主義 Unitarianism に他ならない。

なお、一般にユニテリアン主義は、カルヴァン主義の否定として理解されることが多いが、思想的に見た場合、すでにカルヴァン主義そのものの中に、ユニテリアン主義へと向かう種子が内包されていたと見ることができる。カルヴァン主義では、原罪も、「神による選び」の予定説も、イエスを介さず、神と人との直接的な関係の中で考えられている。カルヴァン主義自体は、三位一体やイエスの神性を否定するものではないが、神と人とのつながりにおいてイエスの役割を本質的なものとしないカルヴァン主義から、積極的にイエスの神性を否定するユニテリアン主義へと向かうことは、それを意図したものではないとしても、一つの必然的な流れの結果だったと言えるだろう。

●——エマソンとユニテリアン主義

父親を早くに亡くしたために、エマソンは、経済的に厳しい状況にあった。しかし彼は、母の努力と、高い教養の持ち主だった叔母メアリ Mary Moody Emerson（一七七四—一八六三）の薫陶《くんとう》を受けて成長し、一八一七年、十四歳でハーヴァード大学 Harvard College に入学する。ただし当時は、現在とは学校制度が全く異なっていたため、十四歳でハーヴァードに入学したといっても、彼が特別な天才だったというわけではない。大学における四年間の一般教養課程 liberal arts の修了後、彼は、家族の事情や経済的理由から、数年間、兄が自宅で始めた女学校や、地域の私立学校で教職に就いている。その後一八二五年にエマソンは、改めてハーヴァードの神学部 Divinity School に入学するが、この頃彼は、眼や胸に病気を抱え、転地療養などをしたために、大学ではあまり勉強できなかったようだ。しかし、神学部に入学する前の教師をしていた時期に、彼はしばしばウィリアム・エラリー・チャニング William Ellery Channing（一七八〇―一八四二）のもとを訪ねている。「アメリカ・ユニテリアン主義の精神的父」と呼ばれた、チャニングの説教を聞くためだった。

当時マサチューセッツ州を中心とするニューイングランドの教会では、会衆派からユニテリアン派への改宗が進んでいた。そしてニューイングランドの学問と文化の中心だったハーヴァード大学でも、ユニテリアン主義への傾倒が進行していた。一八〇五年ハーヴァード大学では、空席となっていた神学の教授席をめぐって、保守会衆派とリベラル派の対立が起こった。この時、三位一体か、神の単一性かをめぐって神学論争が起こり、神の単一性を主張するリベラル派が多数の支持を得て、彼らの推すヘンリー・ウェア Henry Ware（一七六四―一八四五）が教授席に就くことになった。しかし騒ぎはこれで収まらず、その後保守派はハーヴァード大学を離れて新たにアンドーヴァー神学校 Andover Theological Seminary を設立し（一八〇七年）、ハーヴァードでも改めて神学部 Harvard Divinity School が創設されることになった（一八一六年）。こうしてできたハーヴァードの神学部は、表向きは教派色を持たないものとして設立されたが、実質はユニテリアンの教授で占められ、結果としてユニテリアン派の牙城となったのだった(土屋 2004, 30-33)。

これに加えてボストンでは一八〇三年に、チャニングがフェデラル通り教会 Federal Street Church の牧師に就任し、後に「偉大な活動」と称される人々への説教が始められた。中でも有名な説教が、ボルティモアの教会でおこなわれた「ユニテリアンのキリスト教」"Unitarian Christianity" である。この時教会には多くの人が詰めかけ、説教の写しが二、〇〇〇枚も必要だったと言われている。それほどチャニングの説教は、人々の心をとらえるものだったのである(パーク 1978, 149)。

「ユニテリアンのキリスト教」(パーク 1978, 149-158) においてチャニングは、まず「理性」に基づく聖書解釈の重要性を説く(150-1)。『聖書』は「人類にあてた神の継続的な啓示の記録」であり、他の一般的な本と同じように、理性に基づいて解釈されるべきものだとされる。さらにチャニングは「神の単一性」を説く(152)。神は単一の存在であり、単一の位格であって、三つの位格を持つとする三位一体の考えは、「非合理で非聖書的な教義」だとされる（154)。したがってイエスは神ではなく、我われと同じ人間であるとされることになる(154)。イエスは「人類を道徳的に、あるいは精神的に救うため」に神によって遣わされた人類の指導者であり(156)、このようなイエスを神であるとみなす三位一体説は、イエスについての我われの認識を「限りなく混乱させる」ものであって、これこそ「キリスト教の堕落」に他ならないとされる(154)。さらにチャニングは、「神の道徳的完全さ」を主張する(155)。「神の意志は完全な善」であり、「神は私たちを善にして聖なる目的のために創造された」のであるから(155)、予定説が言うように「少数の人々」を選んで彼らだけを救うなどということは考えられず、「すべての人々」を等しく「幸福の状態へと導く」に違いないとされる。そして最後にチャニングは、イエスの「復活」や、「死者を生き返らせた」奇跡は、『聖書』にそのように「記録」(150)として書かれているのだから、事実としてそれを信じるべきだとしている(156-7)。

こうしたチャニングの考えは、『聖書』に書かれているイエスの「奇跡」を信じるという点以外では、リベラルな会衆派とほぼ同じ内容だと言ってよいだろう。この点から見ても、ユニテリアン主義が会衆派から発展したものだということがよく分かる。

しかしチャニングは、リベラルな会衆派とは異なり、「奇跡」を信じることの重要性を常に強調する(Channing 1892, 223)。「ユニテリアンのキリスト教」でも、宗教における理性の危険性を示唆している部分があるが(パーク 1978, 152)、理性に基づく合理性のみで、神の存在や、人間が生きることの意味を探求しようとすると、それは単なる観念論の体系になってしまい、そこでは宗教がもはや成立し得なくなってしまうことを彼は強く危惧したのだろう。「信じること」、すなわち信仰こそ宗教の根本原理であることは言うまでもない。理性に基づく聖書理解を基盤とするチャニングのユニテリアン主義は、『聖書』におけるイエスの「奇跡」を否定する明確な根拠が提示され得ない以上、我われはそれを信じるべきだとして、言わばぎりぎりの線で、理性の無制限な膨張から「信仰」を守り、宗教としてのキリスト教を保持しようとしたのだろう。

このようなユニテリアン主義のただ中にあってエマソンは、しかし、チャニングの教説に共感を覚えながらも（Holmes 1885, 50-1）、「イエスの奇跡」はおろか、「神の存在」ですら確信できずに悩んでいたようである。[2] この原因はウィッチャーも指摘するように、彼は一八二一年ごろからヒュームの著作を読み、ヒュームの徹底した経験論から突き付けられる超感覚的事物に対しての懐疑論に悩まされていたことにある（ウィッチャー 2001, 29）。[3] エマソンは自らも認めるように、緻密な論証の展開を得意とするタイプの人間ではない。[4] それが徹底した論理武装でたたみ掛けてくる理性の権化とも言うべきヒュームに立ち向かおうというのだから、正面切っての会戦では若きエマソンに、およそ勝ち目がないのも当然だ。

しかし、幼い時からピューリタンの伝統を持つ道徳的環境の中で成長してきたエマソンにとって、自己の内なる「道徳感覚」（JMN, Vol. 2, 83）の実感は否定し得ないものだった。そしてこの「道徳感覚」が「全能の神に直接由来する」（JMN, Vol. 2, 192）ことは、彼の経験に基づく事実に他ならなかった。こうして彼は「神と魂の結びつき」（JE, Vol. 2, 224）を確信し、それにより懐疑論を乗り越えて、「自己の内なる神」（「神学部講演」CEE, I. 1541）の探求へと歩み始めることになったのである。エマソンの『日記』には、次のような記述が見られる。

ミルトンは、ディオダティへの手紙のなかで、自分のことを、道徳的完全性を心から求める者だと書いている。その彼であっても、私以上に道徳的完全性を愛する者ではない。まだ上手くはっきりとは表現できないが、子どもの頃から現在まで私を導いてくれた、私の天使があった。それは私を人々から引き離した。それは私の枕を涙で濡らし、私の眠りをベッドから追いやった。それは私の罪を責め立てた。それは私を希望で鼓舞した。私が挫折しても、それが挫けることはない。全ての殉教者が信仰を捨てても、それは疑い得ない。常にそれは、告げ知らされるだろう栄光であり、宇宙の「公然の秘密」なのだ。ただ見る者の薄弱さと蒙昧《もうまい》さゆえに、それは未来のこととなる。完全なる者が現に自らの心の底に存在している。

（一八三三年、JMN, Vol. 4, 87）

このように見て来ると、若きエマソンの宗教観とユニテリアン主義との間には、重要な点で大きな差異があることに気づく。確かに「神の道徳的完全さ」や「人間の善性」に関する認識では、両者に共通しているものがある。しかし、キリスト教としてのユニテリアン主義にとって、それ以上に大切なことは、そうした道徳性の実現のために、イエスが果たす役割の認識であり、「イエスの奇跡」を受け入れることである。しかしエマソンの宗教観には、イエスの果たすべき役割が全くない。彼は自己の「魂」において、神と直結してしまっている。後にエマソンはユニテリアン派の教会牧師を辞任することになるが、その真の理由は、彼自身の信仰が、すでにイエスに基づくキリスト教ではなくなっていたからではないかと私は考えている。

◉——コールリッジの主観的観念論

一八二九年一月十一日、エマソンは由緒あるボストン第二教会 Second Church, Boston の牧師に叙任された。この時代の第二教会は、すでにユニテリアン派に改宗しており、当然エマソンもユニテリアン派の牧師として着任したのだが、「自己の魂が神と直接つながっている」という思いは益々強くなるばかりだったようだ。一八三一年七月六日の『日記』に、彼は「汝自身を知れ」Γνωθι Σεαυτον というギリシア語の題を冠した詩を書いている。その中で彼は「雲に包まれ、隠されても、『無限なる者』が人の内に座している」と記し(JMN, Vol. 3, 291)、さらに次のような一節を綴っている。

法、福音、そして「神の摂理」、
「天国」、「地獄」、「最後の審判」、そして
「真理」と「善」の計り知れない宝庫、
これらすべてを汝は
汝自身の心の内に見出すべし、

さもなくば永遠に見出し得ず。

(JMN, Vol. 3, 292)

この頃エマソンは、コールリッジ Samuel Taylor Coleridge（一七七二―一八三四）の著作を熱心に読んでいるところから、ウィッチャーは、コールリッジの観念論的な思想が、エマソンの「自己の内なる神」の思想を補強することになったのではないかとしている(ウィッチャー 2001, 42)。

コールリッジは、イングランド南西部のデヴォンシャー州出身で、ケンブリッジ大学を中退後、社会運動などに参加しながら詩を書くようになる。そして、ワーズワース William Wordsworth（一七七〇―一八五〇）らとの交流を通し、彼は「老水夫行」"The Rime of the Ancient Mariner" に代表される幻想的でロマン主義的な詩を書く。さらに一七九八年九月、彼はワーズワースらと共にドイツに渡り、約一年間の滞在を経て、カント Immanuel Kant（一七二四―一八〇四）、フィヒテ Johann Gottlieb Fichte（一七六二―一八一四）、シェリング Friedrich Wilhelm Joseph von Schelling（一七七五―一八五四）などのドイツ哲学に深く傾倒し、特にシェリングから大きな影響を受けて、観念論的な色彩の強い『友』*The Friend*（一八一八）や『文学的自叙伝』*Biographia Literaria*（一八一七）などの著述を発表する。この時期コールリッジは、宗教的にはユニテリアン主義に近い立場をとっていたが、その後独自の三位一体論をとるようになる。そしてこの立場から著されたものが、『省察への手引き』*Aids to Reflection*（一八二五）である。

当時のエマソンの『日記』を見ると、特に『友』と『省察への手引き』から大きな影響を受けていたことが分かる。『友』は、一八〇九年六月から一八一〇年三月まで発行された、コールリッジ自身の編集による、同名の思想・文芸誌に彼が発表したエッセイを、後に加筆・修正して単著としたものである。もう一つの『省察への手引き』は、未完となったコールリッジ宗教思想の集大成と言われる『最高の書』*Opus Maximum* の前哨的論考として発表されたものである。

『友』の中で論じられているテーマは多岐に渡るが、この中に人間の理性 reason と悟性 understanding の差異に関する論述がある(CW, Vol. 2, 143-150)。『省察への手引き』では、この問題がさらに人間の理性と、神の本質とも言うべき「大理性」Reason の関係にまで拡張されて論じられる。ただし『省察への手引き』において人間の理性は、神の「大理性」に与《あずか》るものとはされるが、人間の側から見て、それは必ずしも神の「大理性」に直結するものとはされていない。しかしコールリッジは、他の詩や著作から、――おそらくカントの超越論的統覚 transzendentale Apperzeption から着想を得、シェリングの観念論に依拠して――「自己の存在意識」I am の極限に「絶対的自我(神)の存在」the SUM or I AM を直観しようとする思想家としてよく知られており(『文学的自叙伝』CW, Vol. 3, 344-5;「アイオロスの竪琴」"The Eolian Harp," CP, Vol. 1, 100-102)、また『省察への手引き』にも次のような記述が見られるところから、エマソンは、コールリッジの著作の中に、「自己の内なる神」という彼の思いとつながる思想を見出したのであろう。

〔実践理性 Practical Reason の〕普遍的な光へと自己を従属させることにより、特定の意志にすぎない個人の意志が、大理性(5)の意志となる時に、いつでも人は再生する。その時大理性は、再生した人の精神に他ならず、こうして本来の人格 person となった者は、この精神を通して、「神の精神」との速やかな相互交流をなし得る者となる。

(『省察への手引き』CW, Vol. 1, 242)

恐らくエマソンは、こうしたコールリッジの主観的観念論の側面から多くの示唆を受け、「完全なる者が現に自らの心の底に存在している」(JMN, Vol. 4, 87)という思いを強めていったものと思われる。しかし、自己の内に直接神の存在を観じるような信仰においては、イエスや『聖書』の言葉は、もはや実質的な意味を持たないものとなる。

●───「主の晩餐」

一八三二年九月九日、エマソンは、彼が牧《ぼく》していた教会の説教で、会衆に向かって次のように述べた。

私がキリスト教において崇め、服従するものは、その現実性、その限りない慈愛、その深い内なる生命、心にもたらされる安らぎ、私の思考に返される言霊《こだま》、「神」と「神の摂理」を表すあらゆる表現を通して私の理性にもたらされる完全な調和です。そして、そこから帰結し、私を高みへと、また前方へと導く確信と勇気です。自由こそ、こうした信仰の本質なのです。このような信仰の目指すところは、ただ人々を良く、そして賢くすることだけです。こうした信仰のあり方は、その時、人々の求めるところと同様に、柔軟なものであるべきなのです。本来の命とふさわしさを失っている彼《か》の形式 form は、このような信仰の目からすれば、私たちの周りに舞い落ちる枯葉のように、価値のないものと言うべきものなのです。

（「主の晩餐」CEE, L. 19776）

「主の晩餐」"The Lord's Supper" と題して行われたこの説教でエマソンは、キリスト教における「現実性」と「慈愛」の精神、そこに説かれる「深い内なる生命」、これらによってもたらされる心の「安らぎ」や「理性との調和」についてはこれを崇め、それに服従するが、これらのことにとって直接関係するとは思えない教会の「形式」form については、受け入れることができないと宣言したのである。そして、ここに言う「形式」とは、「聖餐式」のことに他ならない。それは、イエスの血と肉を象徴するワインとパンを頂くことであり、共観福音書(6)における、イエス自身の言葉に基づいて行われるものである。エマソンはこれに価値がないと言い放ったのである。

この説教は教会内に大きな動揺をもたらし、これが直接の原因となって、彼は一八三二年十月二十八日、教会の牧師職を辞任することになる。すでに指摘したように、自己の内に神の存在を直接観じているエマソンにとっては、「イエスの導き」に与かることを象徴する聖餐式が、無意味なものに思われたのも無理のないことかもしれない。しかし、どれほどラディカルな教派であっても、イエスを必要としないものは、すでにキリスト教ではない。そして、このような思想を持つに至ったエマソンが教会の牧師職を辞することになったのは、当然の成り行きだったと言えよう。

教会を去った後エマソンは、およそ十ヶ月間のヨーロッパ旅行に出かけ、かねてからその著作に親しんでいたコールリッジ、カーライル Thomas Carlyle（一七九五―一八八一）、ワーズワースらとの面会を得て帰国する。帰国後は、もっぱら説教と講演によって生計を立て、一八三四年の十一月よりコンコードの「旧牧師館」The Old Manse に移り住む。そしてここで、彼の名を世に知らしめることになる代表作『自然』*Nature* が執筆されることになる。

●――「透明な眼球」

エマソンが、彼の「超越主義」において目指したものは、「魂」soul の探求であり、自己と自然が同じ一つの「大霊」Over-Soul（「大霊」CEE, L. 9568）という超越的原理によって統一されているという絶対的真理の認識である。

彼は『自然』において、一人で夜空を見上げることや、森の中を歩くことの意味を印象的な文章で綴っている。

森のなかで、我われは理性と信仰にたちかえる。ここで私は、自然が癒すことのできないようなことは、何事も、どんな不名誉も、(目さえ残れば)どんな不幸も、私の身におこらないと感じる。荒涼とした土地に立ち、頭を爽快な大気に洗わせて、無限の空間のなかにもたげる時、すべてのいやしい利己心はなくなってしまう。私は透明な眼球となる。私は無であり、一切を見る。「普遍的な存在」の流れが私のなかを巡る。私は神の一部である。

(『自然』CEE, L. 375-8)

素晴らしい「自然」の中に身をおくとき、人は様々な社会的関係や束縛から解放されて、真に「孤独」solitude になることができる(『自然』CEE, L. 348)。この時人は、孤独の中で、自己の存在の根源を、何ものにも妨げられることなく見通すことができるようになる。エマソンが「透明な眼球」transparent eye-ball になると言うのは、この意味にほかならない。こうして「透明な眼球」となった時、人は自己と宇宙の真理を直視し、宇宙の原理が神であると同時に、「私」の根拠も神であるという認識に至るとされるのである。一八三七年五月二十六日付けの『日記』にエマソンは次のように記している。

誰が私に「個」とは何かを示してくれるだろうか。私は畏《おそ》れと喜びをもって、「唯一の普遍的な精神」の現成を見る。私は、私の存在がその中に埋め込まれているのを知っている。地上の植物のように、私は神の中で成長する。私は神の一形式なのだ。神は「私」の魂だ。私は、私の「自己」*Me*を、私の身体、私の幸運、私の個人的な意志の浅はかで汚らわしい領域から取り出し、「正義」と「愛」の聖なる厳格さへと、即ち「自然」の隠された泉の方へと退けることによって、誇り高く、私は神であるとさえ言うことができる。
(JMN, Vol. 5, 336)

エマソンがこのような「認識」に達したとき、彼の「眼球」には、眼前の木も、葉も、鳥も、草花も、昆虫も、動物達も、これら野生の動植物は映ってはいない。彼が見ているのは、永遠の「真理」truth（『自然』CEE, L. 334）としての自然の本質であって、我われが見ている自然の現実ではない。

ジェルダードは、エマソンの『日記』から、彼がソローと共にフェアヘイヴンへと向かう道すがら、「秋の赤や黄に色づいた森」を称えつつも、「森の散歩は高揚した夢にすぎない」と記した一節に注目している（Geldard 1993, 170）。エマソンにとって重要なのは、美しく紅葉した森ではなく、その背後に存在する自然の生成原理としての神であり、「大霊」Over-soul であり、絶対的な「精神」Spirit（『自然』CEE, L. 559）であって、またそのような絶対的原理と自己の魂の根源が同一であるという認識に至ることなのである。そのためには自然の「輪郭」outline や「表面」surface（『自然』CEE, L. 783）に過ぎない森の木々や紅葉の美しさなどに目を奪われてはならない。透徹した「理性の目」the eye of Reason（『自然』CEE, I. 783）によって、自然の「輪郭」や「表面」の背後に横たわる本質を見抜き、そこに神の精神を観ることこそ重要なのであり、そこでは「自然が神を前にしてうやうやしく身を退ける」（『自然』CEE, I. 786）光景を目の当たりにするとも言われるのである。ジェルダードは、こうしたエマソンの自然観を代弁して次のように言う。

多様性 diversity のなかに統一性 unity を見出すことは、法則の探求者に課せられた使命だ。自然の凝った装いの背後に統一性を見つけるとき、我われは自然本来の純粋さを目にし、そこに安らぎを見出す。
(Geldard 1993, 152)(7)

自然の「多様性」とは、エマソンの表現を用いれば、自然の「輪郭」や「表面」にみられる属性にほかならない。しかし常に自然の統一的な原理である神の精神を求めてやまない彼の目から見るなら、「多様性」それ自体は削ぎ落とされるべきものであり、その背後によこたわる「統一性」の原理を直視することこそ重要な課題となるのである。

●——自然と理性

エマソンにとって自然は、自己と宇宙の真理に至るための単なる手段であるとともに、「理性」

(『自然』CEE, L. 783)によって征服されるべき対象でもある。彼にとって自然は、人間がその前で恐れおののき、自己の卑小さと、非力さを徹底的に思い知らされる脅威の対象ではない。

エマソンの言う「理性」とは、宇宙の原理である神の精神が人間において現われているものにほかならない(『自然』CEE, L. 556)。それゆえ、この「理性」に目覚めるとき、人間は自己の根源に神の精神が働いていることを直視することになる。そして、この「内に住まう至高の霊」indwelling Supreme Spirit(「神学部講演」CEE, L. 1498)の視点から観るなら、自然界の全ての事象は、自己の根源にほかならない神の精神によって「統一」Unity されていることを観ることになり(『自然』CEE, L. 730)、それは換言すれば、神の精神の現れである「理性」が、自己(神)の権能の下に自然を支配しているという真理の認識に至ることに他ならない。この時人間は、「神の一部」であることを直観し(『自然』CEE, L. 738)、こうした「魂の啓示の前では、時間、空間、そして自然さえもしり込みをしてしまう」(「大霊」CEE, L. 9655)とさえ、エマソンは言うのである。

「自然」を意味するネイチャー "nature" には、「本質」という意味もある。エマソンの『自然』*Nature* はこのように、自然の多様な美やその意味の探求を目的とするものではなく、自己と宇宙(自然)の「本質」nature を詳《つまび》らかにすることを目的とした作品なのである。エマソンは、一八三三年のヨーロッパ旅行中にパリの植物園を訪れた時、充実した博物学研究の成果を目にして感動し、自分も「自然」nature を探求する「博物学者 naturalist になりたい」と『日記』に記しているが(JMN, Vol. 4, 198-200)[8]、彼にとってのネイチャー "nature" の探求とは「本質」の探究を意味するというのが、『自然』*Nature* において彼が示した一つの帰結なのである。

●——進化と同一性

エマソンには、一八三六年に出版され、彼の名をアメリカ中に知らしめることになった論集『自然』*Nature* と共に、一八四四年出版の『エッセイ・第二集』*Essays: Second Series* に収められた「自然」"Nature" と題する一文がある。この両者を比較してみると、幾つかの点で明らかな違いのあることが分かる。

第一に前者では、自然の美しさは、単なる自然の「輪郭」や「表面」に過ぎず、重要なのは、そのような自然を作り上げた神の精神と自己の精神の同一性を「理性」によって洞察することであって、外面的な自然の美しさなどに酔いしれてはならないとする醒めた自然観が示されていたのに対し、後者のエッセイでは、特にその前半部において、自然の美しさが随所で語られ、一見すると、初期の『自然』における自然観が放棄されたかのような印象を読者に与える。

また『自然』において、自然は理性の前に屈服し、その本質を余すところなくさらけ出すものとして捉えられているが、後者のエッセイにおける自然は、「知性を持つものに対して、自然は自らを巨大な期待となし、急いで説明の対象にはなろうとしない。自然の秘密は語られない」(「自然」CEE, L. 12330)というように、理性によって簡単に支配されるようなものではないものとして描かれている。

さらに、『自然』における自然は、上述のように、人間が「孤独」になるための手段や、その背後に存在する神の精神を観るための媒介物として、それが持つ多様性の意味は顧慮されることなく、「理性」によって、言わば一気に乗り越えられるべき対象として把握されていたが、後年のエッセイでは、自然のもつ多様性の意味が、言わば「進化」の観点から捉えられ、説明されている。

今我われは、岩石が形成されるまでに、どれほど長い時間が経過しなければならないかを学んで知っている。それから岩石が崩壊し、最初の地衣類が、岩石表面の最も薄い部分を分解して土壌にし、そして扉を開いて、遠くの「植物」「動物」「穀物の女神」「果樹の女神」を招じ入れるということも学んで知っている。三葉虫はまだずっと先で、四足獣もはるか彼方だ。人間にいたっては、想像もできないほど遠くにいる。すべてはしかるべき時にやって来て、その後に様々な人種が次々と続いて来る。花崗岩《かこうがん》から牡蠣《かき》に至るまでは遠い道のりだが、プラトンと魂の不滅性の教説に至るまでにはさらに遠い。しかし、最初の原子が二つの側面を持っていたのと同じように、すべてが必ず出現するということは確実なことなのだ。

（「自然」CEE, L. 12204）

ここには当時広まりつつあった進化論的な自然観が語られている。しかしここに示されているような観点からの自然理解は、例えばダーウィンのように、徹底的な仕方で種のもつ多様性にこだわり、多様性の意味を見出すために自然の様々な局面を、その具体的な姿にそくしてつぶさに観察するという方向はとっていない[9]。

進化の過程をその時々において見るならば、あたかも自然は止まることなく「変化」change（「自然」CEE, L. 12210）し続ける川の流れのようにも見えるが、それは「われわれが特殊なものに隷属しているため」（「自然」CEE, L. 12344）であって、「特殊なもの」particulars にとらわれず、自然を「総体として見る」generalizing（「自然」CEE, L. 12259）ならば、自然は、まさに進化という「法則性」law の上に「同一性」identity を保持しており（「自然」CEE, L. 12236）、この「同一性」は「最初から存在している」「はかり知れない力」（「自然」CEE, L. 12337）によって与えられているとするのが、このエッセイにおけるエマソンの進化論に他ならない。

また、自然の美しさについても、エッセイの後半では、「「そういう美しいものは」この丸味をおびた世界から、いつでも、永遠に姿を消してしまう。……常にその存在は示唆にとどまり、現実には存在せず、決して姿を現さず、成就することがないのだ」（「自然」CEE, L. 12323）とされ、結局は自然の美しさに、または自然を美しいと感じる人間の情感に積極的な意味は認められず、自然の外面的な美しさなどというものに騙されて「多くの愚かな期待」（「自然」CEE, L. 12344）を抱くことなく、神の「英知が、あらゆる形あるものに注がれているから」（「自然」CEE, L. 12356）こそ、自然は美しく、それゆえに自然から学ぶものもあるのだとされることになる。

こうして後年のエッセイにおいても、エマソンの自然観は、初期のものと基本的には同様に、自然のもつ多様性そのものに特別な意味や価値を見出そうとするのではなく、自然を「創る者の魂が、我われの中を流れているのを感じる」(「自然」CEE, L. 12337)ことの重要性を説くものとなっているのである。「我われの愚さと身勝手さのせいで、我われは自然を見上げている。しかし、我われの病が回復に向かうなら、自然の方が我われを見上げることになるだろう」(「自然」CEE, L. 12191)という言葉の中には、初期のエマソンから一貫して見られる、自己の内には「至高の霊」Supreme Spirit(「神学部講演」CEE, L. 1498)が住まうという強烈な「自己信頼」self-reliance(「自己信頼」CEE, L. 7726)の念が変わらず示されているのである。

エマソンのこうした自然観は、力と技術によって新大陸の原生自然を切り開き、征服して行ったアメリカのフロンティア・スピリットと、完全に共振する。開拓者たちが斧と蒸気機関によって自然を征服したのに対し、エマソンは理性によって自然を凌駕し、精神の勝利を高らかに謳い上げる。エマソンが、同時代の人々から圧倒的な支持を得たのも、彼の思想がこうした「アメリカの精神《スピリット》」と極めてよく一致するものだったからであろう。

●——「超越主義」

ところでエマソンの思想は一般に、「超越主義」Transcendentalism という名で呼ばれることが多い。それは「超越主義者」"The Transcendentalist" と題された彼のエッセイに由来している。エマソンはこのエッセイで、自己の立場を「観念論」Idealism の系譜に属するものだとし（「超越主義者」CEE, L. 3539）、それを特に「超越主義」Transcendentalism と呼ぶことの由来について語っている。しかしこの部分を見ると、この名称の由来であるとするカント哲学についての彼の理解が、極めて混乱したものであることが分かる。

> 現代の「観念論」Idealism が「超越論的」Transcendental と呼ばれるのは、カントの用語法に基づいている……。カントは、ロックの主張、すなわち予め感覚的な経験に基づいていない知性には何も存在しない、とするロックの懐疑的哲学に応えて、極めて重要な諸理念の集合 class of ideas、あるいは命法的諸形式 imperative forms があることを示している。〔カントによれば、〕これら諸理念の集合、または命法的諸形式は、経験によって与えられるものではなく、経験がこれらによって獲得される。すなわち、これらは心それ自体の直観 intuitions であり、彼はこれらを超越論的形式 *Transcendental forms* と命名したのである。
>
> （「超越主義者」CEE, L. 3638）[10]

第一に指摘されるべき点は、彼がカントの「諸理念の集合」class of ideas と「命法的諸形式」imperative forms を同一視していることである。ここに言われる「諸理念」とは、カント哲学において文字通り解釈すれば、『純粋理性批判』の「超越論的（先験的）弁証論」において示される「同種性」Gleichartigkeit、「多様性」Varietät、「親和性」Affinität の三つの理念を意味していると考えられる（KrV, A657/B685）。また「命法的諸形式」とは、『実践理性批判』や『人倫の形而上学のための基礎づけ』において、「定言的命法」der kategorische Imperativ（KpV, A54; Grund, AB52）として提示される道徳法則を意味するものと思われる。しかしカント哲学において、我われの認識能力にかかわる純粋理性と、道徳法則にかかわる実践理性の関係は、必ずしも統一的に明示されているものではない。認識と意志との関係は、カントをしても統一した理解に至ることがそれほど難しかったのである。それ故、少なくともカント哲学の解釈として、エマソンのように、純粋理性による悟性（理解の能力）の統制的原理として機能する「諸理念」（KrV, A645/B673）と、道徳法則としての「命法的諸形式」[11]を単純に同一視することはできないのである。

さらにエマソンは、これらを「心それ自体の直観」であると言っているが、この点はさらに理解し難いと言わざるを得ない。カントの認識論において「直観」とは、我われの経験的認識の出発点に位置する、外界の物理的対象の知覚であって、純粋理性の統制的原理である「諸理念」とは直接関係のないものである。仮にこれが「美的判断」das ästhetische Urteil において構想力 Einbildungskraft とともに機能する直観を意味するものだとすれば、そこに「命法」的要素はない（『判断力批判』KU, AB3 f.）。

しかし、ここに言われている「心」mind を、カント哲学における「主観」Subject ではなく、エマソンの超越主義における「魂」soul の意味で解釈すれば全ての矛盾は解消する。上述のようにエマソンは、自己の「魂」において「大霊」すなわち「神」との直接的なつながりを直観しており、彼にとって「神」は「至高の命令」the highest command（「超越主義者」CEE, L. 3749）を我われの「魂」において定言的に課する「至上の善」absolute goodness（「神学部講演」CEE, L. 1453）であるとともに、「真、善、美」（「超越主義者」CEE, L. 3779）という諸理念を「統一」Unity する絶対的原理でもある（『人生論』*The Conduct of Life*, CEE, L. 16352）。したがってエマソンの超越主義においては、経験的認識における「諸理念」も、道徳的判断における「定言的命法」も、美的判断における生産的な「直観」の働きも、全てが「全能なる者」the Almighty（「自己信頼」CEE, L. 7440）に直結する自己の「魂」において統一されることになる。

　しかし、このように解釈された「諸理念」と「定言的命法」及び「直観」の意味は、カント哲学におけるものとは全く異なるものである。カント哲学においても「神的存在」ein göttliches Wesen は否定されるものではないが、エマソンの超越主義のように前提とされるものではない（KrV, A675 f./B703 f.）。カントは、「神的存在」のような超越的原理を前提とせずに、我われの経験的認識の構造や、道徳法則の根拠を、主観の超越論的（先験的）transzendental 探求に基づいて明らかにしようとしたのであって、それは「神的存在」を大前提とするような超越的 transzendent な立場とは異なるものである（Prol, A204, Anm.; KrV, A675/B703）。

　おそらくエマソンや、彼の周囲にいた思想家達は、実際にはカント哲学を十分には検討せず、コールリッジなどの著作から得た印象をもとに、カントの用語法を借用して、単に「越え出る」transcend という語感から、日常的・経験的世界を超越した存在(大霊)の認識を目指し、その絶対的認識に基づく「個」individual(「英雄論」"Heroism," CEE, L. 9439)の確立と実践を提唱した彼らの思想を、トランセンデンタル "transcendental" と呼んだのではないかと思われる。しかし、カントにおけるトランセンデンタル "transzendental"(超越論的・先験的)とは、言わば主観が自己自身に対して志向性を向ける主観の自己反省的構造を呼ぶものであって、それはエマソンが描くような、自己の魂を内在的に超越し、絶対者において自己の存在根拠を直観するような超越的経験とは全く異なる性質のものである。

註

*1——ユニテリアン主義は、ヨーロッパの国々にもあり、それぞれに由来が異なる。

*2——「事物は互いに連結していても conjoined、連関 connected はしていない。『経験』によらずに、我われは何も知ることはない。我われには『創造主についての経験』がないのだから、創造主について我われは何も知らないのだ」(一八二三年、JMN, Vol. 2, 161)。

*3——「毎日……私は考えても解決できそうにない疑念のなかをさまよっています」(一八二三年、LE, Vol. 1, 137)。

*4——「弁護士の仕事には、……論理的な考え方や話し方が必要だ。——しかし自分には、そういうものが欠けているし、おそらくこれからも身につけられそうにはない」(一八二四年四月十八日、

JMN, Vol. 2, 239)。

＊5――旧全集版の原文では小文字の“reason”となっているが、前後の文脈上、大文字の“Reason”と解釈されるべきだと判断したため、ここでは「大理性」と訳出した。

＊6――「マタイによる福音書」「マルコによる福音書」「ルカによる福音書」。

＊7――ジェルダード（Geldard 1993, 152）は、この一文をエマソンのエッセイ「文学の倫理」“Literary Ethics”からの引用だとしているが、私はこの引用箇所を「文学の倫理」の中にも、他のエマソンの著作の中にも確認できなかった。しかし『自然』を始めとして(CEE, L. 717)、「多様」variety な「自然」の中に「統一性」unity を見出すことの重要性を述べている箇所は、エマソンの著作のいたるところにあり、この意味で、ここに引用したジェルダードの言葉は、その内容としてはエマソンの自然観の特徴を極めてよく表している一文だと言えよう。

＊8――植物園での感動も、『日記』には、動植物の多様性そのものに対する感動ではなく、動植物を詳細に分類し、相互の連関性を解明していく人間の知性についての感動が語られている。この点から見ても、彼の眼は、自然の多様性そのものには向いていないことがよく分かる。

＊9――エマソンのエッセイ「自然」が発表された時(一八四四)、まだダーウィンの『種の起源』(一八五九)は出版されていなかったが、ラマルク Jean-Baptiste Pierre Antoine de Monet, Chevalier de Lamarck (一七四四―一八二九)らの研究によって、生物の進化説は既に広く知られていた。

＊10――一般に哲学において“transcendental”という語は、「先験的」または「超越論的」と訳されるが、この引用文ではエマソンとの関連性を考慮し、「超越論的」と訳出した。

＊11――カントによれば、道徳法則は幾つかの仕方 Formeln で表現されるが、道徳の根本原理を表す「定言的命法」は一つであるとされる(『人倫の形而上学のための基礎づけ』Grund, AB52)。

第3章——フロントカントリーの巡礼者

ヘンリー・D・ソロー

アメリカの自然思想には二つの大きな潮流がある。その一つは、原生自然それ自体の価値を無条件に認め、それを称揚する「バックカントリー」の思想である。しかしアメリカの自然思想には、原生自然の称揚と共に、もう一つ重要な特徴がある。それは、荒々しく野生的な原生自然と人里との境界である「フロントカントリー」に身をおき、人と自然のかかわり合いの中で、自然の意味を問い尋ねようとするものである。そして、その源泉に位置する人こそ、ヘンリー・D・ソローHenry David Thoreau に他ならない。

時にソローは、エマソンの思想的後継者であるかのように見なされることがある（シュナイダー 1993, 17-20）。しかし私は、ソローが確立したフロントカントリーの自然観と、エマソンの超越主義は、全く異質なものであり、ソローが独自の自然観を確立して行く上で、エマソンの超越主義は、乗り越えられ、否定されて行く役割以上の意味を持っていないと考えている。前章で示したように、エマソンの超越主義は、ヨーロッパの伝統的な観念論の系譜に属するものであり、自然観という側面から見る限り、彼の超越主義に、アメリカ固有の思想を作り上げて行くような独自性はない。

これに対してソローの文学が、アメリカに特有の自然観を表しているとされるのは、彼がエマソンの超越主義を乗り越え、観念的な自然観ではなく、直接体験に基づく自然観を確立して行ったからに他ならない。本章ではこのような視点から、ソローが独自の実在的自然観を確立して行く跡を辿りながら、アメリカ自然思想に特有の「フロントカントリー」という自然観が成立する過程を見て行くことにしたい。

◉——少年時代

ソローは一八一七年七月十二日、四人兄弟・姉妹の三番目として、マサチューセッツ州のコンコードで生まれた。後にこのコンコードには、超越主義の指導者エマソン、『緋文字《ひもんじ》』で知られるナサニエル・ホーソン Nathaniel Hawthorne（一八〇四—一八六四）、教育思想家のブロンソン・オルコット Amos Bronson Alcott（一七九九—一八八八）[1]らが暮らすこととなり、十九世紀アメリカ文学の華が咲くことになる。またコンコードは、アメリカ独立戦争の勃発地でもあった。

ソローが生まれた時、父親は農場の経営や、商売などをしていたが、それらはあまり上手く行かず、ソロー家は、経済的には困窮していたようである（ハーディング 2005, 10-1）。

少年時代のソローは、内気で、読書好きの、あまり目立たない存在だったようだ。自然との触れ合いも、当時の子どもとしては一般的な様子で、彼は、植物や動物に特別関心をもち、自然観察に没頭するような少年ではなかったようだ。

ただしハーディングによって発見された十一、二歳ごろのエッセイには、後のソローを予感させる彼の自然観が、既に素直な形で表現されている。

季節

季節はなぜ変わるのだろうか
なぜ冬は怒った顔を見せるのだろうか
それは天の人の言葉なのだろうか
さまざまに変化する一年を支配する人の

一年は春、夏、秋、冬の四つの季節があります。僕は春から始めましょう。いま、氷が解け始め、木々が芽を出し始めているのがわかります。冬は消え、地面は新しく出てきた草で緑色になり始めました。南の国へ行っていた鳥たちは、最近、再び戻ってきて、朝のさえずりで私たちを元気づけてくれます。

次に夏がきます。美しい風景です。木と花は盛りです。一年で一番気持ちの良いときです。木には実がなり始め、すべてのものが美しく見えます。

秋、木々は実をつけます。お百姓さんたちは冬のための準備を始めます。市場はくだもので一杯です。木の葉はいくらか散っています。春に私たちのところへきた鳥たちは今は、冬が来ることを知っているので、もっと暖かい国へ飛び立ちます。

次に冬がきます。地面は雪でおおわれ、木の葉はなくなります。とても厳しい寒さのため、川と小川は凍ります。

見えるものは何もありません。朝のさえずりで私たちを元気づけてくれる鳥たちはいません。橇《そり》の鈴しか聞こえません。

（ハーディング 2005, 34-5）

一八三三年。十六歳の時、ソローはハーヴァード大学に入学する。当時のハーヴァードは、古代ギリシアや中世の古典と、神学の研究を中心とする大学だった。ソローも大学では、ギリシア語やラテン語の古典を主に学び、そのほか自由選択科目として、イタリア語、フランス語、ドイツ語、スペイン語を学んでいる（ハーディング 2005, 46-7）。ソローの著作には、しばしばギリシア古典からの引用や言及が見受けられるが、古典に関するソローの知識が、付け焼き刃のものではなく、大学時代のしっかりとした勉学によるものであることがうかがわれる。

ソローの古典理解の深さを物語る逸話として、ホーソンのソローに対する評価をあげておこう。大学を卒業したソローが、コンコードに戻ってからしばらくして、ホーソンが引っ越してきた。ホーソンはソローに初めて会った時の印象を、次のように日記に記している。

彼は上っ面の文学以上のものを持っている。――詩、とりわけ古典詩人たちに対する深い本物の理解がある。もっとも、私が知っている他の超越主義者と同様に、その理解は望ましいと言うよりは、排他的と言うべきものだが……。

（Hawthorne AN, 354）

この頃ソローは、主にエマソンの勧めで、超越主義者たちの同人誌だった『ダイヤル』*The Dial*に、ピンダロス（BC五二二頃―四四三頃）などの古代ギリシア詩人の翻訳を発表していた。したがって、ここに見られる「古典詩人たち」とは、ギリシア古典の詩人たちだと思われる。

さらにソローの大学時代の勉学で特筆するべき点は、古典研究に加えて、数学や物理も熱心に学んでいたことである（ハーディング 2005, 46）。後にソローは一時期、土地測量士として生活の糧を得ることになるが、測量に必要な幾何学的な知識を、彼は学生時代に得ていたのである。またソローの作品や『日記《ジャーナル》』には、しばしば数値を用いた自然科学的な記述が見られるが、このような数理科学的なセンスを、彼は大学時代の勉学の中で身につけていたのだろう。

ソローが在籍していた時代のハーヴァードでは、生物学や化学の講義は、まだそれほど多くはなかったようだが、自然科学系の科目として、博物史、鉱物学、解剖学などの講義を彼は選択している。しかし同時に開講されていた化学の講義を彼は選択していない（ハーディング 2005, 47）。

◉――教師と鉛筆工場

一八三七年大学卒業後、ソローはコンコードの中央学校（現在の小・中学校に相当）に教師の職を得る（ハーディング 2005, 73-75）。しかし体罰をめぐる学校の方針を受け入れることができず、彼は二週間で学校を辞めてしまう。

しかし、当時のアメリカは不景気の最中で、ニューイングランドの各州をはじめ、ヴァージニア州やケンタッキー州にまで、ソローは教師の口を探すが報われず、しかたなく彼は、その頃父親が経営していた鉛筆工場を手伝うことになる。ところがソローの工夫と工作技術は並外れたもので、当時、アメリカの鉛筆の芯は、ドイツ製の品質に比べて劣るとされていたが、彼はドイツ製の芯の成分を分析し、ドイツ製に匹敵する芯を製造する機械を作り上げてしまったのである(ハーディング 2005, 78-8)。

この時にソローが父親の鉛筆工場で働いていた期間は、一年ほどだったが、後にもう一度鉛筆工場の仕事を手伝った時、彼はさらに改良を進め、ボストンの美術教師たちは、生徒にソロー家の鉛筆だけを使用するように薦めたという伝説が残るほど、鉛筆の品質を高めている(ハーディング 2005, 234-5)。その結果、ソロー家の鉛筆は市場で最高級のものとされるようになり、ソロー家は長い困窮の生活から抜け出すことになる。

ソローが中央学校を辞めてしまった頃の出来事として、もう一つ注目するべきことがある。それは彼が自分の名前を、デイヴィッド・ヘンリーからヘンリー・デイヴィッドに変更したことである(ハーディング 2005, 75)。デイヴィッド・ヘンリーは、彼が生後三ヶ月の時に、第一教区教会のエズラ・リプリー師から授けられた洗礼名だった。ソローが自分の名前を変えた本当の理由は明らかではないが、「自分が礼拝する場所は野外にある」(ハーディング 2005, 137)として、成人してから亡くなるまで、彼は決して教会の礼拝には出なかったと言われていることを思うと(ハーディング 2005, 467)[2]、キリスト教の「洗礼名」を自分の名前としていることに、何らかの抵抗があったのかもしれない。既存の宗教に対するソローの批判は痛烈である。彼の最初期のエッセイ「マサチューセッツの博物誌」には、次のような一節がある。

世界中の鐘を鳴らして、すぐに人々を教会に集めようとする者たちは、病人であり、彼らの想像力は病んでいる。こうしていつも座ってばかりいる聖職者というものは、死者を包む白布を用意したり、忙しく一生懸命に働く人々の、墓碑銘を書いたりすることよりも他のことができないのだろうか。人々がもつ現実の信仰が、説教者の慰めが偽りだということを明かしている。

(NH of Mass, 105)

こうしたソローの言葉には、キリスト教を「本来のデカダン」と評したニーチェをも彷彿とさせる響きがある(ニーチェ『この人を見よ』152)。

一八三八年六月、ソローは外に教師の口を探すことをあきらめ、若者が大学で勉強を始めるための準備的な教育を行う学校を、自ら開いている。初めは自宅に四名の寄宿生を受け入れ、授業を行っていたが、母校であるコンコード学院から名称と営業権を譲り受けると、彼はその年の九月、コンコード学院に本拠を移して、本格的な学校経営に乗り出す(ハーディング 2005, 106-7)。当初は期待どおりに生徒が集まらず、ソローは一時、自信を失うようなこともあったようだが、すぐに生徒は増え、彼の学校は、その頃ロクスベリーで教師をしていた兄のジョンに応援を求めるほどになった。こうして翌年の三月からは、兄のジョンが英語と初等の数学を教え、ヘンリーが古典と自然科学を教える学校が誕生することになった（ハーディング 2005, 115）。

この学校は兄ジョンの病気のために、二年あまりで閉鎖を余儀なくされるが、この間にコンコードに移ってきた、オルコット家のルイーザ・メイ（『若草物語』の作者）も、この学校に通っている（ハーディング 2005, 108）。

兄のジョンは陽気な性格であったのに対し、弟のヘンリーは「極めて厳しく」、生徒にも親にも信頼のおける先生だったと言われている（シュナイダー 1993, 21）。そのため多くの生徒たちには、ジョンの方がヘンリーよりも人気があったようである。しかし校外の散策に出かけるときには別で、ヘンリーは、「森へ長い散歩に連れていってハックルベリー、ブラックベリー、栗の実、百合、ベニバナサワギキョウを見つける最高の場所を教えて」くれる先生として、子どもたちに慕われたとも言われている（ハーディング 2005, 123）。ソローが亡くなった時の追悼文で、エマソンは、

彼と一緒に歩くことは楽しみであり、特権でもありました。彼は狐や鳥のように野山を知りつくしており、何にも妨げられることなく、彼自身の道を歩いて行くのでした。雪の中でも、地面でも、彼は全ての道を知りつくしていて、また彼の前にその道を通った動物が何であるかも全て知っていました。人はもう、こういう案内役には、ただへりくだって従うしかなく、

そうすれば、その報酬は莫大でした。

（「ソロー」CEE, L. 19397）

と述べているが、生徒たちの思い出は、森の人・ソローのこのような姿が、すでに教師時代には見られたことをよく伝えている。

●——エレン・シューアル

ジョンとヘンリーは、性格的には異なっていたが、仲は大変によかった。一八三九年の春、二人は一週間かけてボートを作り、八月三十一日から二週間、二人だけの舟旅に出かけている。それはニューハンプシャー州のフックセットまで、コンコード川とメリマック川を遡り、ホワイト山脈の最高峰ワシントン山（一、九一七メートル）を登ってから、再び川を下ってコンコードに戻って来るというものだった。ジョンはこの時から二年半後の一八四二年一月に、剃刀の怪我がもとで破傷風に罹り、亡くなってしまうが、ソローは後にこの時の舟旅をもとにして、最初の著書『コンコード川とメリマック川の一週間』を著し、亡き兄の面影を作品の中に永遠のものとして留めている。

二人が舟旅に出かける一ヶ月前の七月二十日、十七歳のエレン・シューアル Ellen Sewall（一八二二―一八九二）がソロー家にやって来た。当時、彼女の祖母ジョゼフ・ウォード夫人 Mrs.

Joseph Ward がソロー家に下宿しており、彼女は祖母に会うためにコンコードに来たのだった（ハーディング 2005, 108, 135）。

エレンに会うと、ソローと兄のジョンは、たちまち彼女の虜になってしまった。エレンがソロー家に滞在したのは二週間だったが、「第一日目が暮れるまでに、ソローは完全に恋に落ちてしまい」、彼女のための詩を『日記』に書いている（ハーディング 2005, 136）。

太陽が沈むまでは
緑の葉が私たちの簾になろう
あのおだやかな小さな草原の
いかなる家臣の力も借りずに
私は王　あなたは女王

ソローと彼の兄は、二人がエレンに恋していることを、互いにどの程度知っていたのか定かではないが、コンコード川とメリマック川の舟旅は、エレンがソロー家での二週間の滞在を終えた後に行われている。

兄のジョンはこの舟旅から戻ると、すぐにエレンを訪ねるために、彼女の住むシチュエットへと向かっている（ハーディング 2005, 139）。ソローはこのことを知ると、しばらく沈んでいたようだが、クリスマスには、兄やエレンの叔母のプルーデンスと共に、彼もシチュエットのエレンを訪ねている。翌年の六月にエレンは再びコンコードを訪れるが、その間にも、ソローと兄の二人は、競い合うように、エレンや彼女の家族に本や飾り物を贈っている。ソローはさらに幾篇かの暗示的な詩も、エレンに送っている(ハーディング 2005, 141)。

こうして一八四〇年七月、兄のジョンがエレンに結婚を申し込む。そしていったんは受け入れられるが、家族の反対と、彼女自身の考えから、それはすぐに取り消されている。その後十一月に、今度はソローが手紙でエレンに結婚を申し込む。しかしこの申し込みも、やはり家族の反対で断られている(3)。

エレンの家族が、兄のジョンやヘンリーとの結婚を反対した理由は、特に彼女の父親が、ヘンリーをはじめとしたソロー家の人々は、エマソンらの超越主義的な思想に影響され過ぎていると見ていたからだと言われている(ハーディング 2005, 144; シュナイダー 1993, 22)。エレンの父は、保守的なユニテリアンだった。弟のヘンリーは明らかにそうであったとしても、果たして彼以外の家族が本当に超越主義的な思想を抱いていたかは分からない。しかしエレンは後に、ユニテリアン派の牧師と結婚している。

ソローはこの後、生涯を独身で通している。ソローの研究者は、彼が一時期、エマソン家で家庭教師をしていたメアリー・ラッセル Mary Russell に想いをよせていたことや、エマソンの妻リディアン Lidian Emerson に、プラトニックな愛情を懐いていたことなどを指摘しているが、エレンに対するような強い恋愛感情を彼がもったことは、これ以後なかったとする点でおおかた一致している(ハーディング 2005, 151-159; シュナイダー 1993, 22)。こうしてソローは、女性よりも「ヒイラギガシ」scrub oak を愛する男としての道を、生涯歩き通すことになる。

雪の上に、薄物の葉の衣装をまとって顔を出し、控えめな声で僕にささやき掛けるヒイラギガシが、僕は好きだ。抱きしめてしまいそうになる。ヒイラギガシは、冬の思考と、夕暮れに似ている。そして、あらゆる美徳とつながっている。その茂みを、野ウサギとヤマウズラが求め、そして僕も求める。ヒイラギガシは、なんて僕と似ているのだろうか。誰がそれほど長い間、苦しんでいられるというのか。必要とするから願うし、願いは、応えられるものだ。ヒイラギガシは、鉄のように厳格で、大気のように清らかで、美徳のように強健で、乙女のように無邪気で甘い。ヒイラギガシのことを知り、好きになるほど、僕はヤマウズラのように、自然で健康になる。

(一八五六年十二月一日 Journal, Vol. 9, 146)

そして一八六二年、結核で死の床にあった時、妹のソフィア Sophia E. Thoreau（一八一九—一八七六）がエレンの名に触れると、「ずっと彼女が好きでした。ずっと好きでした」と答えて、ソローは静かに息を引き取ったのだった(ハーディング 2005, 151)。

●——ソローとエマソン

ソローとエマソンは、ソローがハーヴァードの学生だったころから面識のあったことが知られている。ソローより十四歳年長だったエマソンは、早くからソローの才能を高く評価し、学費に窮していたソローに、奨学金を取得するための推薦状を書いている（ハーディング 2005, 62-3）。大学卒業後も、なかなか職を得られないソローのために、エマソンは多くの推薦状を書き、また自らの家の家事手伝いや子どもたちの家庭教師、長い不在中に家族の世話を頼む親族同様(あるいはそれ以上）の友人として、彼をエマソン家に招いたりもしている。ソローはこの招きに応じ、一八四一年四月からの二年間と、一八四七年十月から翌年の七月まで、エマソン家に寄寓している。

ソローにとって、出会ってから、おそらく一八四五年ごろまでのエマソンからの影響は絶大である。(4) ソローは口調までエマソンに似てしまい、目を閉じて話を聞いていると、二人を区別できないほどだったと言われている。逆説的だが、ソローの母などは、「エマソンさんはなんとうちのヘンリーと似た話し方をするのでしょう」とまで言うほどだった(ハーディング 2005, 90-1)。

現在残るソローの『日記』は、一八三七年十月二十二日の記述から始まっているが、ソローに日記を書くことを勧めたのもエマソンであると言われている(ハーディング 2005, 97)。

ソローが本格的な執筆活動を始めたのは、おそらく一八四〇年に、エマソンを中心とする超越主義者たちの雑誌、『ダイヤル』が創刊されたころからであろう。ソローはこの雑誌に何編かの詩や散文、翻訳などを載せている。これらの中には「マサチューセッツの博物誌」（一八四二）や「冬の散歩」（一八四三）のように、彼の自然理解の深さをうかがわせる作品も見られるが、エマソン的意味での超越主義の色彩を強く示しているものも多い。この時期のソローの詩に、「霊感」Inspiration と題されたものがある。

ただ耳だけを持っていた私が、聞く力を得、
ただ目だけを持っていた私が、見る力を得る、
ただ年月を生きてきた私が、本来の瞬間を生き、
ただ習い覚えた知識だけだった私が、真理を見抜く。

聞こえないものを私は聞き、
見えないものを見る、
新しい大地と空と海の広がり、
私の日盛りには、太陽も蒼ざめる。

澄みきった太古の和声が、私の魂を貫く、
あらゆる喧噪を突き抜け、
至高の旋律に沁み入るかのように、
喧噪のはるか背後で、はるかな内部で。

（CEP, 556-559; 抜粋）

この詩は、一八四一年の夏から秋にかけての時期に書かれたものと考えられているが（Witherell 1990）、後のソローからは想像もできないほど超越主義的な色彩が強い。とりわけここに引用した最初の四行は、エマソンの『日記』に二度も抜き書きが見られ（JMN, Vol. 9, 73; Vol. 11, 184）、さらにソローが亡くなった時の、エマソンの追悼文にも引用されているほど、超越的な思想を端的に表しているものだと言える（「ソロー」CEE, L. 19467）。[5]

ソローはこの詩で、「聞こえないもの」を聞く力を得、「見えないもの」を見る力を得る時、永遠の今ともいうべき「本来の瞬間」に生きる者になると言う。そして彼は、「澄みきった太古の和声」と表現される神の呼びかけを聞き、「新しい大地と空と海」と呼ばれる超越的地平の光景を見る。こうして「真理を見抜く」者となったソローは、「私の日盛りには、太陽も蒼ざめる」とまで言い放つ。この強烈なまでの「自己信頼」（「自己信頼」CEE, L. 7726）の表白には、正に「魂の啓示の前では、時間、空間、そして自然さえもしり込みをしてしまう」（「大霊」CEE, L. 9655）というエマソンの言葉を彷彿とさせる響きがある。

この詩が書かれたと推定される一八四一年の夏、もしくは秋は、ソローがエマソン家に一回目の寄寓を始めて間もない時期である。この詩を見ると、いかにこの頃のソローが、日常的・経験的世界を超越したところに絶対的な真理を捉えようとする、エマソン的な超越主義に強く傾倒していたかがよく分かる。

しかしこの詩は、ソローの生前に公にされたことはなく、彼の死後、一八六三年にボストンの『コモンウェルス』誌 *Commonwealth* に掲載されたのが、最初の公開である（Bode 1964, 333）[6]。ソローがこの詩を生前に公開しなかった理由は定かではない。しかし、一時期エマソンから強い影響を受け、このような詩を書いてはみたものの、やはり自分本来の思想を表しているものではない、と彼が考えた可能性があるのではないだろうか。

ところで若きソローは、このような「超越主義」に影響されていたがゆえに、エレンの家族から結婚を反対されたと言われているが、オーソドックスなキリスト教信仰から見て、超越主義はどこが問題なのだろうか。

一つは、エマソンに代表される超越主義では、イエスの宗教的役割が全く顧慮されていないという点が挙げられる。しかしそれ以上に問題なのは、超越主義では、神が「絶対的な他者」とはされていないという点である。

伝統的なキリスト教において、神は絶対的な「他者」であり、我われ人間は原罪を背負った「神の似姿」でしかない。人は、「無限な善」である神に与って生きることしかできないのであり（ニュッサのグレゴリオス 1991, 295)、神と人との間には永遠の断絶がある。ユニテリアン主義では、原罪説が否定され、神の絶対的善性に与る人間の本性的な善性が主張されるが、エマソンのように「至高の霊が自らに内在している」(「神学部講演」CEE, I. 1493)とか、「心が正しければ、その限りにおいて人は神である」(「神学部講演」CEE, I. 1447)などとは、ユニテリアン主義でも言ったりはしない。

それは油が水の上にあるように、
天が地の上にあるように、
わたしの精神の上にあったのではなく、
それはそれ自体がわたしを作ったが故に、
わたしより優れており、
わたしはそれによって作られたが故に、
それより下にあるのでした。

(アウグスティヌス『告白録』349-354)

ここでアウグスティヌス Aurelius Augustinus (三五四—四三〇)が言うように、神と人との関係は、油と水、天と地のような相対的な関係ではなく、世界の超越的な創造主と、被造物の関係であり、両者の関係は絶対に相対化され得ないとするのが伝統的なキリスト教の考え方である。

なるほど、長いキリスト教の歴史には、エックハルト Eckhart von Hochheim（一二六〇頃―一三二八頃）のように自己の内在的超越の根底に、神との一致点を観るような人がいなかったわけではない。

わたしがさきにあなたがたに示した、「神はその独り子を世に遣わした」という章句を、主がわたしたちと飲みかつ食べたというような外面的な世界に関することとうけとってはならない。あなたがたはこの章句を内面的世界のことと理解しなければならない。まことに、父はその子を父の単純な本性のうちで、本性のままに生むのであり、その時、父は真実その子を精神の最内奥で生むのである。つまりこれが内面的世界である。ここでは、神の根底はわたしの根底であり、わたしの根底は神の根底である。（エックハルト『エックハルト説教集』38-9）

「神の根底はわたしの根底であり、わたしの根底は神の根底である」というエックハルトの言葉と、『普遍的な存在』の流れが私のなかを巡る。私は神の一部である」（『自然』CEE, L. 377）というエマソンの言葉は、同じ認識を表現したものだと言ってよいだろう。しかし、エックハルトが異端視されたように、「普遍的な存在」である神の流れが自分のなかを巡っていると言ったり、「私は神の一部である」と言ったりすることは、ソローやエマソンの時代において、火あぶりにされるほど異端視されたわけではないが、敬虔なキリスト教徒から見たら、あまりにも神を畏れぬ傲慢不遜な思想と映ったのは当然のことだろう。

●———「マサチューセッツの博物誌」

エマソンからの絶大な影響を受けていたこの時期にも、身近な自然をこよなく愛し、その魅力を独自の観察眼で描いていくネイチャーライティングの人ソローを予見させる二つの作品、「マサチューセッツの博物誌」と「冬の散歩」がある。

「マサチューセッツの博物誌」は、『ダイヤル』一八四二年七月号に掲載されたソロー最初期のエッセイである。これは、マサチューセッツ州によって刊行された、州内の動植物に関する博物学的報告書について、エマソンの勧めにより、それらの書評として著されたものだが（ハーディング 2005, 172）、ソローはこの「書評」の中で、実はこれらの研究報告についてはほとんど触れず、自分自身の博物誌的記述を自由に展開している。この意味で奇妙だが、彼の初期の自然観を知る上で重要な作品が、このエッセイである。

この奇妙さ故か、あるいは当時まだ無名であったソローを紹介する必要があったのか、この「書評」が掲載された『ダイヤル』誌を見ると、エッセイの冒頭に、『釣魚大全』で知られるウォルトン Izaak Walton（一五九三―一六八三）や、『セルボーンの博物誌』で有名なホワイト Gilbert White（一七二〇―一七九三）の継承者をも思わせる人として著者を紹介する、エマソンの緒言が添えられている（*The Dial*, Vol. 3, 19）[7]。

「マサチューセッツの博物誌」は、「博物誌とはオーデュボンのように書くものだ」とでも言わんばかりに、「オーデュボンを読むと嬉しさでゾクゾクする」という書き出しで始まる（NH of Mass, 103）。そして正に、繊細かつ軽妙な描写で野鳥の生態を描いて行ったオーデュボンを思わせる文章で、昆虫、野鳥、四足動物、魚類、両生類、植物、無脊椎動物に関する生きいきとした記述が展開され、その合間あいまに、社会、宗教、自然、生命、科学に関するソロー独自の思想が語られる。

健康は社会にではなく、自然の中にある。少なくとも、自然の真ん中に足が置かれていないと、我われは皆、青白く怒ったような顔になる。社会はいつも病んでいる。最上の社会が特にそうだ。社会には、マツの香りのような健康に良い匂いはなく、牧草地の丘のうきうきするような、胸に染み渡り、元気を回復させてくれるような匂いもない。……実際、病んでいる者にとって、自然は病んでおり、健やかな者にとって、自然は健康の泉なのだ。自然の美の性質をしっかりと見定めている人には、どんな災いも落胆も生じない。（NH of Mass, 105）

ここでは、「健康」と結びつけて自然の素晴らしさ、大切さが語られている。後のエッセイでも、「私は、毎日少なくとも四時間は――通常はもっとだが――、森を抜け、丘や野原を越えて散策し、世の中の雑事から完全に自由にならないと、自分の健康と精神を健全に保つことができない」(Walking, 207)と言っているように、自然の中にいると、「世の中の雑事」から解放され、爽快で清々しい気分になるというのが、自然に対するソローの素直な気持ちなのだろう。

この時点でソローがどの程度意識していたかは不明だが、こうしたソローの自然観に、私は、「森のなかで、我われは理性と信仰にたちかえる」というエマソンの自然観と似て非なるものを強く感じる。

エマソンは、森の中で孤独になると、自己と自然の本来の姿を直観し得る「透明な眼球」となって、「普遍的な存在」の働きを自己の内に感じ、「私は神の一部である」と自覚できると言う(『自然』CEE, L. 378)。しかしソローは森の中で、「理性と信仰にたちかえる」とは言わない。ただ彼は、「マツの香り」や「牧草地のうきうきするような匂い」ほど良いものはないと言うだけだ。エマソンは、「荒涼とした土地に立ち、頭を爽快な大気に洗わせる」と、「透明な眼球」となって「一切を見る」と言うが、ソローは、牧草地の丘で「胸に染み渡り、元気を回復させてくれるような匂い」をかいでいると、健康な気持ちになると言うだけで、「一切を見」たり、「私は神の一部である」と観じたりはしない。「マサチューセッツの博物誌」の中には、さらに次のような箇所がある。

森の中を歩いていると、私は自分より前に、賢い調達係がいたのではないかと思うことがある。私の最も妙《たえ》なる経験が、そこで満たされるからだ。地衣類が木々の上で木の葉のような形をしている時、私は、自然が表す喜びに満ちた親密さと調和の姿に心を打たれる。これ以上ない素晴らしい光景の中で、人は、微かに渦巻く霧、露の玉、羽毛のような小枝に、微細で壊れやすい様を目にするだろう……。

(NH of Mass, 124)

ここでソローの目に映っているものは、自然をその背後から司っている「普遍的な存在」のようなものではない。彼が喜びと感嘆の目で見ているものは、森の中に立ち込める霧にも、木々にも、地衣類や木の葉にも、同じ一つの自然の法則が働き、全てのものを驚くべき斉一性のうちに、繊細さをもってまとめ上げている自然の姿にほかならない。

十二月のある日、珍しい白霜の降りた朝、太陽の光を全面に受けて輝く木々の凍った葉と、それらとは異なった角度から光を受けて、宝石のように虹色に反射する草の葉を見て、ソローは言う。

こうした幻のような葉と、緑の葉が、一つの法則 one law によって造られたものであるということが、私の胸を打つ。その同じ法則に従って、一方では、樹液が少しずつ完璧に葉を膨らませ、他方では、〔葉についた氷の〕きらきらした粒子が、皆同じように順序良く整列していることに私は感動する。それらが何で出来ているかではなく、その法則が一つであり、不変であることこそが面白い。

(NH of Mass, 127)

夏の緑の葉も、真冬に葉を凍らせる白霜や氷の結晶も、それらが皆、「一つの自然の法則」に従って造られ、全てが美しく調和していることに、ソローは感動しているのである。しかしこの「法則」は、エマソン的な「普遍的な存在」や「統一性」Unity（『自然』CEE, L. 730）といったものとは異なる。何故ならそれは、エマソンの言う超越主義的な「理性の目」（『自然』CEE, L. 783）ではなく、「科学の目」（NH of Mass, 107）によって見出されるものだからである。

> 賢者は調べる inspect のではなく、ただじっとよく見る behold。我われは、分かる see 前に、長い時間をかけて「見」look なければならない。知恵を愛し求めること philosophy の始まりはゆっくりなのだ。法則を見極め、〔「見る」ことと「分かる」ことの〕二つを結びつけることのできる人は、並外れた能力をもっている。……本当に科学的な人は、優れた嗅覚、味覚、視覚、聴覚、触覚を繊細に働かせて、普通の人よりずっとよく自然を知ろうとするのだ。彼の経験は、より深く、より繊細だ。我われは、推論や演繹によって学ぶのでも、数学を哲学に応用することによって学ぶのでもない。我われは、〔自然との〕直接的な交流と共感によって学ぶのだ。
>
> （NH of Mass, 131）

我われは、ひたすら「見る」ことによってのみ、自然の法則についての知を得ることができる。それはエマソン的な「理性の目」による、「普遍的な存在」の認識とは異なる。木や、花や、葉や、水や、空気や、動物の様子を、ひたすらよく「見る」。そうすることによって我われは、自然の中で働いている「法則」を見極めることができる。それはしかし、ただ目によって見ることだけを意味するのではない。我われは「嗅覚、味覚、視覚、聴覚、触覚」の五感によって自然を観ることができる。こうして我われは、自然との「直接的な交流と共感」を果たし、自然についてのより深く繊細な知に至る。そしてこれこそが、真の「科学」にほかならないとソローは言うのである。

「マサチューセッツの博物誌」におけるソローの科学に対する信頼は、絶大である。

> 彼の目は、魚、花、鳥、そして四足動物や二足動物をじっと見つめる。科学は常に果敢だ。何故なら、知るということは、善を知ることに他ならないからだ。科学の目の前では、懐疑も危険も怖気づく。科学は、臆病者が慌てて見逃してしまうものを、落ち着き、入念に探査する。そして科学は、あたかも開拓者の如く、その後に続く諸学のために〔新たな〕領域を切り開いて行く。
>
> (NH of Mass, 107; 傍点筆者)

ソローは科学を、「後に続く諸学のために」新たなる地平を切り開くパイオニアとして、手放しで称賛している。実際、遺稿となった『種子の拡散』や『野生の果実』を始めとして、彼の『日記』やノートには、自然の動植物に関する膨大な量の科学的観察の記録が残されているところから見ても、彼が生涯「科学の目」で自然を見つめていたことは間違いない。しかし、一方で彼は『日記』に次のような言葉を記している。

私の知識の性質が、年々、分析的 distinct で科学的なものになっていることを私は恐れている。天空と同じくらい広い視野と引き換えに、顕微鏡の領域へと私〔の視野〕が狭められていることを恐れている。私は、全体はおろか、全体の影さえも見ず、細部を見ている。私はいくつかの部分を数え上げ、「分かった」と言っている。

（一八五一年八月十九日 Journal, Vol. 2, 406）

自然科学が博物学 natural history と呼ばれていた時代の科学には、ソローが「マサチューセッツの博物誌」で称賛してやまない、自然をこの目で見、直に触れて、その特徴を記述しつつ、自然全体の中で働く一般法則を見極めようとする志向性があった。しかし、十九世紀の中盤以降、「博物学」という一つの名の下に、自然のあらゆる事物を理解しようとする流れは終焉を迎え、植物学、動物学、鉱物学、地学などが、それぞれ独立した科学として成立するようになる。こうした科学の専門分野化は、同時に、統一や総合ではなく、「分析」を主眼とする自然科学の時代の幕開けを告げるものでもあった。そしてこの流れは、現代の分子生物学や、ナノテクノロジーへとつながって行くことになる。

ソローは、こうした自然科学の潮流の中にあって、科学的視点から自然を見る自分の目が、分析を主眼とする近代科学の目となり、自然を全体として捉えるものではなくなって行くことに、大きな不安を感じたのだろう。一八五三年五月十日付けの『日記』には、次のような記述が見られる。

私が生命であふれ、言い表しようのない経験で満たされる時、自然は詩に満ちた私の言葉となる。――全ての自然は寓話であり、あらゆる自然現象は神話である。単に記述するための事実を求め、表現を求めようとしない科学の人は、自然を死んだ言葉として研究している。私は、自然を意味あるもの significant とする内なる経験を求めてやまない。

(Journal, Vol. 5, 135)

自然を分析し、単に記述するだけの言語は、「死んだ言葉」であるとソローは言う。しかし自然は、生命にあふれた人の目で見られる時、全体が一つの「寓話」となり、「神話」となって、「詩に満ちた言葉」の世界として立ち現れることになると言うのである。

「マサチューセッツの博物誌」には、「自然には隙間が全くない。あらゆる部分が生命で満たされている」(NH of Mass, 107)という言葉がある。ソローがこの作品で称賛してやまない「科学の目」は、こうした自然全体を満たす「生命」を、個々の動植物において見る目であり、近代科学の「分析」を主眼とする目ではないのである。それは言わば、「魚、花、鳥、そして四足動物や二足動物をじっと見つめ」ながら、常に「あふれる生命」を感じ、生きた言葉にしていく「詩人の目を兼ねそなえた科学の目」なのである。これは最晩年の『種子の拡散』や『野生の果実』にも受け継がれて行く、ソローの一貫した自然の見方であり、「マサチューセッツの博物誌」は、こうしたソロー独自の自然に対する「目」が、最初期の段階において既に確立していたことを明瞭に示しているのである。

身近な動植物をこうした「目」でとらえて表現した、ソローの「マサチューセッツの博物誌」は、すぐにホーソンの目にもとまるところとなり、彼はソローのエッセイをこう評している。

彼は優れた作家だ。……このエッセイは、彼の心や個性についての非常に鮮明な印象を与えてくれる。——観察がまことに正確で繊細であり、文学的でもある。その上、見たものを文字どおりに表すだけでなく、魂を込める。まるで湖が、木々に覆われた岸辺を映すように、一枚いちまいの葉を描きながら、情景全体の野生美を表現している。……またエッセイ全体に優れた感覚と、精神的真理の基盤があり、彼の個性を表している。というのも彼は考えたり、感じたりすることに、浅はかではないからだ。なるほど、彼の行動様式は不完全なものかもしれないが。全体として、彼は知り合いになるのに、健康で健全な男だと思う。

(Hawthorne AN, 355)

ホーソンは、一八四二年七月、コンコードにやって来た。それは、「マサチューセッツの博物誌」

が『ダイヤル』に掲載されたのと、同じ年の同じ月だった。このエッセイには、すでに見たように、ソローの「科学の目」によって捉えられた動植物の正確な記述とともに、まさに「生命にあふれる」自然描写が展開されているが、それを、「見たものを文字どおりに表すだけでなく、魂を込める。まるで湖が木々に覆われた岸辺を映すように、一枚いちまいの葉を描きながら、情景全体の野生美を表している」と表現する、ホーソンの慧眼《けいがん》と卓越した表現力もまた、秀逸と言うべきだろう。

●――「冬の散歩」

「冬の散歩」は、「マサチューセッツの博物誌」とは異なり、理念的言表をほとんど含まない、ある冬の日の身近な自然の情景を丹念につづった作品で、ネイチャーライティングとしての高い完成度を示している。このエッセイは一八四三年十月号の『ダイヤル』に掲載されたが、原稿を受け取ったエマソンの評は、何故か厳しい。

ヘンリー・ソローは、際限なく矛盾するという例の悪い癖のある作品を送ってきた。彼のレトリックの手は見え透いている。それは、はっきりとした言葉や考えの代わりに、相容れない対立で置き換えられることで成り立っている。彼は、荒涼とした山々や冬の森を、人になれた様子ゆえに、雪と氷を暖かさゆえに、村人と樵《きこり》を優雅さゆえに、そして荒野をローマやパリと似ているがゆえに褒《ほ》め称える。都市や都市の人々を、常に非難する傾向を持ちながら、森や樵を町や町の人々と対比させる以外に、彼は、森や樵を理解する方法を全く知らないのだ。チャニングは、この作品を素晴らしいと断言したが、良い点があるとしても、私はこれを読むと不愉快で、気分が悪くなる。

(JE, Vol. 6, 440-1)

このように、エマソンによる「冬の散歩」の評価は、極めて厳しい。ここで彼は、「冬の散歩」の問題点を具体的に指摘している。順を追って問題にされているところを見てみよう。

「冬の散歩」は、ある冬の日の真夜中の情景から始まる。

風は、夜中ずっと日よけのところで、静かにつぶやき、羽毛のように柔らかな息を窓に吹きかけては、時おり夏のそよ風のように葉を舞い上げ、ため息をついていた。ハタネズミは、暖かく心地のよい草地の穴の中で眠り、フクロウは、沼地の奥にある木の洞《うろ》の中に腰掛けていた。そして、ウサギとリスとキツネはそれぞれ、ねぐらの中でじっとしていた。

(WW, 163)

さらに真夜中の大地や大気の様子を描いた後、描写は払暁《ふつぎょう》へと続く。

僕たちは眠っていたが、とうとう冬の朝の静かな現実に気づく。雪が綿のように暖かく、窓枠に積もっている。開いた明かり取りの窓と、霜でおおわれた窓ガラスからは、ぼんやりとした私だけの光が差し込み、部屋の中の心地よさを増してくれる。(WW, 163)

ここに言われる「綿のように暖かく積もる雪」the snow lies warm as cotton や、「ぼんやりとした私だけの光」a dim and private light といった表現が、エマソンを「不愉快になる」と言わせたものだろうか。確かに雪は暖かくなく、光は明るく誰にでも照らすものだ。しかし、窓枠に積もった雪は、暖かい綿のように見え、明かり取りの窓から弱々しく部屋の中に差し込む早朝の光は、そっと自分のもとにだけ届けられたように感じると表現することが、それほど不自然なことだろうか。そうではない。エマソンが言いたいのは、こうした手法による表現が多過ぎるということなのだろう。[8]

「僕らは」、とソローの描写は続く。「静かにドアの掛けがねを外し、……門を開けて、人けのない田舎道をきびきびと歩き出す」(WW, 164)。そして、遠く離れた市場へと向かう、木ぞりのきしる音を聞き、農家の煙突から出た煙が、小さな谷間をのろのろと渦を巻きつつ登っていく様を眺めながら、人里と森との境目へとやって来る。

ようやく僕たちは森の入り口に達し、落ち着かない町を離れる。…中略…平野にある僕らの慎ましい村々は、森にささえられている。僕たちを守ってくれる建物の板も、僕らを温めてくれる薪も、僕たちは森から借りている。冬、森の常緑樹は何と貴重なことか。それは色あせることのない夏の分け前であり、一年中変わりなく、枯れることのない草だ。こうしてほとんど起伏を成すこともなく、地球の表面は、そのままで多様な姿を見せている。自然の都市である森なしに、人間の生活はどうなることだろうか。森は、山の頂上からなめらかに刈り込まれた、大通りのように延びている。この丈の高い草地の他に、僕たちは一体、どこを歩くべきだと言うのだろうか。

(WW, 168-9)

エマソンが指摘する「人になれた domestic 様子の冬の森」とは、この部分のことだろうか。「冬の散歩」は全体が、冬の森で見られる、美しく快活な情景を描いている。そのため、特定の箇所を、「人になれた様子」としてあげるのは難しい。この部分も、果たしてエマソンが指摘したかったところか否か、定かではない。しかしここでは、森が、人間の生活を支える資源と見なされたり、「大通り」のある「都市」のようだと表現されたりしているところから、この部分を、エマソンが指摘する箇所の一つと見てもよいだろう。

また樵の「優雅」urbanity な振る舞いとは、この部分のことだろうか。

冬の夜更け、彼はわらの上で身体《からだ》を伸ばす前に、広く開いた暖炉の炉口から、吹雪の様子を見るために夜空を見上げる。そしてカシオペア座の明るい星たちが、彼の頭上できらきらと輝いているのを見ると、彼は満足そうに眠りについた。

(WW, 172-3)

さらに、荒野をパリやローマに擬しているとされるのは、この部分のことだろうか。

ハイイロリスとウサギは、凍てつく金曜の朝でさえも、人里離れた谷間で活発に跳びまわっている。ここは僕らのラップランドか、ラブラドールだ。…中略…太陽は、セーヌやテベレの谷と同じように、この谷間の上にも誇らしげに昇る。それはまるでこの谷間が、恐れも敗北も知らないセーヌやテベレでさえ、決して見せたことのなかった、純粋で何ものにも頼ることのない勇気の在《あ》り処《か》のようでさえある。ここでは、原始の単純さと純粋さが君臨し、町や都会から遠く離れて、健康と希望が支配している。

(WW, 170-1)

確かに「冬の散歩」には、エマソンが指摘するように、雪や氷、森や樵を、それらとは正反対の表現を用いて形容している部分が多い。しかし、実際にこの作品を読んでみると、少なくとも私には、これらの部分が、エマソンが言うほど、わざとらしく鼻につくような言い回しになっているようには思えない。むしろこの作品は、真夜中の冬の情景から始まり、夜明け、村人たちの生活、煙突から立ちのぼる煙、森や凍った川、そしてそこに見られる植物や動物たちの様子を、本当に眺めながら歩いているように感じさせる、ネイチャーライティングの秀逸な小品になっているように思える。同じように時の流れにそって書かれた後の作品、『コンコード川とメリマック川の一週間』と比べると、かえってこの作品の方が、自然とは直接関係のない理念的な思索の記述を含まず、まさにソローの目でしか捉えられない、自然の精緻な描写を随所に見せるものとして、より魅力的にさえ感じられる。

ただしこの作品は、エマソンのもとに送られてから、「かなり自由に」エマソンによって手を加えられたとも言われている(ハーディング 2005, 175-6)。それゆえ、このエッセイは、こうしたエマソンの修正によって、より魅力的な作品へと磨き上げられたのかも知れない。

ところで、この作品の中には、書斎の哲学者に対する皮肉ともとれる記述がある。

> 人里離れた森の中に、僕たちだけで立っていると、風が雪を木々から払い落す。僕たちの後には、人間の足跡だけが残っている。ここで僕たちは、都会の生活でよりも、ずっと多様性に富んだ省察を見出す。コガラとゴジュウカラは、政治家や哲学者よりも、多くのひらめきを人々に与えてくれるというのに、僕たちは、あの下品な仲間達のところに戻らなければならない。斜面を流れる水、あらゆる色の氷と結晶の襞《ひだ》、両岸にそそり立つトウヒとツガ、イグサとしおれたカラスムギがあるだけの沢、この寂しい谷間でこそ、僕たちの生命《いのち》は、より穏やかに思いをめぐらすことができるというのに。
>
> (WW, 171)

そして、もう一つ。

日が暮れる前に、曲がりくねった川に沿ってスケートの旅に行こう。冬の日に、一日中家の中で、暖炉の傍に座っている者には、珍しいものでいっぱいだ。（WW, 177）

よもやこんな記述を見てエマソンが、「これを読むと不愉快で、気分が悪くなる」と言ったとは思わないが、いずれにしても「冬の散歩」には、エマソン的な超越主義を思わせる箇所が皆無ではある。

●——『コンコード川とメリマック川の一週間』

一八四九年、ソローは初めての著書『コンコード川とメリマック川の一週間』を出版する。前節で紹介した「マサチューセッツの博物誌」や「冬の散歩」には、超越主義的な言表はほとんど見られないが、この作品にはある程度まとまった超越主義的な記述が見られる。しかし、そこにはすでにソロー独自の視点が示されており、この意味で『一週間』は、ソローのエマソンからの脱却の萌芽が示されている作品であると言ってもよいだろう。

『一週間』は、前述のように、ソローが兄のジョンと一八三九年の夏の終わりに行った、二週間

の舟旅の記録をもとにして、兄の死後、ウォールデン湖畔での生活中にまとめられたものである。それは、

汝何処《いずこ》に旅立つとも吾供に行かん
汝今高きところに昇り
いと美しき川を上るも
兄よ　吾が詩神たれ――

（A Week, 2; 伊藤 1998, 64 を改訳）

という亡き兄に捧げる詩をもって始まり、エマソンの詩を冠した「コンコード川」を序章に置いて、「土曜日」の章から「金曜日」の章へと至る構成になっている。また『一週間』には、「風景」を描いた作品であるという側面と、文学や宗教などを論じた「評論」でもあるという二つの面がある。美しい風景描写は随所に見られるが、おそらく最も鮮やかに描かれている部分は次の一節だろう。

風が水面に波を立てては、自然を清々しく保ち、君の顔にしぶきをかける。アシやイグサが揺れる。何百というカモたちが、大波や冷たい風の中で、不安げに、今にも飛び立つところだ。ガチャガチャ、ヒューヒューと音を立てながら、なにやら怪しい者たちが、一路ラブラ

ドールへと旅立とうとしている。激しい風に逆らい、翼を折り曲げて飛ぶ者、ここを立ち去る前に君の様子を偵察するかのように、波の上で水かきをバタバタと動かしながら一周する者もいる。カモメが頭上で旋回し、マスクラットたちも必死に泳いでいる。濡れて冷たいのだろう。しかし君も知っているように、彼らを暖める火など、どこにもないのだ。彼らが苦労して作った家々が、あちこちで干し草の山のように盛り上がっている。おびただしい数のネズミ、モグラ、翼を傷めたカラ類の鳥たちが、日当たりのよい、風が吹きつける岸辺にいる。波にもてあそばれたクランベリーの枝は、岸に打ち上げられ、その小さな赤い実は、ハンノキの間で揺れている。――最後の審判の日は、まだ間近に迫ってはいないことを証明するかのような、健全で自然な騒々しさだ。そして、辺り一面にはハンノキ、カバノキ、オーク、カエデが喜びと活力の樹液に満ち溢れて立ち、水が引くまで芽をふくのを控えている。

(A Week, 5-6)

初秋のコンコード川で繰り広げられる、騒々しいまでの動物たちのにぎわいと、川岸に茂る植物層の豊かさが、見事に描かれている。夏の終わりから初秋にかけての、ニューイングランドの最も美しい風景が、真に自然を愛する者の目でしか捉えられない仕方で描写されている。まさにホーソンの言うとおり、自然は、「特別な養子」であるソローに、なに一つ隠すことなく、全てを開示しているかのようだ。(9)

また、ボートの旅に出発する二人の若者の、高揚した気分を記している部分も素晴らしい。

一八三九年八月最後の土曜日、兄弟にして、生粋のコンコードっ子である我ら二人は、いよいよ川の船着場で錨を上げた。コンコードの町にとってと同様に、ここは男たちの精神と肉体にとっても、太陽の光が降り注ぐ入航と出航の港だ。この川の一方の岸は、あらゆる義務から解放されているのだ。正直者が進んで行うような義務からも。暖かい霧のような雨が、朝のうちはぼんやりと降りこめて、我われの出航を遅らせるのではないかと気が気でなかったが、ついに木の葉も草の葉も乾いて、おだやかな午後になった。「自然」が彼女自身の壮大なもくろみを熟成させているかのような、静かで、さわやかな午後だ。彼女は、あらゆる毛穴から汗を出し、汗をにじませた長い時間の後で、再びかつてないほど元気に息をし始めた。我われは、ぐいっと一押しして、岸からボートを進水させた。ガマやアシは、「道中お気をつけて」と礼儀正しく道を開け、静かに水の中へと身を隠して行った。（A Week, 12）

『一週間』は、全体の四割程度が、こうした美しい風景描写と、ボートの旅を続ける二人の若者の楽しい記録になっている。しかし残りの六割もが、実は旅の物語とはほとんど関係のない、詩や翻訳、評論や宗教論などで占められており、「川でのパーティーに招待された――説教を聴くためではない」というシュナイダーの批判が、全てを物語っているように、多くの批評家や読者にこの作品は受け入れられなかった(シュナイダー 1993, 68)。こうして『一週間』はほとんど売れずに、初版一、〇〇〇部のうち、四年たっても売れたのは二〇〇部ほどだったようだ。そのためにソローは、大きな赤字を抱えることになった(ハーディング 2005, 374-5)。

ハーディングも指摘するように、もしソローがニューイングランドの美しい風景と、楽しい舟旅の物語だけを、彼の類まれな表現力をもって記述し、出版していれば、彼はもっと多くの読者を得たことだろう(ハーディング 2005, 366)。しかしそれでは、「ソローの作品」ではなくなってしまうことになる。何故なら、後の『森の生活《ウォールデン》』にも見られるように、少なくともこの時期のソローは、自然の中にありながら、人間や社会、文学や思想についての彼の思いを綴ることを、独自のスタイルとしていたからである。後年、残されたソローの『日記』の中から川をめぐる文章を抜き出し、四季に合わせてラント Dudley C. Lunt が編集した、『ザ・リバー』 *The River* という本がある。そこに展開される風景描写の美しさと、精緻な自然の叙述は、まさにソローがアメリカン・ネイチャーライティングの父たるにふさわしいことを、如実に物語っている。しかしこの本は、ソロー自身の「作品」ではないのである。

ところでシュナイダーは、『一週間』を「ソー《マ》ロウ《マ》の最も完全な超越主義的作品である」(シュナイダー 1993, 58)と評しているが、注意深くこの作品を見てみると、この中に見られる超越主義的な言説は、すでにエマソンのものとは異なった特色を示していることが分かる。ソローは言う。

人間は自らの中に「自然」を感じることがある。「父」ではなく「母」の働きを自らの中に感じるのである。

(A Week, 404)

エマソンの超越主義は、キリスト教的神秘主義の傾向を色濃く示すものであり、従ってそこで超越者として認識されるものは、「父」たる神に他ならない。しかし、ソローがここで自らの中に見ているものは、「母」なる「自然」である。ただし、ここに言われる「自然」は、「マサチューセッツの博物誌」において示された、五感による「直接的な交流と共感」の対象としての自然ではない。『一週間』において語られる「自然」は、特別に「純粋な感覚」pure senses (A Week, 408) によってのみ捉えられる、あらゆる事物の「基底」bottoms (A Week, 409) であるとされる。ソローはこの基底たる「自然」の情景を、さらに次のように描いている。

月は、もはや昼を省みず、自らの絶対の法則に従って、昇って行く。農夫や猟師は、彼女を女王として崇める。アスターとセイタカアワダチソウが、野の道に沿って咲き誇る。永遠の命は枯れることがない。野に実る誇りは刈りとられるが、内なる新緑は、今も野を蓋《おお》う。薊《あざみ》の綿毛が水面に舞い降り、葡萄《ぶどう》の木は黄葉の衣を身に纏《まと》う。無が人々の真摯な生活を掻き乱す。けれど、藁《わら》束の後ろ、草地の下には、収穫されていない熟れた果実が潜んでいる。来る年も、来る年も、水が与えられ、慈しみ育てられる本当の収穫物は、永遠に実り続ける。こ

の美味《うま》き実をつける茎を、人は決して刈りとることがない。(10)

(A Week, 404)

古代から、農夫も漁師も、月の満ち欠けによって一年を刻み、種をまき、舟を出してきた。そしてその月は、「絶対の法則」absolute rule に従って満ち欠けを繰り返すがゆえに、人の生活も、その「絶対の法則」に従って営まれる。花は咲き、そして枯れるが、そうした現象を司る「永遠の命」とも言うべき「絶対の法則」は、決して変わることがない。冬になり、一面の枯野になろうとも、その「絶対の法則」は、「熟れた果物」として自然の内に潜んでいる。人はこの「果実」を決して刈り取ることができない。なぜならそれは、「刈り取る」ことをも可能にしている、自然の原理としての「絶対の法則」だからである。

この一文には、月や人、花や果実が詠われているが、この時のソローの目に、そうした現実の事物は映っていない。彼がここで見ているものは、そうした自然の事物の「基底」に横たわる「絶対の法則」であり、「永遠の命」に他ならないのである。

しかしこの「絶対の法則」は、エマソンの言う「普遍的な存在」と必ずしも同じものではない。何故なら、エマソンの「普遍的な存在」は、自然の背後にあって自然を司る超越的原理であるが、ソローがここで見ているものは、様々な事物の「基底」たる自然の本質的側面だからである。(11)

ただし、この基底としての「自然」を正しく読み取ることは、簡単なことではないと言われる。何故なら、「自然」の本質は隠れることを好むからである。ヘラクレイトスの言葉を思い起こさせる、この「自然」の性質を、ソローはインドの哲学者、イーシュヴァラクリシュナの言葉を借りて、次のように表現している。

踊り子が、観客に自分の踊りを見せ終わると、踊りをやめるように、「自然」も、魂に自己を示したとたん、開示をやめる。思うに、「自然」よりも繊細なものはない。「自然」は、見られたことに気づくやいなや、二度と魂の不躾な眼差しに、自己を曝すことはない。

(A Week, 409)

ここに言われる「魂」soul とは、「自然」の本質を見ようとする我われ人間の心に他ならない。「自然」は、時として我われにその本来の姿を示すことがあるが、常に開示しているわけではない。たとえ一瞬それを垣間見せることがあっても、またすぐに隠してしまうというのである。

このような自然観は、「マサチューセッツの博物誌」で見られたものとは、大きく異なっている。「マサチューセッツの博物誌」では、「科学の目」によって我われは、自然と「直接的な交流と共感」を持つことができ、自然についてのより深く、繊細な知に至ることができるとされていた(NH of Mass, 131)。しかし『一週間』において「科学」は、自然に関する「ある程度は正確な」知識を提供するものの、それは「真実の外縁」に過ぎないと言われ(A Week, 412)、あらゆる事物の「基底」に横たわる自然の本質は、ある「純粋な感覚」によってのみしか捉えられないとされるのである(A Week,

408）。[12]

しかし『一週間』のソローには、エマソンのように、自然を宇宙の原理たる「大霊」Over-Soul（「大霊」CEE, L. 9568）の認識に至るための、言わば手段のように見たり、自己の内には自然の背後に存在するのと同じ「至高の霊」が働いており、この「魂（大霊）の啓示の前では、時間、空間、そして自然さえもしり込みをしてしまう」（「大霊」CEE, L. 9655）と言ったりするところは見られない。むしろソローは、「私は、前から知っていた岩を見つけて座り、岩にまとわりつく苔を調べ、しっかりと根付いて変わらぬ様子を眺めるのが好きだ」（A Week, 75）、そして「正しく読み取れば、自然は一般に考えられているような単なる象徴などではないのではないか」（A Week, 408; 傍点筆者）というように、自然の背後や自然を超越した世界に普遍的な原理を求めるのではなく、自然に即して自然の中に真理を見出そうとしている。

『一週間』の最終章には、「生命」を詠ったクォールズ Francis Quarles（一五九二―一六四四）の詩が引用されている。

生命とは何か。あの誇らしげな夏の草原の、飾り立てた装い。
今日は、緑のビロードを身にまとい、
明日は、干し草。

（A Week, 377）

ここには、夏の盛りに青々と葉を茂らせ、秋には枯れ草となって行く、ありのままの「自然」の様が詠われている。自然現象の背後に「絶対の法則」や「永遠の命」を観ようとする、超越主義的な自然観と、この詩の世界とは、なんと対照的だろうか。このような詩に共感を示すソローの目には、もはや自然の「基底」に潜む「絶対の法則」ではなく、秋の野に置かれた干し草と共に、「アスター、セイタカアワダチソウ、ノコギリソウ、ブルーカール、そしてつつましやかな道端の花々と、名残惜しそうな夏のイトシャジンやヴァージニアノボタン」（A Week, 377）が、ただそのままの姿で映っているだけだ。クォールズの詩のすぐ近くに、メリマック川の二つの支流を、のどかに詠ったソロー自身の詩が載せられている。

サーモン・ブルックと
ペニチャック、
吾が愛しき旧知の流れ、
その波を眺めつつ、
再び釣り糸を垂れるのは、
いつの日か。

銀のウナギ、

木の魚籠《びく》、
誘惑の餌、
そしてトンボが
飛んでいた、
彼らは今も生きてるだろうか。

(A Week, 375)

ここにはメリマック川の支流である、サーモン・ブルックと、ペニチャック・ブルックの牧歌的な情景が、素朴に描かれている。詩の出来栄えは別にして、この詩には超越主義的な自然観など、微塵も表されていない。

そもそも『一週間』の中で、超越主義的な思想が語られている箇所は、それほど多くはない。ヒンドゥー教の聖典『バガヴァッド・ギーター』について語られる「月曜日」の章と、「実在」Real (A Week, 411)や「基底」としての自然について語られる「金曜日」の章に、ある程度まとまった記述があるだけだ。それ以外には、時おり思いついたように、ギリシア的な「神々」gods (A Week, 98)や、「永遠」Eternity (A Week, 181)に関する若干の超越主義的表現が見られるが、それもエマソン的なものとは趣を異にしたものであることは、既に述べたとおりである。

ところで『一週間』には、しばしば指摘されるように、テーマの一貫性がほとんど感じられないという特徴がある(シュナイダー 1993, 63)。この作品は、ソローが一八三九年の夏の終わりに、兄のジョンと二人で行った、川の舟旅の記録がもとになっているが、それ以外にもこの作品には、一八四九年にこの作品が出版されるまでの間に書き溜められた、詩や評論が、これでもかというほど盛り込まれている。それはまるで、初めての著書の中に、それまでに書き溜められたあらゆる断片が、押し込まれているかのようだ。あるいはむしろ、ソローにとっては、一週間の舟旅で（実際には二週間の旅だったが）、その時々に見たり感じたりしたことと関連させつつ、それまでに彼が書き溜めてきた様々な思索の断片をちりばめていくことが、この作品の目的だったのかもしれない。この作品は、その意味では一応の目的を達成していると言えるだろう。しかしこの作品は、多くの読者には受け入れられなかった。それは一つの著書として『一週間』を見た場合、この作品が「読者の視点」を欠いているからではないかと思われる。読者が何を求めているかという視点を、一切含まない作品が通用するのは、既に名を成した作家や思想家の場合だけであり、『一週間』が出版された時、ソローはまだ全く無名の、「風変わりな測量士」に過ぎなかったのである。

しかし、だからと言ってこの作品に、価値がないというわけではない。何よりも、この作品の随所に見られる、ソローの風景描写の素晴らしさは、構成の不自然さを補って余りある。ソローが生前に出版した著書は、この『一週間』と『森の生活《ウォールデン》』だけであり、誰もが認めるように、『森の生活《ウォールデン》』の完成度は極めて高い。しかしその『森の生活《ウォールデン》』にしても、自然に関する記述は全体の三分の一ほどで、その他の部分には、『一週間』ほど前後の脈絡につながりがないものではないとしても、ソロー独自の社会批判や文芸批評がつづられている。おそらくソロー自身にとって、社会や文芸について論じることは、自然や風景について語ることと同様に重要なことだったのだろう。しかし、彼の作品が後世に大きな影響を残すことになった最大の要因は、何よりも彼の描き出す自然や風景の素晴らしさにあることは、間違いない。そして『森の生活《ウォールデン》』と同様に、『一週間』もまた、随所に美しい風景描写を含む作品であるということは、紛れもない事実なのである。

◉──『森の生活《ウォールデン》』

『森の生活《ウォールデン》』は、一八四五年七月四日から一八四七年九月六日まで、ソローがウォールデン湖畔で送った生活をもとにして書かれた作品である。

一八四五年の三月末からソローは、湖畔の木々を切り出して、エマソンが所有していた土地に小屋を建て、独立記念日の七月四日から、本格的にこの小屋に住み始める。小屋の中には、ベッドと小さな机とテーブルがある他は、人が移動するために必要な空間があるだけだった。ソローはここで、二年二ヶ月と二日間、生きるために必要な、最低限の労働をする他は、近くの野山を散策し、思索をし、日記をつけ、原稿をまとめるという生活を送ったのだった。

ただしソローはここで、全く孤立無援な生活を送ったわけではない。彼が「森の生活」を送ったウォールデン湖畔は、コンコードの町から二マイル（三・二キロメートル）ほどしか離れていなかったため、知人や家族が頻繁に彼の小屋を訪れ、また彼自身もしばしばコンコードの町に出かけていたことが、よく知られている(ハーディング 2005, 280-9)。

ソローはウォールデン湖畔での生活中に、『一週間』の原稿をほぼ完成すると共に、『森の生活《ウォールデン》』の第一稿をまとめたと考えられている(ハーディング 2005, 288)。『森の生活《ウォールデン》』はその後、六回の改稿を経て一八五四年に完成する(伊藤 1998, 109)。したがって、『一週間』と『森の生活《ウォールデン》』は、ほぼ同時期に書かれたものであるとは言え、文芸作品としての完成度は、幾度もの推敲を経た『森の生活《ウォールデン》』の方が、はるかに高い。しかし一方で『森の生活《ウォールデン》』は、ソローが超越主義から完全に脱却しつつある、思想的には、いまだ過渡期の作品でもあるという性格をもっている。

『森の生活《ウォールデン》』には、精神的な意味をほとんど差し挟まない、『メインの森』に多く見られるような、自然の純粋な記述がしばしば見られる。特に「冬の動物たち」の章は、『一週間』に見られるような、「風景」の描写から始まり、『一週間』にはほとんど見られない、繊細な「自然」の記述へと進展している。またこの章は、ソローの自然思想の本質を、端的に描きだしているという意味でも重要である。この章の中では、フクロウ、キツネ、ヤマウズラ、アオカケス、カラ類、リス、ノウサギなどのユーモラスな様子に加え、キツネを追う猟犬や、猟師の話が語られている。そして最後に、次のような一節がつづられる。

ウサギやヤマウズラがいないところなんて、いったいどんな土地だろうか。あらゆる動物の中で、彼らほど純朴で土着的なものはいない。古くからの由緒ある血筋の者として、彼らは古《いにしえ》の時代から、現代に至るまで知られている。その「自然」な色合いと立ち振る舞いは、木の葉と大地に一番近い仲間の証拠だ——そしてお互い同士も。違いと言えば、翼があるか、脚があるかということくらいのものだ。ウサギやヤマウズラが突然逃げ出すところを見たら、野生動物というよりも、まるで木の葉がサラサラと舞っているかのように、自然なものを感じるだろう。ヤマウズラとウサギは、どんな革命騒ぎが起ころうと、正真正銘の土着の種族らしく繁栄して行くに違いない。たとえ森が伐り払われようと、新たに芽吹く蘖《ひこばえ》や灌木の茂みが、彼らに隠《かく》れ処《が》を提供し、彼らはこれまで以上に栄えて行くことだろう。ノウサギ一匹守れない土地なんて、よほど貧しい土地に違いない。我われの森には、そのどちらもが山ほどいる。どこの沼地の周りでも、ヤマウズラやウサギの通り道があって、そこには、どこかの牧童が仕掛けた、小枝の囲いと馬の毛で出来た罠が置かれているのだ。（Walden, 310-1）

この一節には、ウサギとヤマウズラに対するソローの愛情あふれる記述とともに、小枝の囲いと馬の毛で出来た、罠を仕掛ける牧童のことが記されている。そして、ウサギやヤマウズラの「『自然』な色合いと立ち振る舞いは、木の葉と大地に一番近い仲間の証拠だ」とソローは言う。ここには、「自然はどこにおいても一つであり、連続している」（A Week, 372）という、彼の自然観における最も基本的な認識が示されている。これは、分析的——その意味で科学的——に自然を捉えるのではなく、総合的、博物学的に自然を捉えようとする、ソローの自然観における本質的な特徴の一つである。

しかし、それ以上に重要なのは、ここに描かれている「自然」が、人里離れた野生の王国ではなく、人里近くに広がる、言わば「フロントカントリー」の世界だということである。確かにソローは、ホーソンが驚き、エマソンがうらやむほどの「森の達人」（自然の観察者）だが、彼が愛し、描く自然は、人を寄せ付けず、恐ろしいまでに野生的な原生自然ではない。それは、いつも人の近くに広がり、望めばその懐に入って行くことも許されそうな自然である。こうしたフロントカントリーの自然の中にとけ込み、その美しさと、不思議さに満ちた魅力を描き出す人こそ、『森の生活《ウォールデン》』のソローに他ならない。そして、ソローと彼の『森の生活《ウォールデン》』が、多くの人々から愛されるのも、彼が描き出す「自然」の、こうした身近でありながら不思議で、不思議でありながら親しみやすい魅力に、人々が深い共感を覚えるからなのである。

ソローがフロントカントリーの住人であるということは、彼の他の作品の中にもよく示されている。メインの森の厳しい野生の世界の旅を終え、故郷コンコードの森に帰ってきたソローは、「それにしても、なだらかな、それでいて変化に富む我われの風景へと帰ってくると、ほっとした」(MW, 171)と言う。


……我われの森や草原は——見事に樹木の生い茂った町や村にあって、ここでは、ハックルベリーを争って諍《いさか》いを起こす必要もなく——、あちこちに点在はするが、決して森や草原を圧倒するほどではない、太古からの沼地と相《あい》まって、完成した公園の姿になっている。我われの森や草原は、果樹園であり、庭園であり、休息の場所であり、散歩道であり、景色を見晴らす場所であり、全てをあわせ持った景観を作り上げている。この森や草原は、そこに住む者としての我われの、芸術性と洗練された能力の自然な帰結であり、どこの村や町でも等しく所有している、真の楽園なのだ……。

(MW, 172)

ここには、ソローの愛する自然の世界は、人里や、人里近くに広がる森や野原だということが、簡潔な文章でつづられている。ソローが、二年と二ヶ月の間暮らしたウォールデン湖畔の森も、生き延びるために特殊な道具や能力を必要とするような、バックカントリーの地ではなく、しばしば家族や友人たちが、気軽に訪ねて来ることができる、フロントカントリーの森だった。こうした人里近くの森の中で、彼は、ニューイングランドの美しい自然の動植物を、独自の観察眼で捉え、自由に思索して、それを『日記』に記し、原稿にまとめていったのだった。

しかし、『森の生活《ウォールデン》』にも、超越主義的な色彩がないわけではない。

人々は、真理をずっと離れたところにあると思っている。自然界の外だとか、一番遠い星の向こうだとか、アダム以前だとか、最後の人間の後だとかにあると思っている。確かに、永遠なるものには、何か真実で崇高なものがある。しかし、……あらゆる時間と空間と出来事は、今、ここにある。神自身でさえ、今この瞬間に頂点に達し、如何なる未来においても、今以上に神々しいことは決してない。そして我われは、我われを取りまく実在に絶えず浸透し、身を浸し続けることによってのみ、崇高で高貴なものを完全に把握できるのである。

(Walden, 107-8)

「永遠なるもの」「真実で崇高なもの」「崇高で高貴なもの」といった表現には、超越主義的な匂いがただよっている。「我われを取りまく実在に絶えず浸透し、身を浸し続けることによってのみ、崇高で高貴なものを完全に把握できる」という言い方には、「荒涼とした土地に立ち、頭を爽快な大気に洗わせて、無限の空間のなかにもたげる時、すべてのいやしい利己心はなくなってしまう。私は透明な眼球となる。私は無であり、一切を見る」(『自然』CEE, L. 375)という、エマソンの内在的超越主義を思わせる響きがある。しかし、果たして『森の生活《ウォールデン》』のソローは、エマソンと同様に、自然の背後、自然を超越した領域に、絶対的真理を求めようとしているのだろうか。——決してそうではない。同じく『森の生活《ウォールデン》』の中で、彼は次のように語っている。

なんて気持ちの良い夕暮れだ。身体《からだ》全体が一つの感覚で満たされ、あらゆる毛穴から喜びを吸い込んでいる。私は不思議な自在さで、「自然」の中を行きつ戻りつする。私は「自然」の一部だ。石ころだらけの湖のほとりを、シャツ一枚で歩いていると、曇り空で風もあり、肌寒いほどなのに、これといって何か特別なものがあるわけでもないのに、あらゆるものに、いつもとは違う親しみがわいて来る。ウシガエルたちが夜を知らせる鳴き声を上げ、ヨタカの歌声が、水面《みなも》にさざ波を立てる風に乗ってやって来る。私は、ざわめくハンノキやポプラの葉への共感で、今にも息が止まりそうだ。　(Walden, 143)

曇り空で風もあって、肌寒いほどの夕べ、シャツ一枚になって石ころだらけの湖のほとりを歩いていると、「身体《からだ》全体が一つの感覚で満たされ、あらゆる毛穴から喜びを吸い込む」とソローは言う。この時彼は「『自然』の一部となって」、ウシガエルやヨタカの鳴き声を聞き、ハンノキやポプラの葉への共感で息が止まりそうになると言うのである。

ここには、自然の外や背後にではなく、自然の中に、自然との一体感のうちにこそ、自然の真理は見出されるという、「自然」に関するソローの根本認識が示されている。さきの「真実で崇高なもの」や「崇高で高貴なもの」も、一見、超越主義的な対象に言及しているかに見えるが、実は決してそうではない。彼は同時に、そうしたものは「今、ここにある」とも言っている。すなわち「真実で崇高なもの」は、自然を超越した絶対的世界にあるのではなく、いま目の前に広がっている、ありのままの「自然」の世界にこそあるとするのが、『森の生活《ウォールデン》』におけるソローの真理観に他ならない。そしてこれはまた、彼の「実在」の概念においても、明瞭に示されている(Walden, 108)。

エマソン的な超越主義にとって「実在」reality は、絶対的な精神であり(「超越主義者」CEE, I.

20793）、「大霊」であり、神であるが、『森の生活《ウォールデン》』におけるソローは、もはやそのようなものを「実

「実在」とは呼ばない。ソローにとって「実在」とは、あるがままの「自然」の姿にほかならない。

生であろうと、死であろうと、我われは、ただ実在だけを切望する。我われが、本当に死にかけているのなら、ハー、ハーと喉が鳴る音を聞き、手足が冷たくなるのを感じることにしよう。しかし生きているのなら、自分の仕事に精を出そう。（Walden, 109）

ソローは、生死を超えた彼岸に「実在」を求めたりしない。「実在」とは、自然を手段と見なすような目ではなく、ただ「それ」をそのままの姿で見る目で見たときの、自然のあるがままの姿にほかならない。その時死は死、生は生であり、それ以外の何ものでもない。これが自然の「真理」であり、この「真理」こそ、「崇高で高貴なもの」なのである。

ソローのこのような実在観は、精神と肉体に関する彼の見方にも、よく表れている。彼は精神のみを価値あるものとし、肉体の現実から離れて、精神の崇高性だけを強調するような、単純で浅はかな見方をとったりはしない。

私は自分の中に、多くの人と同じように、より高い、いわゆる精神的な生活への衝動を見出したし、また今でもそういう衝動を持っている。しかしそれと共に、下等で、野蛮な生活へ

の衝動も、私は持っていたし、今も持っている。そして私は、その両方の生活を等しく尊いものだと思っている。

(Walden, 232)

ソローがこのように言うのは、人間にとって、精神と肉体を具えていることが「自然」であり、人間という「実在」の真の姿だからである。そして、それゆえにこそソローは、肉体の現実を無視し、書斎の中で精神の幻想に耽るような生き方をするのではなく、森の中に身を置き、労働と思索を通して、自分と自然を見つめることを試みたのである。

ある声が彼に言った。――なぜお前は、こんなところにいて、みすぼらしい、骨の折れる生活をしてるんだ。輝かしい在り方ができる時だというのに。あの同じ星たちは、別の場所でも煌《きら》めいているというのに――。しかし、どうやってこの状態から抜け出し、実際に、彼方の世界へと移り住むというのか。彼に思いつくことができたのは、改めて質素な生活を実践することだった。それは、彼の心を肉体へと引き降ろして、救済し、彼自身をこれまで以上に敬意をもって扱うことでもあった。

(Walden, 246)

「実際に、彼方の世界へと移り住む」ためには、「みすぼらしい、骨の折れる……質素な生活を実践すること」が必要であり、それはまた、我われが「心(精神)を肉体へと引き降ろして、救済し」、

「これまで以上に敬意をもって」自分自身を扱うことなのだとソローは言う。エマソンから強い影響を受け、「霊感」の詩を書いていた頃のソローであれば、「彼方の世界」(真実在の世界)を決してこのようには表現しなかったことだろう。「霊感」の詩で彼は、「聞こえないものを聞き、見えないものを見る」と言う。これは、純粋な精神の目や耳による、超越的経験を表現したものに他ならない。しかし『森の生活《ウォールデン》』のソローは、もはやそのような非現実的なことを求めたりはしない。むしろそのような幻想に囚われている心(精神)を、肉体の現実に引き戻し、自己の現実をありのままに、すなわち自然な姿で捉えることこそ重要だとするのが、『森の生活《ウォールデン》』におけるソローの結論なのである。

●――フロントカントリーとバックカントリー

ソローには、「散策」"Walking"と題されたエッセイがある。この作品は、毎日「四時間」以上(Walking, 207)、コンコード周辺の野山を歩いて自然を観察し、翌日の午前中はその記録を『日記』にまとめる、という生活を送ったソローの、「歩いて、観る」ことへの思いと意義をつづった、彼の自然思想の根幹に触れるエッセイである。

「散策」は、「逍遥」sauntering の意義をつづった前半と、「野生」への思いをつづった後半の、大きく二つの部分に分けられる。元来、この二つのテーマは、別々のものとして考えられていたが、それをソローが死の直前に一つにまとめ、『アトランティック・マンスリー』誌 *The Atlantic Monthly* に送ったものが、現在の形になっている（ハーディング 2005, 666）。従って、しばしば指摘されるように、このエッセイは、前半部分と後半部分の統一性に欠けるという印象を読者に与える。それはおそらく、死期の近いことを予感していたソローが、『森の生活《ウォールデン》』と『一週間』の再販を準備し、「原則のない生活」「散策」「紅葉」「野生りんご」と、これまでにないペースでエッセイを書き上げて行こうとする中で、十分な推敲の時間をとることができないまま、この作品をまとめざるをえなかったからであろう。

ソローの「野生」への思いについては、後で詳しく見ることとし、ここではまず、彼にとっての「逍遥」の意味を尋ねてみることにしたい。

> 逍遥《ソンタリング》という語は、麗しくも、「かつて中世の時代、聖《サンテ》なる・地《テール》に行くという口実で、国中を歩き周りながら、物乞いをする浮浪者がいた」ことから来ている。子供たちはそうした人々を見ると、「サンテ・テールが来た」と言い、そこから聖地に行く人《ソンタラー》という語ができたのだ。「聖地」に行くというのはまやかしで、徒歩で行けるわけもなく、実のところ彼らは、単なる浮浪者であったり、放浪しているだけの人であったりした。しかし、中には本当に聖地に行こうとしている人もいたのであって、その本来の意味で、私は逍遥《ソンタリング》という語を用いたい。
> （Walking, 205;『ウォーキング』4-5参照）

ウォールデン湖畔での「森の生活」以後、ソローは測量士として働いたり、時おり依頼される講演に応じたりしながら、毎日昼過ぎに、四時間以上の散策に出かけることを、何よりも重要な日課としていたようである。それはまさに彼にとって、「聖地」を訪ねる逍遥《ソンタリング》だったのであろう。遺稿となった『野生の果実』や『種子の拡散』を見ると、彼がいかにコンコードの自然を愛し、聖《きよ》いものとして慈しんでいたかがよく分かる。

夏、午前中に部屋の中で、読んだり書いたりして過ごした後、午後は、野原や森を抜け、その先で道から逸れて、人里離れた、まだ誰も訪れたことのない、豊かな沼地に行ってみよう。そこでは、驚くほど大量の、大きく汚れのないコケモモの実が、君を待ち構えている。これこそが真の楽園だ。下の方の葉がすでに赤く色づいた、君の背丈よりも高いチョークチェリーの茂みを通り越すと、若いカバノキやラズベリー、低地アンドロメダや高地アンドロメダは、少なくなって行く。そして、常緑の湿地性ブラックベリーが見事な群落を形成する。——時折、君が涼しく開けた場所に出ると、大きく、涼しげな実を所どころに付けた、濃い緑の高地ブルーベリーの大きな茂みが、まるで島のように、一つか二つそこにある。

(Wild Fruits, 32-3)

『野生の果実』にはさらに、つぎのような一節も見られる。

ミドルセックス郡の全てが楽園というわけではない。そのほとんどは、開墾された野原や雑木林だということを私は知っている。しかしここには、何平方ロッド[13]もの原始的で野生的な土地がある。それは千年も前から変わらないもので、鋤や斧、大鎌やクランベリーを掻き集める熊手から逃れて来たものだ。――それは我われの文明社会という砂漠の中に存在する、野生のオアシスであり、月面の一平方ロッドと同じように野生的で、人間が住むには適さない場所だ。私は、そうした惑星的な存在の位格 personality を信じ[14]、それに対する畏敬の念とも言うべきものを感じる。また私は、現代に実在する地上の巨人的な存在として、それを崇拝することさえ出来る。我われは、あまりにも違った存在であることを、互いに驚嘆し、そして健康的に惹かれ合う。私はその土地を、一人の乙女として愛する。このような場所は、流星や隕石と同じように、いつの時代でも、崇拝されて来た。そうだ。我われが、習慣的な生活のべたついた被膜から解き放たれる時、我われは、この地球全体が一つの隕石であることを覚《さと》り、そうした地球に畏敬の念を抱いて、如何にそれが遠く離れていようと、巡礼の旅に出るのである。

(Wild Fruits, 168)

「他の人々にとっての宗教は、私にとっては自然への愛である」(ハーディング 2005, 288) というソローの言葉が伝えられているが、『野生の果実』に見られるこれらの記述は、ソローが、彼の暮らすコンコードとその周辺の自然を、いかに愛し、聖なるものとしていたかを、そしてその「聖地」

への巡礼を、彼が日々いかに大切な行為としていたかを、実に鮮やかに描き出している。

このようにソローは、自らが暮らすコンコード周辺の自然をこよなく愛する、基本的にはフロントカントリーの人に相違ない。しかし「自然」には、フロントカントリーと共に、バックカントリトという野生の側面もある。あらゆる自然を愛してやまないソローにも、それ故、バックカントリーたる「野生」の世界に対する強い憧憬がある。


野生なるもの、なんと善に近いことか。

生命《いのち》は野生と調和する。もっとも生きいきとしているものは、もっとも野性的である。その存在は、まだ人間に服従していないため、人間の生気を回復させる。絶え間なく前進し、決して休まぬ人、急速に成長し、自己の人生に限りなく課題を突き付ける人は、つねに新しい国や荒野に身を置き、生命《いのち》の原料に囲まれているものだ。それは原生林の倒木をどこまでも乗り越えて行く人だ。

(Walking, 226)


「文明社会という砂漠の中に存在する、野生のオアシス」のように残された、コンコード周辺の原野を、ソローがこよなく愛したことは、すでに見たとおりだが、そこで示される自然の姿は、まだ真の「野生」ではない。溢れんばかりの生命に満ちた「野生」に対する憧れと、荒々しい「野生」の現実に身を置いた時のソローの体験が、最も良く表されている作品に『メインの森』がある。

ソローは生涯に三度、メインの森を訪れている。
最初の旅は、一八四六年八月三十一日から九月十一日までのもので、従兄弟のジョージ・サッチャー George A. Thatcher とバンゴー Bangor から出発し、途中、ガイド役としてジョージ・マッコースリン George McCauslin とトム・ファウラー Thomas Fowler を頼んで、ペノブスコット川西支流を川舟 batteau で遡り、クタードン山 Ktaadn に登ってから、バンゴーへと戻ってくるというものだった。この旅の記録は、ソローの死後、妹のソフィアと友人のエラリー・チャニング Ellery Channing（一八一八―一九〇一）によって編集された、一八六四年出版の『メインの森』に、「クタードン」Ktaadn として収められている。そのため、クタードンへの旅が、ウォールデン湖畔での生活よりも後に行われたものであるかのような、錯覚に囚われることがあるが、実際には、この旅は、ウォールデン湖畔での生活中に行われたものである。また「クタードン」は、一八四八年七月から十一月まで『サーティンズ・ユニオン・マガジン』*Sartain's Union Magazine* に五回に分けて掲載されており、この掲載時期は、『一週間』や『森の生活《ウォールデン》』の刊行よりも早いものであるということも、興味深い。[15]
二回目の旅は、一八五三年九月十三日から二十七日までのもので、前回と同様に従兄弟のサッチャーと、ガイドとして雇ったインディアンのジョウ・エイティオン Joe Aitteon の三人で、カヌーに乗り、ムースヘッド湖からペノブスコット西支流に沿ってチェサンクック湖まで行き、同じルートを戻って来るというものだった。この旅の記録は、「チェサンクック」として、コンコードに戻ってからすぐにまとめられ、その年の十二月にコンコード・ライシーアム Concord Lyceum で講演に使用されたが、一八五八年まで、文字としてそれが発表されることはなかった。

第三回目の旅は、一八五七年七月二十日から八月八日までのものだ。今回の旅では、ソローは、従兄弟のサッチャーを同伴せず、その頃ちょうどカリフォルニアの長期滞在からコンコードに戻っていた、友人のエドワード・ホア Edward S. Hoar（一八二三—一八九三）を同行者に頼んでいる。バンゴー近郊のオールドタウンで、ソローは、インディアンのジョゼフ・ポリス Joseph Polis（一八〇九—一八八四）をガイドに雇い、三人はカヌーに乗って、ムースヘッド湖からチェサンクック湖の北西の端をよぎり、チェンバレン湖を経て、アレガッシュ湖まで行く。それから彼らは、クタードン山の北側を流れるウェブスター川を下って、ペノブスコット川東支流に入り、オールドタウンまで戻って来るという、長大な旅をしている。

なお、この三回目のメインの森の旅が行われる丁度一月《ひとつき》前の、六月十二日から二十二日まで、ソローはコッド岬を訪ねる旅もしている。この旅の記録は『日記』にあるのみで、彼の遺著『コッド岬』には含まれていないが、ソローはこの旅で、一日に三〇マイル（約四八キロメートル）も歩く日があり、この頃の彼の身体が、いかに壮健であったかがうかがわれる（ハーディング 2005, 564）。

三番目のメインの森への旅の記録は、一八五八年一月頃には、ほぼまとまっていたと推定されるが（ハーディング 2005, 576）、文字としては、ソローの死後、「アレガッシュ川と東支流」として『メインの森』に収められるまで、発表されることはなかった。死の十三日前に、友人のチャニングがソローを訪ねると、「ほどけない結び目のようだ」と言って、ソローが、「アレガッシュ川」の推敲が進まないことをこぼしていたことが伝えられている(ハーディング2005, 670)。確かに「アレガッシュ川と東支流」を読んでみると、紀行が「結び」なしに終わってしまっているという印象を受ける。

『メインの森』はこのように、時間的にはかなりの隔たりをもった三つの旅の記録であり、作品としては、ソロー自身が満足できるレベルには達していないという側面をもってはいるが、バックカントリーの「野生」に対するソローの思いや、実際の荒野に身を置いたときのソローの様子を知る上では、極めて貴重な作品であると言える。中でも最初の旅の記録である「クタードン」は、初めて広大な「野生」の世界へと足を踏み入れる際の、ソローの浮き立つような期待感と、現実の「野生」と直面した時の彼の率直な思いが、最も生きいきと描かれている作品だと言えよう。

柵を乗り越えると我われは、ペノブスコット川の北側の岸を遡るかすかな踏み跡を辿りはじめた。ここにはもう道と言えるものはなかった。川が唯一の街道であり、三〇マイル先までは、川岸に沿って六軒ほど丸太小屋が建てられているはずだが、その他にはどちらの岸にも、その向こうにも、全く人の住まない原野が、カナダにまで広がっていた。馬も牛も、どんな乗り物も、これまでにこの土地を通って行ったものはなかった。家畜や、樵たちが使う重い道具の幾つかが、冬の間、凍った川の上を運ばれて行き、氷が融ける前に再び運び出されるくらいのものだ。常緑の森は、実にかぐわしく、身をひきしめるような匂いがして、空気が一種の健康飲料のようだった。我われは一列縦隊で、軽快に一歩いっぽ、大股で進んで行った。時折、川岸には丸太をころがし込むために開《あ》けられた、小さな空間があり、我われはそこから川を眺めた——岩だらけで、流れは、さざ波を立てていた。早瀬の轟と、水面に浮かぶカモの甲高い鳴き声、我われの周りにいるアオカケスやカラ類の声と、森の中から聞こえてくるハシボソキツツキの鳴き声が、我われの聞いた音の全てだった。こういうところこそ、新生の土地と呼ぶに相応しい。唯一の道は「自然」の作ったものであり、二、三の建物は、仮設の小屋に過ぎなかった。それ故にここでは、もはや何事も、制度や社会の所為《せい》にすることは出来ず、真なる悪の源に対峙しなければならないのだ。

(MW, 17-8)

これから、メインの森に広がる、広大な野生の世界へと踏み込んで行こうとする、ソローのいかにも高揚した気分が溢れんばかりの文章だ。原生自然の世界は、アダムとイブが犯した罪に由来する、贖《あがな》いの歴史の中で作られて来た制度や社会以前の世界であり、ここに足を踏み入れる時、人は、アダムとイブが行使した最初の自由——悪の源泉——と、同じ自由と自己責任を引き受けなければならない。しかしソローたち一行は、「楽園追放」などものともせず、まさに野生の楽園を「軽快に一歩いっぽ、大股で進んで行った」というのである。

こうしてソローは、同行者たちと共に、クタードン山を目指してメインの森に分け入ることになる。しかし、真の野生に直面し、そこで彼を捕らえたものは、ここに記されているような、自信に満ちた、楽天的な開放感からは程遠い、むしろ恐怖感に近い圧倒的な孤立感だった。クタードンの山頂に立ち、ソローは言う。

それはティーターン[16]の如く巨大で、人間のようなものは決して住むことができないところだった。そこに登って行くと、それを目にする者の或る部分が、それも生命にとって最も重要な部分が、肋骨のすき間から抜け出してしまうかのようだ。人は、想像し得る以上に孤独だ。(MW, 70-1)

川を遡り、未踏の原生林を踏み越えて到達した、クタードンの山頂で、ソローが体験したものは、冷厳なる自然の非情さであり、あくまでも人を拒絶する自然の冷徹さだった[17]。

人々の住む平地と比べて、ここでは実際の思考や、正しい理解などというものは、ほとんど成り立たない。理性は砕け散り、ただ影のようなものとなって、まるで空気のように薄っぺらで、儚《はかな》いものとなる。ティーターンの如く巨大で、非人間的な「自然」は、人を圧倒し、孤立させ、天賦の力をも人から奪いさる。「自然」は、平地でのように微笑まない。(MW, 71)

ソローが登頂したクタードン南峰（© F. Shibasaki）

ここには、ソローとエマソンの自然観における明らかな相違が、示されていると言える。エマソンは『自然』*Nature* の中で、「森のなかで、われわれは理性と信仰にたちかえる」と言う（CEE, L. 375）。そして自分は「神の一部」であるという超越的自覚に立って、「一切を見る」ことができるとされる（CEE, L. 377）。しかしソローは違う。彼は自然を非情なものとし、ギリシア神話の巨神「ティーターンの如く巨大」な自然の前で、人間の「理性」は粉々にされ、追放されてしまうと言うのである。

ソローの研究者の中には、一貫してソローを、エマソン的な超越主義者として理解しようとするものがあるが（ブライ 1993, シュナイダー 1993）、私は、ウォールデン湖畔の小屋で暮らし、メインの森を初めて訪れたこの時期に、ソローはエマソン的な超越主義を乗り越え、「自然」の前ではあくまでも謙虚で、あるがままの「自然」と向き合おうとする、ソロー独自の自然観が確立していったのではないかと考えている。『森の生活《ウォールデン》』には、「私は未だかつて、本当に目覚めている人に出会ったことがない」（Walden, 100）という一節がある。思想家エマソンの最も近くにあり、エマソンの所有する土地に建てた小屋に居ながら、このように言うことは、エマソン的超越主義からの脱却を宣言しているのではないだろうか。

さらに『メインの森』には、「より高い法則」a higher law（MW, 134）についての興味深い記述がある。

> 不思議なことに、松の木が、どういうふうに生きているのかを見るために、森にやって来る人はほとんどいない。どのように成長し、太陽の光へと常緑の腕を伸ばして、尖塔のように成って行くのか――どのようにして松の木が、その絶対的な完成を遂げるのかを見るために、森にやって来る人はほとんどいない。たいていは、市場に運ばれた、多くの幅の広い板と化した姿を見て満足し、それこそが松の木の完成した姿だと思っている。しかし、人間が木材ではないのと同様に、松の木は材木などではない。人間が本来、切り刻まれて、肥やしにされるためにあるのではないように、板にされ、家屋の材料にされることが、松の木における本来の存在意義などではない。他の人間に対して持つのと同様に、松の木に対して我われが持つ関係を規定する、より高い法則が存在する。死んだ人間の死骸が、もはや人間ではないように、切り倒され、死んだ松の木は、もはや松の木ではないのである。（MW, 134）

ここでソローが言う「より高い法則」も、エマソンが言う「大自然の中心」に存在し、「万人の意志を支配する」（「精神の法則」CEE, L. 8335）、「精神の永遠の法則」eternal laws of mind（「精神の法則」

CEE, L. 8444）とは、全く異なるものである。ここに引用した一節のすぐ後で、「あらゆる生き物にとって、死んでいるより、生きている方がよい。人間であろうと、ヘラジカであろうと、松の木であろうと同じだ」（MW, 135）と記されているように、ソローが言う「より高い法則」とは、生命《いのち》の尊さを示すものにほかならない。生命《いのち》は尊く、素晴らしい。しかしそれは、大自然の中心に存在する「精神の永遠の法則」によって可能ならしめられているからではなく、ただ生命《いのち》は生命《いのち》だから尊く、素晴らしい。それ故、無暗に人を切り殺してはならないし、生命《いのち》ある松を切り倒してもいけないのである。

　これはまた、自然は自然だから尊く、素晴らしいとする、ソローの根本認識に基づいた一つの表現であるとも言うことができる。『森の生活《ウォールデン》』にも、「より高い法則」Higher Laws と題された章がある。『森の生活《ウォールデン》』は、『メインの森』とは異なり、長期間にわたる綿密な推敲を経た作品であるため、この中で使用される概念には、いくつもの意味やイメージが織り込まれている場合がある。『森の生活《ウォールデン》』における「より高い法則」もこの意味で、その内容は必ずしも単純明快なものではない。しかしこの章も注意深く見るならば、そこには、自然は自然だから素晴らしく、ありのままの自然の姿こそが真理であるという認識が示されていることに気づくだろう。

　この章でソローは、釣りや狩猟の低俗さを指摘する。なぜなら釣りや狩猟は動物の生命《いのち》を奪うからであり、動物の生命《いのち》は「自然」が与えたものだからである。[18] またソローは、酒やコーヒーを飲むより、水を飲み、空気を吸うことの方がずっと良いと言う。なぜなら酒やコーヒーは、「自然」

のままの水や空気より不純なものだからである。さらに彼は、人間が精神と共に、肉体を持っているという事実を肯定し、肉体の価値を否定しない。なぜなら人間が、精神と共に肉体を持っているということは、「自然」の事実だからである。すなわち、ありのままの「自然」の姿こそ、根源的な価値の基準であり、「自然」は「法則」それ自体なのである。このようなソローの自然観には、物質的世界を超越した「精神の永遠の法則」を究極的な価値として提唱する、エマソン的な超越主義の影は、もはや見られないのである。

さらに『メインの森』には、バックカントリーにおけるソローの自然体験を伝える有名な一節が、もう一つある。それはクタードンからの下山途中で遭遇した、「焼け地《バーント・ランド》」での体験だ。

これは世に言う、「混沌」と「古の夜《いにしえ》」から創られた大地だった。ここに人間の楽園は存在しない。ここは、あらゆることが始まる前の地球だった。それは、芝地でも牧草地でもなく、牧場でも森林でもなかった。草原でも耕地でも荒地でもなかった。それは、生まれたままの、自然な地球の表面だった……。それは広大で、身のすくむような物質《マター》であり――人間にとっての母《マザー》なる大地ではなかった……。（MW, 78）

「焼け地《バーント・ランド》」とは、落雷などによって山野に造られた焼け跡のことである。ソローはクタードンからの下山途中で、広大な「焼け地《バーント・ランド》」と遭遇し、むき出しの大地と直面したとき、「原初の自然」（MW,

77)を直感したのである。山頂での体験と同様に、ソローにとって「原初の自然」は、「広大で、身のすくむような」ものであり、決して人をよせつけようとしない非情なものだった。この時ソローは、「自分の立つ地面を、畏怖の念をもって見つめて」、「『自然』は美しいが、何か野蛮で凄《すさ》まじいものだ」と感じ、「純粋な自然」を前にして、身をすくめている(MW, 77)。「森のなかで、我われは理性と信仰にたちかえり」、自分は「神の一部」であって、「自然」の生成原理である「『普遍的な存在』の流れが私のなかを巡っている」と感じるエマソンの自然体験と、ソローのそれとは、なんと異なるものだろうか。この隔たりは、エマソンが本質的には書斎の人であり、彼の自然体験は「原初の自然」に触れるものではなく、人里において自然を眺めるものだったことから来ていると言っては、言い過ぎだろうか。

すでに指摘したように、ソローも本質的には、人里に隣接する自然、すなわちフロントトカントリーを「真の楽園」(MW, 172)としてこよなく愛する人である。しかし、こうしたソローのフロントトカントリーへの思いは、人里で自然を眺めることから生まれたものではなく、常にバックカントリーとフロントトカントリーの「境界」border (Walking, 242)に身を置きつつも、時に「原初の自然」に触れ、「純粋な自然」の非情さと恐ろしさを、身をもって体験することを通して、培われていったものである。やがて一八四九年頃から、ソローとエマソンの関係は、急速に疎遠なものとなって行く(ハーディング 2005, 440)。そして二人の冷えた関係は、ソローが亡くなるまで、ついに修復されることはなかったようだ。一時は話し方まで似るほどエマソンに心酔していたソローが、エマソンのもとから離れた理由は、はっきりしていない。しかし、常に自然と共に、自然の中で、実在としての「自然」の神秘と美を見つめていたソローが、同じく「自然」と向き合いながらも、エマソンによって表現されているものは、概念としての「自然」に過ぎないことに気づいた時、彼は、エマソンのもとから離れざるを得なかったのだろうと私は考えている。そして、自然は、精神の最も高度な働きである理性の力によって概念化され、そのようにして乗り越えられるべき存在ではなく、むしろ実在としての自然は、精神の基盤であり、精神を包みこむ存在環境であるという認識に立って、愛するコンコードのフロントカントリーを逍遥《ソンタリング》しつつ、自然の真実を見つめ、書きとめて行ったソローの作品こそが、アメリカ自然思想の世界に流れる一つの主潮流を形成して行くことになるのである。

註

＊1――『若草物語』の作者ルイーザ・メイ・オルコットの父。

＊2――ハーディング（2005, 467）によると、ソローは成人してから、少なくとも一回は教会の礼拝に参加したことがあるらしい。それはメルヴィルの『白鯨』に登場するマップル神父のモデルとなった、エドワード・テーラー神父が、コンコードに説教に来た時のことで、あまりに珍しい出来事だったため、エマソンはわざわざこのことを日記に記していると、ハーディングは伝えている。

＊3――シュナイダー（1993, 22）。なおハーディング（2005, 146）は、ソローの結婚の申し込みの手紙は

九月に書かれたとしているが、前後の関係から、十一月とするのが正しいように思われる。

＊4――ハーディング（2005, 440）は、ソローに対するエマソンの影響を、一八五〇年ごろまでは大きかったとしているが、私は一八四五年のウォールデン湖での生活以降、すでにソローはかなりの程度、エマソン的な超越主義の影響から抜け出していたのではないかと考えている。

＊5――ソロー自身も、この最初の四行を、『一週間』の中で最も超越主義的な色彩の強い「金曜日」の章に挿入している（A Week, 372）。なお、ソローの詩は、文学研究者にはいつも評判が悪い（ハーディング 2005, 137; シュナイダー 1993, 89）。しかし、エマソンと一部の詩人には、高く評価されていたようである（ブライ 1993, 6; ハーディング 2005, 190）。

＊6――エマソンの『日記』にこの詩からの書き抜きがあることから、ソローは、この詩をエマソンなどの身近な人々には見せていたことが分かる。

＊7――山口（2011, 280）は、「エマソンは出来上がったこの作品をあまり評価しなかった」としているが、その典拠を私は確認することができなかった。純粋に内容から見る限り、「マサチューセッツの博物誌」には、エマソン的な超越主義の傾向は皆無である。この意味で、エマソンがこの「書評」を評価しなかったのだとすれば、その理由も分からなくはない。しかしこの書評に添えられたエマソンの緒言から見る限り、マサチューセッツ州により刊行された報告書よりも、ソローのエッセイの方が優れているなどとされているところもあり、「マサチューセッツの博物誌」に関するエマソンの本当の評価は、私には判然としない。

＊8――「冬の散歩」は、全体が“we”という一人称複数の主語でつづられている。これには、「我われ」、「私たち」など様々な訳し方が可能だが、この作品は、冬の野山を快活に歩き回ることがテーマになっているので、その雰囲気を表現するために、ここでは「僕たち」という訳語を使用した。

＊9――「ソロー氏は自然についての鋭敏で繊細な観察者だ――真正の詩人とも言うべき稀有な個性を持つ、本物の観察者だと思う。そして自然は、彼の愛情に応えて、彼を特別な養子として迎え入れ、

他の誰も目にすることが許されない秘密を、彼にだけは見せているかのようだ」(Hawthorne AN, 354)。

*10——この引用箇所はもともと詩の形で書かれていたが、『一週間』の中では散文として記述されている。Witherell (2001, 670) は、もとの詩を一八四二年のものとしているが、私は、一八三九年の夏の終わりに、兄のジョンと舟旅をした時に書かれたものではないかと考えている。もとの詩は、"Long Book" と呼ばれるソローのノートの中に見られる。"Long Book" は、主に一八四二年から一八四六年頃までの日記から、後の創作に使えそうな詩や記述を抜き出して、ソローがノートにまとめたものである。特に『一週間』には、このノートから採られた詩や記述が多く使われている。しかしこのノートには、ほとんど日付の記載がないため、それぞれの記述がいつ書かれたものなのかはっきりとしない部分が多い。ただしこの詩は、"Long Book" の中で、兄のジョンと一緒に行った川の舟旅の記録と同じ部分にあり、その日付は「〔一八三九年〕九月三日火曜日」となっているところから、私は、舟旅の行われた一八三九年に書かれたものではないかと考えている(Journal: 1842-1848, 32-3)。

*11——ただし『一週間』には、わずかだが、「人間の無意識は神の意識である」(A Week, 351) といった、極めてエマソン的な色彩の強い超越主義的な表現も見られる。詩の源泉は我われの意識を突き抜けた「無意識」にあり、それは「神の意識」とも言うべきものだという意味でこの表現は用いられている。また『一週間』には、中世ペルシアの叙情詩人ハーフェズ Hāfez (1325/26-1389/90) の言葉「昨日の夜明け、神は現世のあらゆる苦悩から私を救い出された。そして夜の暗がりのただ中で、私に不死の水を与えられた」(A Week, 415) を引用している箇所も見受けられる。ハーフェズからの引用は、自然の本質的側面を見極める「特殊な感覚」uncommon sense に関する文脈で用いられているが、解釈などは一切与えられていない。おそらく、自然の本質的側面を観取する「特殊な感覚」は、ハーフェズが「不死の水」を「神」から得たように、超越的な存在から与えら

れるという意味で、ソローはこの引用文を用いていると思われる。しかし、もしその通りであるとすれば、ソローは、本来の詩を紡ぎ出し、自然の本質を認識するような特別な能力は、「神」から与えられると考えていたことになる。ただし、「神」に関するこれらの超越的言辞は、『一週間』の中で、それ以上の展開が行われていないところを見ると、ソローは、「神」にかかわる議論に立ち入ることを、意識的に避けているようにも思われる。

＊12――ただし「マサチューセッツの博物誌」においても、「科学の目」によって捉えられるものは、自然界のあらゆるものを作り上げている「一つの法則」であって、この「法則」こそが自然の本質だという言い方はされていない（NH of Mass, 127）。

＊13――ロッドrodは、ソローの時代に使われた長さや面積の単位で、一ロッドは、一六・五フィート、一平方ロッドは、三〇・二五平方ヤードに相当する。

＊14――ソローはここで、野生的な原野への思いを、敢えて宗教的な言葉で語っている。キリスト教では、神は「父と子と聖霊」の三つの位格Personaを持つとされるが、ソローは、野生的な原野に、自然の有する一つの「位格」を見、それを、あたかも宗教的な対象かの如くに、信仰すると言っているのである。

＊15――現在のカターディン山Mt. Katahdin。ソローの時代にはクタードンKtaadnと呼ばれていた。

＊16――ギリシア神話の巨神。

＊17――実際にソローが登頂したのはカターディン（クタードン）最高峰のバクスター峰ではなく、それより三メートルほど低い南峰だったと考えられている（Howarth 2001, 126）。カターディンは、バクスター峰（一、六〇六メートル）、南峰（一、六〇三メートル）、ポモーラ峰（一、四九九メートル）と東西に連なる山体の総称だが、南峰はバクスター峰から南東に五〇〇メートルほどずれている。ソローが登頂を試みた日は、山頂を厚い雲が覆い、見晴らしが悪かったようだ。そのために彼は、南峰の頂に立った時、そこよりも高い峰があることを確認できなかったのだろう。また、

実際に私がカターディンに登ってみた感じから言うと、かりに南峰からバクスター峰が確認できたとしても、南峰から見て、バクスター峰の方が高いことを認識することは難しかっただろうとも思われる。なお、Howarth（2001, 126）は、南峰をバクスター峰より「一七フィート」（八メートル）低いとしているが、南峰の高さは五、二六〇フィート（一、六〇三メートル）なので、五、二六八フィート（一、六〇六メートル）の「バクスター峰より八フィート（三メートル）低い」が正しいのではないだろうか。

*18 ── 「マサチューセッツの博物誌」（NH of Mass, 119-123）や『一週間』（A Week, 22-36）では、あれほど釣りの楽しさを述べ立てていたソローを思うと、ここでの豹変ぶりは驚くばかりだ。しかし、自然のあらゆる事物に愛おしさを感じるソロー本来の自然観から言えば、魚に苦痛を与えることや、魚を殺すことに罪悪感を覚えない釣りという行為に低俗さを見るのは、当然のことだと言うべきだろう。

第4章

バックカントリーのナチュラリスト

ジョン・ミューア

ジョン・ミューア John Muir は、一八三八年にスコットランドのダンバー Dunbar で生まれ、十一歳の時に一家でアメリカに渡る。アメリカでは、開拓農民の子として少年時代を過ごし、ほとんど正規の教育は受けなかったが、二十二歳の時にウィスコンシン大学への入学が認められ、そこで彼は約二年半の学生生活を送っている。その後彼は、南北戦争による徴兵を逃れるために大学を離れ、学生時代に興味をもった植物研究をしながら各地を放浪する。その過程でミューアは、ヨセミテ渓谷の原生自然と出会い、以後、ヨセミテ渓谷を中心としたシエラネバダ山脈の研究と、保護活動に従事することになる。その結果、ヨセミテ渓谷は一八九〇年、国立公園に指定されることとなった。

アメリカで初めて設置された国立公園は、イエローストーンである。しかし、この最初の国立公園が成立した時点では、この地域が持つ特異な景観の独占を排し、ここを「国民の利益と楽しみに供される公共の公園ないし娯楽の場」として利用することが、設置の目的とされて（US 1872, 32)、必ずしも「自然の保護」という理念が確立していたわけではなかった。(1) それ故、「自然の保護と利用」という、現在の「国立公園の思想」が成立して行くためには、(2) さらに「自然の保護」という基本理念の基礎づけが必要であった。この理念の確立において、最も重要な寄与を果したのがミューアであり、それ故に彼は、「国立公園の父」と呼ばれているのである。

今日、アメリカの国立公園は、全米で五九箇所、総面積約五、一九〇万エーカー（二一万平方キロメートル）の規模を擁し、(3) 原生自然を保護するための広大なバックカントリーと、人々の余暇に供するためのフロントカントリー部分に整備されて、言わばアメリカ自然思想の象徴ともいうべき存在になっている。本章では、こうした国立公園の理念型を築いたミューアの足跡を辿りながら、「フロントカントリー」と共に、アメリカ自然思想に特有の「バックカントリー」の自然観と、またその具現化としての自然保護運動が誕生する様を詳しく見て行くことにしたい。

ただし、朋友バローズ John Burroughs（一八三七―一九二一）が、[4]「彼はソローのように、風景の一角に腰を下ろしていることができなかった。彼には、活動の場として、一つの大陸が必要だった」（Burroughs 1967, 192-3）と記しているように、ミューアの活動範囲は、これから本章で紹介するヨセミテ渓谷を中心とした、シエラネバダのバックカントリー以外にも、生涯に七度のアラスカ探検に出かけ、六十五歳の時にヨーロッパ、アジア、オーストラリアを巡る世界旅行をし、七十三歳にして南米とアフリカを訪ねる旅にも出かけたほど広大な領域に及んでいる。しかし本章の目的は、ミューアの生涯を辿りつつも、彼の評伝を記すことではなく、アメリカ自然思想に特徴的な「バックカントリー」という自然観の成立と展開の過程を示すことにある。それ故に本章では、ヨセミテ渓谷との関係にしぼって、彼の思想と活動を取り上げて行くことにしたい。しかしこのような制限を設けたとしても、本章で我われは、彼とエマソンとの思想的関係、ヨセミテ渓谷の形成をめぐる地質学論争、ヨセミテ国立公園の創設とヘッチ・ヘッチー渓谷のダム化をめぐる保護・保全論争など、アメリカの自然思想史上に特記される、実に多くの事項を辿ることになるだろう。

●——開拓農民の子とウィスコンシン大学

十一歳でスコットランドからアメリカに渡るまで、ミューアは故郷のダンバーで、正規の学校教育と共に、父親の狂信的とも言える厳格な宗教教育を受けていたことが知られている。ミューア自身の思い出によると、彼は、父親の指導により、「十一歳までには『旧約聖書』のおよそ四分の三と、『新約聖書』を全部覚えて」しまうほど、『聖書』を読まされる一方、学校では、英語、ラテン語、フランス語、算数、地理などの教科を勉強したとされている (Muir 1913, L. 282)。しかしアメリカに渡ってからのミューアは、わずかに算数などを独学で学んだほかは、毎日の過酷な農作業に追われ、ほとんど勉強らしい勉強の機会には恵まれなかったようである (Muir 1913, L. 1830)。

ミューアが次に教育を受ける機会を得たのは、二十二歳でウィスコンシン大学に入学してからのことだった。

ミューアは、ウィスコンシン州のヒッコリー・ヒル Hickory Hill で、農作業に明け暮れる毎日を送っていた時、父親から、早朝であれば自由に時間を使ってよいという許しを得る。最初は読書のための時間だったが、ふとしたきっかけから地下室で工作をする時間になり、小川の水力を利用した自動製材機を製作したのを手始めに、「水車、凝ったドアロックとかけ金、温度計、湿度計、高温計、時計、気圧計、時間を設定できる馬用の自動給餌装置、点灯および点火装置、早く起きたり遅く起きたりするための装置」など、様々なものを彼は作るようになった(Muir 1913, L. 1912)。

そんなある日、彼は、隣人の勧めにより、「早起き装置つきの時計」を(Muir 1913, L. 2009)、マディソン Madison で開かれる州の品評会に出品することになった(Muir 1913, L. 1988)。

この時計がどのようなものだったのか詳細は分からないが、品評会では大変な評判を呼び、特別賞としてミューアは賞金を得ている。彼の作品は、品評会が想定していた何れの分野にも属さない、「奇妙な作品」odd one だったが、その工作技術の高さが評価され、特別に賞金が与えられたようである。しかも彼に特別賞を贈ることを推薦した人物が、後に彼がナチュラリストとして成長し、世に出る際に、最も大きな役割を果たすことになる、ジーン・カー夫人 Mrs. Jeanne C. Carr だったことは、まことに興味深い(Turner 1985, 84)。

この品評会の後、ミューアは、彼の作品を見たノーマン・ウィアード Norman Wiard という人物から声をかけられた。プレーリー・ドゥ・シーン Prairie du Chien という彼の工房がある町で、ミューアがウィアードの助手として働く代わりに、ウィアードがミューアに機械工学の技術や知識を教えるというのである。ウィアードはこの時、氷上蒸気船の開発を目指していた。ミューアはこの申し出を受け入れたが、助手の仕事は無給だったため、生活費は自分で稼がなくてはならなかった。そこでミューアは、モンデル・ハウス Mondell House という小さなホテルに、雑用係の仕事を見つけ、そこに住み込みながらウィアードの工房に通うことにした。しかし実際には、ウィアードは留守がちで、彼から学ぶ機会はあまりなかった。そのためミューアは、ここに居ても大したものは得られないと思うようになり、プレーリー・ドゥ・シーンでの滞在は三ヶ月ほどで切り上げて、再びマディソンに戻ることにした(Turner 1985, 85-98)。

「どうにかして正規の学問を身につけたい」(Muir 1913, L. 2079)という思いから、ミューアはマディソンに戻ったのだが、大学に入学するための具体的な方策があるわけではなかった。後の自伝によると、彼はマディソンに戻っても、一ドルで買える普通の時計から機械部分を取り出して、それをベッドの脚部の板にはめ込んだ「早起き装置」を作って売ったり、保険事務所で回状の宛名書きをやったりしながら、ただ糊口をしのいでいるだけの日々を送っていたようである(Muir 1913, L. 2080)。そんなある日、ミューアはひとりの学生から、大学に入るのはそれほど難しいことではないと聞き、直接ウィスコンシン大学の学長代理であったスターリング教授John Sterlingに面会した。そして何と、大学への入学が許可されたのだった。ターナーによれば、当時ウィスコンシン大学の財政状況は、絶望的なほど逼迫しており、ひとりでも学生を増やして収入を得る必要のあったことが、ミューアの入学が許可された実際の理由であるとされる(Turner 1985, 89)。

いずれにせよミューアは、十一歳でアメリカに渡り、最初の二ヶ月だけ地区の学校に通って以来、およそ十二年ぶりに、正規の教育を受ける機会を得たのである。ただしこの時のミューアには、大学での勉強をすぐに始められるような基礎学力はなかった。そのため彼は、基礎科目を学習するために、数ヶ月間、大学の予科 preparatory school に通い、一八六〇／六一年の第二学期から、科学コース scientific program の一年生に入学した(Turner 1985, 90)。ミューアはこのウィスコンシン大学に一八六三年の春まで、約二年半在籍して(Turner 1985, 107)、主に地質学や化学などの自然科学系学問を学んだ。

ミューアが大学に籍をおいた、一八六〇年代の科学について見ると、物理学では、十七世紀末以来のニュートン力学は、既に古典としての位置を確立し[5]、熱力学が精密な統計的手法と結びついて、完成の域に達しようとする勢いを示していた。また、マックスウェル James Clerk Maxwell による電磁場の統一的解釈や、キルヒホフ Gustav Robert Kirchhoff による黒体放射の発見から、後の相対性理論や量子力学の基礎につながる理論が確立しつつある時代でもあった。残された資料から見る限り、ミューアは、物理学に関心を持ったものの、専門的な研究にまでは至らなかったようである(Muir 1913, L. 2174)。

しかし、天体や地球に関する彼のイメージは、現代の我われとかなり近いものだったように思われる。一八六七年から六八年にかけて彼が行った、インディアナポリスからメキシコ湾までの一、〇〇〇マイルに及ぶ徒歩旅行を記録したノートの表紙の裏には、次のような住所表記が記載されている。

ジョン・ミューア、地球・惑星、宇宙 (Muir 1916, L. 18)

また、この旅行記の中には、次のような一節も見られる。

この我われの地球という星は、人間が作られるよりも前に、宇宙を巡る数々の旅に成功していた。そして全ての被造物は、人間がそれらの所有を主張するようになる前には、その存在を享受して塵に帰って行った。人類もまた、「創造の計画」における役割を終えたならば、劫《ごう》火《か》に焼かれることも、さしたる混乱もなく、この世から消えて行くことだろう。

(Muir 1916, L. 1077)

これらの言葉は、宗教的な表現を用いながらも、実は極めて科学的な世界観・宇宙観をミューアが持っていたことを、よく表している。地球は特別な存在ではなく、宇宙に存在する多数の天体の一つであり、太陽系を構成する惑星の一つであるということ。人類は、この世に存在する様々な存在者の頂点にあるわけではないということ。人類も含め、種が滅亡するということがあり得るということ。これらはいずれも、キリスト教の伝統的な教理に反する「科学的認識」であり、暗記するほど『聖書』に精通していたミューアが、精神的には、キリスト教の伝統に全く囚われない、科学的世界観を持っていたことをよく表していると言えよう。

確かにここでは、「創造の計画」Creation's plan という表現も使用されている。その他、ミューアが「神」の存在を信じていたことを示す表現を彼の著作から挙げれば、枚挙に暇がない。ミューアが神の存在を信じていたことは、事実であろう。しかしミューアは、この世界の成立や構造を、キリスト教の教理で示されているようには理解していなかったのである。

フレッチャーは、シエラクラブ版『１０００マイルウォーク緑へ』*A Thousand-Mile Walk to the Gulf* の序文で、ミューアがこうした科学的世界観を持ちながら、生涯信仰を持ち続けたことは「理解に苦しむ」としているが（フレッチャー 1994, 12）、私には、こうしたミューアの世界観は、特に奇異なものとは思われない。彼は、この世界を、このような形で成立せしめている根本的な原理を、神であると信じてはいたが、神とこの世界との関係は、『聖書』に記されている通りのものではないと考えていただけのことである。

このような考え方は、一般に、「自然神学」と呼ばれるものだが、ミューアの思想を「自然神学的」だとみなすことも、私は正しくないと考えている。何故なら、残された資料や彼の著作から見る限り、彼はそもそも「神学的」なテーマを問題にはしていないからである。言い換えれば、ミューアにとって、神学的な話題は興味のないことであり、彼の世界観・自然観と伝統的なキリスト教との関係が、どのように整理されるかという宗教学的な問いは、どうでもよい事柄なのである。したがって、後に詳しく論じるように、ミューアの自然思想を、エマソンなどの観念論的思想と関係づけようとすることなども、的外れな議論以外の何ものでもないのである。

ミューアが大学時代に、最初に強く興味を持った科学の分野は、化学だったようだ（Muir 1913, L. 2174）。当時、複数個の原子から分子が構成されるとするアボガドロの分子論は、理論の整合性が確認されたものの、分子の実在についてはまだ認識が統一されておらず、現代科学としての化学は、発展途上の段階にあったと言える。しかし、だからこそ学生が自室に設えた実験設備でも、十分に興味深い現象が観察可能であり、日常的には気づかない自然界の秘められた構造を垣間見ることが、ミューアにとっては楽しくて仕方のないことだったのかもしれない。学生寮のミューアの室は、奇妙な器機類とともに、なけなしの金をはたいて買い入れた「酸やレトルト、ガラス管やガラス鐘、フラスコ」(Muir 1913, L. 2102) などで一杯だったと伝えられている (Turner 1985, 98)。

●——植物研究の魅力

化学と共にミューアが強い関心を持った分野が、植物学だった。しかしこれは必ずしも大学の講義によるものではなく、最初はグリズウォルド Griswold という友人からの影響だった (Muir 1913, L. 2126)。

ある日ミューアが学生寮の石段に立っていると、

「ミューア、この木は何科か知ってるかい?」

と、この学生から声をかけられた。

「いいや、僕は植物学については何も知らないんだ」

とミューアが答えると、彼はその木とエンドウマメの関係について説明を始めた。花びらや雄しべ・雌しべ、種や葉の特徴から、高木であるニセアカシア locust tree の木が、エンドウマメと同じマメ科の植物であることを彼は説明したのだった。

「創造主は同じ考えのもとに、蔓性のエンドウとニセアカシアの木をお造りになったのであり、植物を勝手に分類したりしてはいけないんだ。植物の種別は人間の計らいと何の関係もない。これら全てのものの中に宿る自然の本質は、無限の多様性とともに本質的な統一性を与えている。だから植物学者は、様々な植物の関係の中に見られる調和を学ぶために、ひたすら植物を調べなければならないんだ」(Muir 1913, L. 2130-47)。

ミューアは、この「見事な講義」に魅了され、この後、「熱狂的」と言ってよいほどの仕方で、植物研究へと駆り立てられて行ったのだった(Muir 1913, L. 2147-8)。

植物研究の魅力を知ったことが、後のナチュラリスト・ミューアの誕生につながる、極めて重要な契機となったことは間違いない。ミューアの自然思想の特徴は、雄大なバックカントリーの魅力を美しく謳い上げ、原生自然にはそれ自体に根本的な価値があることを提唱するものだが、最初から彼がバックカントリーのナチュラリストであったわけではない。ミューアがバックカントリーの魅力を改めて認識することになったのは、一八六八年の春に、言わば思いつきからヨセミテ渓谷を訪ねたことによるものだと言ってよいだろう。しかしこのヨセミテへの旅は、南北戦争を逃れるため、一八六三年に大学を退学した後、山野の植物研究という「目的」に支えられた放浪生活の結果であり、植物研究に関わることがなければ、おそらくミューアがヨセミテに入ることも、したがって、彼がバックカントリーのナチュラリストになることも、なかったかもしれないのである。

ミューアの「植物研究」には一つの特徴がある。それは、山野の植物一般を対象とし、分類や新種の発見に関心が注がれる一方、育種や、特定の種の特性分析のような、圃場《ほじょう》や実験室での研究には、興味が示されていないという点である。後に発表された『1000マイルウォーク緑へ』や『カリフォルニアの山々』*The Mountains of California* などの作品には、山野の様々な植物に対する愛情豊かな記述が随所に見受けられるが、彼の植物研究が、当初から、特定の種ではなく、山野の植物一般に向けられたものであったということが、こうした作品に結実することになったとも言えるだろう。

また、植物に興味を持ったことが、生物学に近づく機縁となり、このことが、彼を進化論と結びつける、一つの契機となったのではないかとも思われる。『カリフォルニアの山々』には、次のような記述が見られる。

ダグラスリスは、東部の森林に生息するチッカリー、すなわちアカリスに近い種である。おそらくこのリスは、アカリスの直系の子孫で、西に向かって五大湖やロッキー山脈をへて、太平洋岸に分布し、そこから南下して、カリフォルニアの森林地帯に沿って、広がって行ったものと思われる。こうした見方は、このリスが、今言ったコースを逆に辿るほど、一般に赤みを増し、チッカリーに似てくるということからも、うなずき得るだろう。しかし、両者の関係や、これらの上に働いた進化の力 evolutionary forces がいかなるものであるにせよ、今はダグラスリスの方が大きく、より美しいのである。(Muir 1894, L. 2154-7)

また同書には、ダーウィンへの直接の言及も見られる。

飼育された羊はきわめて変異しやすいため、一般に、数えられないほどたくさんいる家畜の品種は、すべてがほんのわずかな野生の種から出たものだと考えられている。しかしこの問題には、あらゆる点で曖昧なところが多い。ダーウィンによれば、羊は大昔から飼育されてきたが、有名なスイスの湖上生活住居跡では、現在知られている何れの品種とも異なる小型の品種の遺物が発見されたそうである。(Muir 1894, L. 2839-41)

ミューアが、ダーウィンの進化論をどのように評価していたかは不明だが、これらの記述から、少なくとも彼が基本的には、進化論を受け入れていたことは確かである。幼少期から徹底した宗教(キリスト教)教育を受けてきたミューアが、進化論を受け入れていたということの意味は大きい。すでに触れたようにフレッチャーは、ミューアが進化論を受け入れながら生涯信仰を持ち続けたことを、「理解に苦しむ」と言っているが（フレッチャー 1994, 12）、私は、だからこそミューアの科学に対する信頼は、堅固なものだったと言えるのではないかと考えている。

さすがに暗記するほど『聖書』に精通しているだけあって、ミューアの言葉遣いは、一見極めて宗教的——キリスト教的——である。これは日本語に翻訳してしまうと、それほどでもないように思えるが、彼の著書や日記を原文で見ると、それは非常に強く感じられる。そのため、アメリカの研究者においても、ミューアの自然観が宗教的なものであると解釈されたり、後に詳述するように、エマソンなどの観念論的な思想と共通性を持つかのように論じられたりすることがあるが、これは誤りである。先入観なく素直に彼の文章を読んでみれば、ミューアが自然の美を礼賛するのは、それがただただ美しいからであり、自然が神の栄光を表しているからでも、自然の背後に、神の大いなる御業が観じられるからでもないことは明らかである。かえって言語自体にキリスト教的含意のない、日本語に翻訳した時の方が、ミューアの真意を読み取りやすいと言えるかもしれない。いずれにせよ、表現上の宗教的色彩に惑わされることなくミューアの文章を見るならば、彼の自然認識は極めて科学的なものであることが分かるだろう。

ミューアは、大学時代、化学、植物学と共に地質学についても学んでいる。ミューアが地質学の教えを受けたのは、化学の教授でもあったカー Ezra S. Carr からであった。ターナーによれば、カーは当時アメリカで最も先進的な地球科学者の一人だったという（Turner 1985, 103）。ミューアが大学に入る二、三十年前までのアメリカの地質学では、地球の現在の姿は「ノアの箱舟」時代の大洪水によって形成されたものだと説明されることがほとんどだったが、イギリスを中心とする科学的地質学の知見が、アメリカにも徐々に導入され、カーはそうした新しい世代の科学的地質学者の一人だったのである。

　残された資料から見る限り、大学時代のミューアが、特に地質学の研究にのめり込むほど熱中した様子はない。しかし、フィールドワークを中心として、直に自然の姿に接するという、カーから学んだ地質学の研究スタイルは、後に彼がヨセミテ渓谷の形成を、当時最も優勢であった「激変説」に抗して、過去の氷河活動に起因するものだと考え、綿密な検証作業を行うことにつながったことは間違いない。

　また地質学は、生物学の発展と密接な関係を持つ点からも、彼が植物学と共に地質学を学んだことは興味深い。そもそも進化論に代表される生物学の発展は、堆積岩や化石の科学的理解に起因するところが大きい。既に十七世紀末には、地表を覆う堆積岩の形成は、『聖書』にあるような、たった一度の天変地異によるはずがないと考える者が現れ始め、その後十八世紀末には、地球の歴史は非常に長く、「創造の神話」で考えられるような、数千年の長さなどではないと考えられるようになった（ボウラー 1987, 57-80）。地球の歴史が非常に長いという認識は、後に進化論が形成される際、生物進化の時間が理論上、数十億年単位で考えなければならないことが分かった時、「神話」の束縛から離れるために極めて重要な役割を果たすことになる（ボウラー 1987, 333）。さらに、地質研究に伴って発掘された化石の科学的分析は、地球上ではかつて種の大量絶滅があり、現在種の起源や相互関係も、『聖書』に記述されているようなものではないという理解をもたらす結果となった(ボウラー 1987, 323-332)。ダーウィンの『種の起源』は、このような思想的背景のもとで一八五九年に出版されたのである。

ミューアが『種の起源』を、どの程度読んでいたかは不明だが、彼が進化論を受け入れていたことは既に指摘した通りである。[6] 当時としては最先端の進化論と共に、神話的束縛から脱却しつつあった地質学を学んだことは、彼の自然理解の形成にとって、極めて大きな意味を持つことになったと言えるだろう。

●——初めてのヨセミテ

ミューアは一八六四年の春学期以降、南北戦争に動員される徴兵から逃れるために、大学には戻らず、カナダを放浪する生活や、南米に渡って植物調査をすることを夢見て、インディアナポリスからフロリダまでの一、〇〇〇マイルに及ぶ徒歩旅行などをした後、一八六八年の春、カリフォルニアのヨセミテ渓谷にやって来る。ヨセミテに来た目的は、長い放浪生活で弱った心身を癒すためだとされているが(Muir 1915b, 24)、それが真の理由であったのかどうかはよく分からない。[7] しかし、雄大なシエラネバダの山々や、美しいヨセミテ渓谷の景色に魅了されて、この時からほぼ十年間、彼はヨセミテ渓谷やシエラネバダの原生自然と向き合う生活を送ることになる。

特に初めの数年間は、ほとんどヨセミテに籠もりきりの状態で、その姿を目にしたエマソンは、後に「ふさわしきところに、ふさわしき人」と感じたと書き残しているが（Emerson 1872）、それほどミューアは、ヨセミテの原生自然の中に溶け込んでいたのだろう。

ヨセミテ渓谷は、カリフォルニア州の中央部、南北約六五〇キロメートルに渡って横たわるシエラネバダ山脈の心臓部に位置するU字型の渓谷だ。一八三三年に、毛皮にするためのビーバー探しと、グレートソルト湖 Great Salt Lake からカリフォルニアに抜ける道の探索を目的とした、ジョゼフ・ウォーカー Joseph R. Walker らの一行が、偶然この渓谷を目にしたのが、白人による初めての発見だとされている(Leonard 1839)。その後しばらくの間、ヨセミテ渓谷は、ごく一部のハンターのみが知る奇観の地だったが（Farquhar 1965, 74）、シエラネバダ西側山麓で金鉱が発見されたことから、その一帯のインディアンを排除するために編成されたマリポサ大隊 Mariposa Battalion が、一八五一年に改めて渓谷の存在を確認して以来、少しずつ白人が入り始めていた。ヨセミテ Yosemite の地名も、このマリポサ大隊に従軍していた軍医のラファイエット・バンネル Lafayette Bunnell によるもので、この谷に住むインディアンの部族が、"Yo-sem-i-ty" と呼ばれていたことに因んだものだった(Schaffer 1978, 45)。

ミューアはこのヨセミテに、東海岸からの船旅で知り合ったジョゼフ・チルウェル Joseph Chilwell というイギリス人と一緒にやって来た。一八六八年三月二十八日、二人はサンフランシスコで船を降りると、対岸のオークランドまでフェリーで渡り、そこから徒歩でサンノゼ、ギルロイを経由してパチェコ峠に向かった。峠から見下ろす春のサンホアキンバレー San Joaquin Valley は、一面の花園だった。そして二人は、その向こうに白く輝くシエラネバダの山々をその時初めて目にしたのだった(Wolfe 1945, 116-7)。

> サンホアキンの渓谷は、私がこれまでに歩いた世界の中で、最も豊かな花々の園です。それはとてつもなく広大な花壇であり、花々の敷物であり、たゆたう花の海です。そして山々から来るいくつもの小さな流れと、木々に縁どられた川が、その海にさざ波を立てています。
>
> (Muir 1915b, 25)

ミューアとチルウェルは、この広大な花園の中を歩き、マーセド川まで出ると、川に沿って上流のヨセミテ渓谷へと向かった。途中、コールターヴィル Coutterville という小さな鉱山の村で彼らは、小麦粉とお茶、それから護身用に古いマスケット銃を購入すると、まだ雪深いヨセミテ渓谷へと向かって行った(Badè 1924, Vol. 1, 182-3)。

標高六、〇〇〇フィート(一、八〇〇メートル)のクレーン・フラット Crane Flat まで来ると、そこにはサトウマツ、シルバーファー、オニヒバ、ダグラストウヒなどの針葉樹からなる、「高貴なシエラの森林」が広がっていた。雪はまだ六フィート(二メートル)ほどあった(Badè 1923, Vol. 1, 184)。しかし二人は地形に沿って歩いたので、道に迷うことはなかった。登山者が残した粗末な小屋や、時には雪の上にシルバーファーの枝を敷いてベッドを作り、野営をしながら、彼らは十日間ほどヨセミテ渓谷を歩き廻った。数々の滝を見、見晴らしの良い岩山の上から、壮麗な谷の景観を眺めて楽しんだ。ある時はスケッチをし、またある時は花々やシダ類の採集をして毎日を過ごした(Badè 1923, Vol. 1, 185)。

その後彼らは、マリポサのセコイアの森を見るために、ガレン・クラーク Galen Clark を訪ねた。クラークは、ヨセミテのパイオニアを代表する人物の一人で、ジャイアント・セコイアの林立するマリポサの森の近くで暮らしていた。東部で家具職人をしていた彼は(Taylor 1936, Chap. 4)、カリフォルニアの「新黄金郷」new Eldorado の噂を聞き、一攫千金を夢見て一八五三年頃にカリフォルニアにやって来た。しかし一八五七年、かねてから病んでいた胸を金の採掘でさらに悪化させてしまい、これを機に彼は、金鉱探しの生活をやめて、現在のワオナ Wawona に山小屋を建て、旅人に宿を提供しながら、マリポサやヨセミテの自然を守る生活を送っていた(Foote 1904)。

ジャイアント・セコイアが生い茂るマリポサの森は、すでに一八四九年頃には金鉱探しの人間たちに目撃されていたが、はっきりとした場所は知られておらず、一八五七年にその場所を改めて特定したのが、クラークと友人のミルトン・マン Milton Mann だった(Greene 1987, Vol. 1, 47)。その後、ヨセミテ渓谷とマリポサの巨木群 Yosemite Valley and the Mariposa Big Tree Grove は、一八六四年に合衆国からカリフォルニア州に譲渡され、「公共の利用、保養とリクリエーションのための場所」として、カリフォルニア州が管理するところとなった(US 1864, 325)。そしてクラークは、州知事が任命する八名の管理委員の一人に選ばれ、一八六六年からは初代の管理官Guardianに任ぜられていた(Greene 1987, Vol. 1, 54-5)。なお、この時代には「自然公園」や「州立公園」という概念はまだなかった。そのため、ヨセミテ渓谷とマリポサの巨木群も、この時には「寄贈地」Grantと呼ばれていた。またこの「寄贈地」は、アメリカで成立した初めての自然保護区であり、後のヨセミテ国立公園の前身であるところから、実質上の国立公園第一号とみなされている。

ミューアとチルウェルは、クラーク・ステーションClark's Stationと呼ばれていた山小屋に到着すると、クラークから小麦粉と熊の肉をわけてもらい、すぐにマリポサの森に向かった。陽が沈みかける頃に森に到着すると、二人はジャイアント・セコイアの下で火を起こして、熊肉の夕食を取った。ところが熊の肉は「臭いがひどく、脂っこいため、一口も食べることができなかった」と、後にミューアは語っている。しかし、巨大なセコイアが立ち並ぶマリポサの森はミューアたちを魅了し、彼らは「幾日過ごしたのか分からなくなる」ほど、威厳を湛える巨木を追って、森の中をあさり歩いたのだった(Badè 1924, Vol. 1, 187)。

荘厳なヨセミテ渓谷の景観と、威風凛然たるマリポサの巨木群にすっかり心を奪われてしまったミューアたちは、しばらくこの地方に留まることにし、サンホアキンバレーに戻って仕事を探した。すぐに収穫作業の仕事が見つかり、二人は一緒に働いていたが、この仕事が終わると、チルウェルはまた世界旅行に戻って行った。

その後ミューアは、マスタングの調教、フェリーの乗組員、羊毛刈りや羊番の仕事などをしながらその年を過ごし、翌年も羊飼いの一員として、一夏、ハイシエラを渡り歩く生活を送った。羊飼いは、羊の群れと共に、餌となる牧草を求めて野山を渡り歩く仕事のため、シエラの山々やヨセミテの動植物を観察するには、もってこいの仕事だった。しかし、ハイシエラの高山植物が咲き誇る草原を踏み荒らし、草花を食い尽くして行く羊の群れに幻滅して、後にミューアは、「羊を飼うくらいなら、オオカミを飼うほうがましだ」と書き記している(Muir 1911, L. 2339)。

しかしミューアは、チルウェルと共にヨセミテやマリポサを訪ねた後すぐに、ヨセミテに住み着くことを決めたわけではなかったようだ。カリフォルニアにやって来てから九ヶ月が経過した十二月の日記に、花々と太陽の季節が過ぎ去り、雨季がやって来たことを嘆きながら、彼は「何をしたらいいだろうか。どこへ行ったらいいだろうか」と自らに問うて、こう答えている。

> ヤシの生い茂る太平洋の島々、メキシコの平原、ペルーのアンデス山脈を思い浮かべたが、カリフォルニアの魅力は、他のどこよりも強かった。だからもう一、二年ここに留まることに決めた。(Muir 1938, 2)

また、一八六九年二月二十四日付けカー夫人宛ての手紙に、彼は「十一月まではカリフォォニアにいて、それから南アメリカに渡るつもりです」と書いている(Muir 1915b, 32)。[8] つまりこの時点でも、一八六四年にマディソンを出たところから始まった、彼の長い旅の最終目的地は、ヨセミテではなく、まだ南米だったのである。しかし、この年の夏、羊飼いの監視役として、彼がシエラの山野をキャラバンした時の記録には、次のような一節がある。

我われのキャンプから半マイルほど離れたところから、かの有名なヨセミテ渓谷の底部の一端が見渡せる。その素晴らしい岸壁と森は、まさに山々を描く壮大な手稿の一ページだ。それを読み解くために、私は喜んで一生を捧げたい。
(Muir 1911, L. 979)

ここにあるように、恐らくこの夏のキャラバンを契機として、ミューアの頭から、南米に渡って植物研究をするという考えは消えて行き、彼の思いは、この地方に留まって、シエラの山々やヨセミテの動植物を、より詳細に調べてみたいという気持ちへと変わって行ったものと思われる。次の一節は、こうした心境の変化をさらに鮮明に表している。文章に多少の乱れがあるが、それゆえにこそ、この時のミューアの、生の心境を窺い知ることができるものとして、当日のメモから訳出してみることにしたい。

今、我われは正に山々の中へと入り、山々が我われの中へと入る。我われは今正に生きている。なんと輝かしく、激しい白熱の熱狂的感覚が、我われの中で沸き立つことか、――なんら我われの助力も知識もなしに。ある完全なるものが、我われのあらゆる毛穴と細胞の中へと流れ込む。その熱により、まるで我われの重たい肉体の境界をなしている壁が、崩壊したかのように思われるまで、溶け出し、気化して、我われは流れだし、正に空気と木々と水の流れと岩々の中へと拡散する。そして、生気に満ちた陽光に触れ、それらに感応する。それに応じ、我われは今や自然の一部であり、老いもなく若さもなく、現世において不滅であり、病も健康もない。私は今、花崗岩や空以外の、食物や呼吸に依存した、何らの移ろいやすい身体的状況も思い浮かべることができない。正に岩々や空にこそ依存している。素晴らしい回心 conversion の心境だ、これほど完全で健全な経験は他にない。夜のキャンプ地の静けさと、暗闇の中にさえ、これまで世界をそこから眺めていた古い束縛された、日々の記憶はほとんどない。むしろ我われは、ずっとこうであったように思われる。

(Engberg [*et al.*] 1980, 51-2)(9)

この一節は、ミューアが当日のメモとして記したものであるため、ところどころに文意の乱れがある。しかし、それゆえにこそ、この時にミューアが体験した感動をよく表しているとも言えよう。羊の放牧キャラバンに出発してから四日目の六月六日、ミューアたち一行は、標高二、五〇〇フィート(七六〇メートル)ほどのところにある、イエローパインやサトウマツの針葉樹林帯に入った。焼けるようなカリフォルニアの夏の、乾いた丘陵地帯を抜け、すがすがしく昂揚した期待感をもって、キャラバン隊の一向がシエラの森林地帯に入った時、彼は突如として、それまでにない自然との強い一体感を得たのである。ミューアはこの体験を、自ら「回心」conversionと呼んでいるが、この時の経験は、キリスト教徒にとっては神の呼びかけに直接触れることを意味する、「回心」という言葉で形容するほど、深く衝撃的なものだったのだろう。それは、自然を研究の対象として見る客観的な自然観から脱し、自然に没入して、自然の中で自然を理解しようとする、ミューア独自の自然観が確立した瞬間であり、シエラに留まることが決定づけられた瞬間でもあったと言ってよいだろう。

◉——冬のヨセミテへ

四ヶ月間の放牧キャラバンを終え、ハイシエラから戻ってくると、ミューアは、しばらくサンホアキンの農場で働き、その後再びヨセミテ渓谷に戻って行った。冬のヨセミテを体験するためだった。ヨセミテに向かう前日の一八六九年十一月十五日、カー夫妻に宛てた手紙にミューアはこう書いている。

私は山に、シエラに戻らなければなりません。冬の吹雪を耐え忍ぶのは、たやすいことではないと言われました。しかし私は、シエラの魅力に取りつかれ、心を奪われてしまったのです。あそこでしか聞くことのできない聖歌と説教を聞くために、明日私は大聖堂に向けて出

発します。(Muir 1915b, 45)

今回の滞在は、農場で知り合ったフィラデルフィア出身の若者、ハリー・ランダル Harry Randall と一緒だった。数日後ヨセミテ渓谷に到着すると、二人は仕事を求めてハッチングズ・ホテルを訪ねた(Wolfe 1945, 124)。

ホテルのオーナー、ジェームズ・ハッチングズ James Mason Hutchings は、クラークと共にヨセミテを代表するパイオニアの一人で、一八六三年にヨセミテ滝に面して建っていた二階建ての建物を買い取り、以来ここでホテルの経営をしていた。ただしホテルとは言っても、それは名ばかりで、隣の客との間はカーテンで仕切られているだけの、極めて簡素な山小屋のような建物だった(Taylor 1936, Chap. 3)。(10)

ミューアとランダルが訪れた時、ハッチングズは、自分の所有するホテルと土地に関する訴訟のために、東部に出かける準備をしているところだった。そのために彼自身も、留守中の仕事を引き受けてくれる人間を必要としていたので、二人の来訪は、彼にとっても好都合だった。

一八六四年にヨセミテ渓谷とマリポサの巨木群が、合衆国からカリフォルニア州に譲渡されて以来、「寄贈地」Grant における個人の占有は認められなくなった。ハッチングズは、この前年に四〇〇ドルを支払って土地や建物を取得したばかりで、とうていこのような措置を受け入れることは出来なかった。そこで彼は、自らの権利を主張して、カリフォルニア州を相手に訴えを起こすことにしたのだった。ミューアとランダルがハッチングズ・ホテルを訪ねたのは、丁度この訴訟のために、ハッチングズが東部に旅立とうとしている時だった。土地と建物の権利を巡るハッチングズの闘いは、この後十年に渡って続き、一八七四年、最終的にカリフォルニア州が、ハッチングズの土地と建物に対して二四、〇〇〇ドルを支払うことで決着した(Taylor 1936, Chap. 3)。ハッチングズの留守中、ミューアは倒木を製材するための小屋を建て、ホテルを改装する仕事を引き受けた。ランドルは、家畜の世話を引き受けた（Wolfe 1945, 124)。二人はさらに、ヨセミテ滝の北側の日当たりの良いところに、小屋を建てることにした。沢から平らな石を拾い集めて暖炉を作り、嵐で倒れたサトウマツを利用して、自分たちの小屋を建てた。さらにミューアは、川から水を引き入れ、小屋の隅に水が流れるようにしたり、ヨセミテ滝の方向に窓を作って、その下に机を置き、窓枠に沿って植物をアーチ状に這わせたりもした(Badè 1924, Vol. 1, 207-8)。ほどなくして、本格的なヨセミテ渓谷の冬がやって来た。

クリスマスは心からの、優しく心地よい吹雪を、我われに届けてくれた。それは、まことにか弱い子どもが好みそうな、純粋で、明白で、穢れのない美しさだ。無数のダイヤモンドが、高潔な会衆の片々となって、厳かに舞い降りる。それは舞い散るのでも、漂うのでもなく、それぞれが定まった岩や葉の上に、嬉々として、生きいきとやって来るのだ。雪の宝石、山々にかかる雲の花が、谷や野原を一面に覆い、その中を川が滔々《とうとう》と流れる。天野原の花の星々が、地上の野原を埋め尽くす。マツも、裸のカシも、灌木も、コケやしなだれたシダも、全てが一面の〔白い〕花で覆われ、全てがただ一つの幽玄な氷の法則に従っている。

(Muir 1938, 39)

こうして、ミューアはヨセミテの住人となった。夏場は嵐で倒れた木々を製材し、時折依頼される観光客のガイドなどをしながら、彼はシエラの山々を駆け巡り、ヨセミテの自然を観察した。ただしガイドの仕事では、アイルランドから来た女性作家のテレサ・イェルバートン Theresa Yelverton に、小説のための取材と称して、四六時中付きまとわれ、嫌気がさして、一八七〇年の秋に、彼は一時山を下りたりもしている（Wolfe 1945, 139)。そして次の年の一月に、彼は再びヨセミテに戻ったのだが、一年前にランドルと二人で建てた小屋は、ハッチングズの妹に与えられてしまっていたため、彼は改めて製材小屋の破風に、小さな箱のような小屋を増築して、そこに住むことにした。[11] 増築された小屋は、図のような形をしていたため、人々から「掛巣」hang-nest と呼ばれることになった。

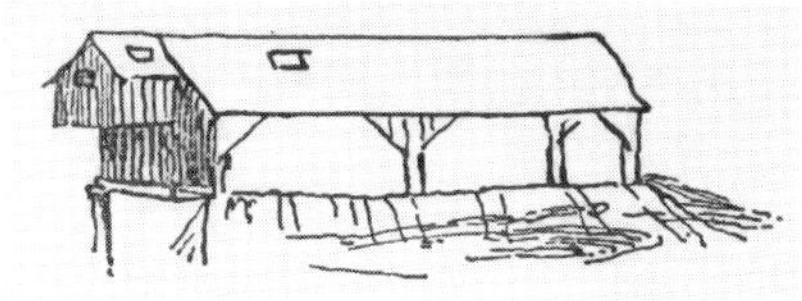
ミューアの「掛巣」(Badè 1924, Vol.1, 248)

こうして、ミューアがヨセミテ渓谷で、バックカントリーの原生自然と向き合う生活を送っていた時、エマソンがやって来たのだった。

●——エマソンとの出会い

エマソンが、弟子たちと共にヨセミテ渓谷にやって来たのは、一八七一年の五月初旬だった(Wolfe 1945, 145)(12)。

少し前のことになるが、ミューアがヨセミテにやって来たのとちょうど同じ頃、カー家にも一大転機が訪れていた。カー夫人の夫エズラ・カーは、大学の経営やカリキュラム、教授陣の待遇などに関する考え方で、大学の上層部と相容れず、一八六七／六八年の冬学期が終了したところで、ウィスコンシン大学を辞め、その頃設立されたばかりのカリフォルニア大学に、農学、化学、園芸学担当の教授として移籍したのだった(Gisel 2001, 4)。カー家は、オークランドに出来た校舎の向かいに居を構えた(Gisel 2001, 70)。

カー夫人はオークランドに落ち着くと、以前から親交のあった著名な学者や文人たちを続々とヨセミテに送り、ミューアがガイドをするようにアレンジした。これは、こうした人物たちとの交流を通して、ミューアがより良い将来を築けるようにとのカー夫人の配慮からのことだった(Wolfe 1945, 129)。実際、後にヨセミテ渓谷の形成に関するミューアの説が広く世に知られ、それを機に一介の放浪者に過ぎなかったミューアが、一躍ヨセミテの自然に関するエキスパートとして注目されるに至った社会的・人的要因の多くは、カー夫人によってもたらされたものである。そして、こうしたカー夫人の計らいによって、ヨセミテへと誘《いざな》われた人物の一人に、エマソンがいたのである。
エマソンがヨセミテにやって来た時、ミューアは、「まるで天使が天国からシエラの岩山に降り立ったかのように心臓が高鳴り、これまでにないほど興奮した」と言っている(Badè 1924, Vol. 1, 253)。この時はまだ、ヨセミテの自然を熱烈に愛する、風変わりなホテルの使用人に過ぎなかったミューアは、エマソン一行が近くのライディッグズ・ホテル Leidig's Hotel にいることを知りながら[13]、当時アメリカで最も多くの尊敬を集めていた文人であり、思想家でもあるエマソンを、直接訪問することに怖気づいてしまい[14]、次のような手紙を送ったのだった。

親愛なるエマソン様
本日私は、オークランドのカー教授夫人より、貴方がヨセミテ渓谷にお出でとのこと、またカー夫人は、貴方がお戻りの際にお会いしたいと思っておいでとのお手紙を頂戴しました。加えてカー夫人は、貴方にもお手紙をお書きになり、私が貴方とお会いできるようにお取りはからいくださったことも、お伺いいたしました。私は、貴方とお会いできることを、大変に嬉しく思っておりますが、貴方が一両日中にも、この渓谷からお帰りになることをお考えになっているとも、お伺いいたしました。
エマソン様、私は、貴方がこのような短期間でお帰りになることに対し、誠心より異議申し立ていたします。〔貴方はここで、〕貴方の全直観力と親和力をお働かせになると私は信じております。貴方が「これらの衝動を枯渇させる」ことなど決してありません。長い間、貴方を同族としてお待ちしていた岩々や水の精が歓呼し、貴方と親交を結ぶことを切望しているというのに、どうか、彼らを見放すようなことをなさらないでください。

しかしもし仮に、フェイト〔運命〕の女神、またはお仲間とよばれる、雑事と災禍の組織が、貴方に出立を強要するのなら、また別の機会に十分な時間をもって、貴方がお越しになることを望みます。

ハッチングズの製材小屋でお声がけいただければ、ヨセミテとハイシエラの植物の標本を、お好きなだけ差し上げます。

聖なるヨセミテを越え、大シエラの王冠を戴く高き神殿で、幾月にも及ぶ「大自然」での祈りをご一緒しませんか。それは時間の他、貴方に何の負担を強いるものではありませんし、常に「永遠」の中にいる貴方にとって、このために費やす時間など、ほんの僅かなものでしかありません。

今一度、トゥオルミ高原と、ブラディ峡谷の大氷河が書き残した象形文字とも言うべき、マウント・デイナとマウント・ガブの名において、氷河が残した数々の湖と、デイジーとリンドウの草原の名において、野蛮な観光客は決して見ることができない多くの滝の名において、オオモミの壮大な高地の森の名において、山々に棲む全ての精霊と、霊妙なる大気の名において、どうか今お帰りになったりしないでください。

恐惶敬白
大自然にて、貴方のジョン・ミューア
(Muir 1871a)

よほど緊張し、慌てて書いたのだろう、ところどころに文意の乱れがあるが、この手紙を受け取ったエマソンは、翌日セイヤー James Bradley Thayer という弟子を伴い、ミューアの住む製材小屋にやって来たのだった。ミューアはこの頃、倒木を建築用資材として製材する仕事をしながら、シエラやヨセミテの、植物や地質の研究に取り組んでいた。製材小屋の破風に増築した「掛巣」は、彼の住まい兼「研究室」だった。

この「掛巣」の中に入るのは、しかし、少しばかり大変だった。何故なら、この中に入るためには、ニワトリ小屋に掛けられている梯子のような、粗末な階段を上って行かなければならなかったからである。しかしエマソンは「勇敢」にもこの階段を上り、ミューアの「研究室」にやって来た。そしてミューアが周辺の野山で採集した植物やスケッチを見せると、彼はたいそう興味を持ったようで、いくつもの質問を矢継ぎ早にしたのだった(Badè 1924, Vol. 1, 254)[15]。

エマソンはヨセミテに滞在中、幾度もミューアの「研究室」にやって来た。そこでミューアは、「巨木の立ち並ぶマリポサの森に行きましょう」とエマソンを誘ったのだった。「エマソンさん、もし貴方が私と一緒に森に行くと約束してくれるなら、私は荘厳なキャンプファイアーの火を焚くことにします。ジャイアント・セコイアの巨大な褐色の幹は、きっと見事にライトアップされることでしょう。その夜は、これ以上ない素晴らしいものになるでしょう」（Badè 1924, Vol. 1, 254）。

ミューアがこう言うと、エマソンは、少年のように喜んで、「行こう、行こう、キャンプに行こう、キャンプに行こう」と言うのだった（Badè 1924, Vol. 1, 255）。

> 嗚呼、しかし、遅すぎた。彼の人生は、日の入りにあまりにも近すぎた。影法師が長くながく伸びていた。彼は、彼の友人たちの言うことに従ってしまったのだ。彼の仲間たちは、全員が書斎の哲学者で、自然の美を観ることが出来ず、大自然の中で過ごすという私の計画の実現を破壊してしまった。ボストンの人間というものは、粗末なキャンプという代償を払って神の御業の現れであるシエラを受けとめるように導かれていることを、想像することこそが本来の楽しみ方であるかのように、いかにも温厚そうな無知から、私の計画を笑ったのである。いずれにせよ、彼らは何も理解せず、エマソン氏をホテルや、整備された道路に押し留めてしまったのである。
>
> （NW, 787; 傍点筆者）

こうしてエマソン一行は、たった五日間の滞在で、ヨセミテを去ってしまったのだが、帰路、ミューアはマリポサの巨樹の森まで同行が許され、さらに二日間エマソンらと共に居ることができた。そこでミューアはもう一度、「せめて一晩だけでも」と、エマソンをセコイアの森のキャンプに誘ってみた。するとエマソンは今回も快く承諾したのだった。しかし、その日の午後になり、一行がクラークの宿 Clark's Station に到着すると、エマソンの付き人たちは、荷物を馬から下ろし始めたのだった。それを見てミューアは驚いた。彼が、セコイアの森にキャンプには行かないのかと訊ねると、

「だめだ。夜に外で寝るなどとはもってのほかだ。エマソンさんが風邪をひいてしまうかもしれない。いいですか、ミューアさん。そんなことになったら大変だ」

と言うのだった。

「家の中やホテルの方が、ずっと風邪をひきやすいんだ。森の中でキャンプをして風邪をひいた奴なんて見たことがない」

とミューアが言っても、無駄だった(NW, 787)。

> 森の中では、ただほんの少し夜露で昼間の空気が冷やされているだけなのに、建物の中に居ようとする彼らの習癖と、すがすがしい夜の空気に対する、彼らの奇妙な恐怖心を打ち負かすことはできなかった。屋内に漂うカーペットの埃と、何ともいえない臭気の方が好いというのだ。これがボストン流というものか。悲しきかな文化批評、素晴らしきかな超越主義。
> (NW, 788)

ミューアは、一人でキャンプをしようとも思ったが、エマソンの傍にいられるのも、あとほんのわずかな時間でしかないことを思い、「カーペットの埃と、何ともいえない臭気」の漂う宿に、この夜は泊まることにした。

その晩、エマソン氏はほとんど何も語らなかったが、まるで暖かな火のそばにいるかのように、彼の傍で、その穏やかな表情の光に暖められていることは、本当に心地よく嬉しかった。

(NW, 788)

翌朝、一行は、マツやモミの森林地帯を抜け、マリポサの森に入った。そこで彼らは、一般の観光客がやるように、巨樹を見上げたり、テープで幹周りの長さを測ったりした。クラークの求めに応じて、エマソンは、まだ名づけられていない一本の巨樹に、サモセット Samoset という名前を与えた。それは、ニューイングランドのインディアンの酋長の名前に由来するものだった。

時間はあっという間に過ぎて行った。出発間際に、ミューアはエマソンに言った。「貴方は、御自身がセコイアにほかなりません。どうかここに留まって、貴方の偉大な兄弟たちと親交を温めてください」。

しかし彼の人生の最盛期は既に過ぎていた。今彼は子どもの如く、悲しき文明人たちの手の中にあった。彼らは、彼を愛してはいるが、これ見よがしの知的独立という、全く古めかしい因習に凝り固まった人間たちだった。それは、午後の出来事だった。そして彼の人生の午後でもあった。その時彼の行く道は、西に向かって山を下り、夕日の中へと向かって行く道だった。

(NW, 788)

こうしてエマソンたち一行は、ヨセミテを去って行った。エマソンと共にセコイアの森で語らいの時間を過ごせなかったことが、よほど心残りだったのだろう、この後もミューアは、コンコードに戻ったエマソンに、ヨセミテへの再訪を促す手紙を何度も送っている。しかしミューアとエマソンが生前に見《まみ》える機会はこの後なく、二人の精神的な再会が果たされたのは、それから二十年ほど後に、エマソンの眠るコンコードの墓地を、ミューアが訪れた時だった。ミューアは晩年に、エマソンの面影を綴った一文を残している。

エマソンは、私がこれまで出会った人の中で、最も穏やかで雄大なセコイアのような魂の持ち主だった。彼の微笑みは、山々にそそぐ朝日のように甘く穏やかだった。その微笑、澄みきった目、その声、そのしぐさ、彼の存在には言いようのない魅力があった。誰もがたちどころに魅了された。

この人こそ、私が探し求めてきた人だ。シエラもきっと彼と会いたかったに違いない。彼らが互いに見《まみ》える前に、彼は去ってはならなかった。彼のその途方もない透き通った心。彼は木々の如く誠実で、彼の目は太陽の如く偽りがない。

(Muir 1938, 436)

●——エマソンの思想的影響

ターナーは、ミューアの自然思想には汎神論的な傾向があり (Turner 1985, 191-192)、そこにはヨーロッパのロマン主義文学や、エマソンからの影響が見られるとしている (Turner 1985, 197)。しかし私は、こうした見方には大きな誤りがあると考えている。

ターナーによれば、ミューアがカー夫人に宛てた手紙の中の、次のような一文には、明らかな汎神論的傾向が認められるという。

今回の地震で私は言いようがないほど満たされました。私はずっと以前から、岩や山が生きていることと、その穏やかな優しさに気づいていました。そして、無感覚な表面としてその上を歩くのではなく、透明な空気のようなものと考えるようになりました。今や彼らは、はっきりと聞こえる声で語りかけ、普通の身振りで私に意思を伝えようとしてきます。

(Muir 1915b, 107)(16)

ターナーはまた、ミューアの汎神論的傾向を表すものとして、次のような一節も引用している。

> 岩や山というものは、普通我われが想像するほどに、我われと違わない生き物の一種である。いずれにせよ、彼らの物質的な美しさは、神の肉体化ならぬ石体化 instonation ともいうべき、霊性的な美を包んでいるベールにすぎないのである。
>
> (Engberg [*et al.*] 1980, 113)

確かにこれらの一節だけを取り出して見れば、汎神論的な思想が表現されているように見えるかもしれない。しかし、バックカントリーの雄大な自然を愛し、その崇高なまでの美しさに魅了された者にとって、草木はおろか、岩や山にまでも生命を観じ、それらが自分に語りかけて来ると感じることは、むしろ当然の感覚なのではないだろうか。言い換えれば、もしミューアが本当に汎神論者であるならば、日常的な鍋やフォーク、都会のビルや、どぶ川にも、彼は神の栄光と物象化を観るはずである。しかし私の見る限り、残された彼の言葉の中に、そうした「汎神論」的傾向を表している文言は存在しない。

さらに、そもそも汎神論の本質は、あらゆる物象の中に「神的霊性を観じること」であり、このような立場にとって、その神的霊性が宿る「物象の色や形」は、本来何らの意味も持たないはずである。しかし、はたしてミューアにとって、ヨセミテ渓谷の岩や山々の「色や形」は、何の意味も持たないものだろうか。ハイシエラの雄大な山々や、ヨセミテ渓谷の景観が美しいからこそ、ミユーアはそこに崇高なものを観じているということは、あまりにも明白であり、誰がこれを否定できると言うのだろうか。岩や山々の無機物に、生命の躍動を観じたり、霊性を感じたりしたことを表す、二、三の文言があるからといって、ミューアに汎神論的傾向があるとするのは、そもそも汎神論というものを、理解していないからに他ならないのである。

加えて、ミューアに対するエマソンからの思想的影響についても、私は否定的である。

ミューアがエマソンの著作を読んでいたことは、確かである。ウィスコンシンの学生時代、カー夫人とバトラー教授の影響から、ミューアはエマソンの随筆「アメリカの学者」"The American Scholar" と『自然』*Nature* を読んでいたとされる (Wolfe 1945, 79)。ミューア自身の言葉の中にも、エマソンがヨセミテに来る以前に、「エマソンのエッセイに触れる機会があり、あらゆる人々の中で、高貴な山々と木々の言葉を最も適切に解釈できる人は彼をおいて他にない」(NW, 786) という一節が見られる。エマソンがヨセミテを去ってからすぐ後の、一八七一年七月六日付けエマソン宛ての手紙には、「丁度今、私はあなたの『社会と孤独』*Society and Solitude* を読み終えたところです」という記述が見られる (Muir 1871b)。さらに、コンコードに戻ったエマソンが、ミューアに宛てた手紙には、エマソンが彼に二冊の著書を贈ったことが記されている (Emerson 1872)。この時エマソンが贈ったのは、一八七〇年にボストンで出版されたエマソンの選集 *Prose Works* だとされている (Turner 1985, 381)。ターナーによると、この内の一冊は残念ながら失われているが、残った一冊には、びっしりと書き込みやアンダーラインが見られるという (Turner 1985, 216-218)[17]。

一八七〇年に出版された二冊の選集と、『社会と孤独』を読んでいたとすると、ミューアはこの時点で、ほとんど全てのエマソンの思想的作品に触れていたことになる。しかし、このことが直ちに、ミューアがエマソンから思想的な影響を受けたことを意味するわけではない。

私がミューアに対するエマソンの思想的影響を否定する最大の理由は、私の見る限り、ミューアの著作に、エマソン的な超越主義の傾向が見られないからである。

エマソン的超越主義の本質は、外的自然と自己の根底に、同じ一つの神的原理の働きを認識しようとするところにある。そして、この神的原理は「大霊」Over-soul（CEE, L. 9568）と呼ばれたり、絶対的な「精神」Spirit（CEE, L. 559）と呼ばれたりする。エマソンにとって重要なのは、自然の景観がもつ美しさや、雄大さを認識することではない。自然のこうした属性は、自然の「輪郭」outline や「表面」surface（CEE, L. 783）と呼ばれ、「大霊」の認識に至るためには、こうしたものから受ける、感覚的印象に惑わされてはならないとされるのである（CEE, L. 783）。これに対して、ミューアの自然思想の根幹は、自然の景観が示す壮麗な野生美そのものに、他に還元し得ない独立した価値を認めようとするところにある。

こうしたミューアの自然思想の特徴をよく示すものとして、ここでは、エマソンから送られた手紙と選集への、ミューアの返信に注目してみたい (Muir 1872a)。

昨年の〔ヨセミテ神殿での〕洗礼などで、満足してはいけません。あのようなものは、〔聖水の〕

ほんの一滴にしか過ぎません。貴方と、ここ〔ヨセミテ渓谷〕との〔本来あるべき〕つながりは、まだ半分も実現されていません。私は、貴方をコンコードにつなぎ留めている法則を、理解することができません。貴方はシエラの山々を形造る、選ばれた原子とも言うべき方です。貴方が、貴方自身の磁石に引き寄せられて来ないというのは、不思議なことです。

恐らくミューア自身は、彼がここに書いていることの含意を、深くは認識していないと思われるが、このように言うことは、即ち「本来の自然」は、コンコードなどにいては捉えられず、それはヨセミテに来て、シエラの山々と一体にならなければ分からないと言っているのと、同じことである。「自然」と題する著書やエッセイを書き、人生の意味や自然の神秘を謳い上げる詩人として、その名を知らぬ者がないほど高名なエマソンに対し、ミューアは無意識にせよ、「貴方はまだ本当の自然を知らない」という意味にあたることを、ここに記しているのである。

ここで貴方が時間を無駄にするなどということは、決してありません。そもそも時間などというものは、文明社会の罪業にしか過ぎません。ここで貴方の魂が〔清らかな〕水を汲み、その水に浴することを考えてみてください。その後のあなたの命の輝きを考えてみてください。貴方は文明の霧を見通して、愛と命の泉に目を向けて来られました。ここにこそ、その泉が純粋無垢な姿であるのです。ここにこそ、永遠なるものに接する岸辺が広がっているのです。

長く苦しい山道の後で、なだらかな精神の岸辺にほっと安らぐことは、なんと浄福なることでしょう。私は、山々が平原よりも単に荘厳だからという理由で、貴方をここにお招きしているのではありません。山々は荘厳というよりも、むしろ単純で、消えてなくなりそうなものだからなのです。ここでこそ、我われは容易に「神」と会うことができるのです。

我われはここで、「神」や「永遠なるもの」といった表現に囚われてはならない。何故ならこれらの表現は、「ここ」すなわちヨセミテの景観が持つ、神秘的な美しさを描き出すための修辞であって、ミューアの本来の意図は、これらの表現により、壮麗なシエラの山々や、幽玄なヨセミテ渓谷の自然美を伝えることにあるからである。このことは、上記の引用箇所に続く、次のような一節からも明らかである。

貴方は、山の雲がどのように振る舞うかをご存知ですか。湖や沢の天使たちが、どのように振る舞うかをご存知ですか。彼らのように、岩壁や、張り出した崖の辺りを逍遥しましょう。山から山、ドームからドームへと渡る氷河の曲線に沿って静かに進み、森の縁で立ち止まり、ほとばしる泉の光に全てを曝け出している痩せ尾根の上で平衡を取るような、そんな〔山の〕旅をしましょう。もし貴方が六月にいらっしゃるならば、我われは、天空にある雲のシエラが、その裾野で花崗岩〔の山肌〕と固く連なる、山岳地帯の壮大な変転の様を目撃するでしょう。〔その時には〕我われ自身が積乱雲であり、太陽が興奮した水蒸気、つまり個体でありながら液体である状態の温度に地球の熱で凝縮された水蒸気なのです。空の雲は氷河となり、我われのように山々の連なりを巡って歩くのです。

雄大なハイシエラの山々に抱かれていると、自己の存在が風景の中に溶け込んでしまい、自分と風景との区別がなくなってしまう。そこでは、雲が我であり、我が雲であるような、主客の没した世界が、そして壮大で躍動感に満ちた変化が繰り広げられる自然の風景が、ただ立ち現れているという感覚のみが、現成することになるというのである。

このようなミューアの記述は、エマソンの「透明な眼球」の体験を連想させるかもしれない(CEE, I. 377)。しかし、両者の間には決定的な違いがある。エマソンにとって「透明な眼球」となることは、自己と外的自然の根源が、同じ一つの「大霊」であるという認識に至るための手段であるのに対し、ミューアにとって、大自然との一体感を得ることは、それ自体が目的なのである。エマソンの立場から言えば、我われは、湧き立つ雲の圧倒的な風景に目を奪われてはならず、そうした自然が繰り広げる多様な風景の背後に横たわる、統一的な原理をこそ認識しなければならない。しかしミューアにとっては、自然のもつ多様性こそが重要であり、しかもそれは、バックカントリーの原生自然においてこそ、最も美しく純粋な姿で示されるものなのである。エマソンがミューアの手紙を、どれほど真剣に受け止めていたかは分からないが、もしエマソンが、バックカントリーの景観がもつ魅力を連綿と書き綴るミューアの手紙を、事細かに読んだなら、「彼は私の思想を理解していない」と思ったかもしれない。両者の自然への向き合い方には、それほど大きな差異があるのだ。

そしておそらくミューアは、実際に、エマソンの超越主義を、正しくは理解していなかっただろうと私は考えている。晩年に至るまで、ミューアがエマソンの思想を理解しなかったか否かは分からない。しかし、少なくともエマソンとの出会いがあった当時の段階で、ミューアがエマソンの超越主義を正確に理解していたとは考え難い。そもそもエマソンの超越主義は、ドイツ観念論に影響された思弁的思想であり、哲学的な文献解釈の訓練を受けたことがほとんどないミューアに、そうした観念論を正確に理解できただろうか。しかもエマソンの超越主義は、哲学的著述としてその内容が直接語られるわけではなく、文学的な言辞が多分に用いられた文芸作品として表現されるため、その基本的な主張の把握が、一層困難なものとなっている。元来、科学的な視点から自然を捉えることに興味を持ち、原生自然の荒々しくも繊細で荘厳な姿に感動を覚えて、バックカントリーでの孤独な生活を送っていた青年に、どうして、エマソンの〝高尚な〟哲学的文芸作品を読み解くことができると言えるのだろうか。

歴史に名を刻む偉人というと、我われはつい全ての分野に秀でた人物と思いがちである。しかし、例えばエマソンが如何に文学に秀でた人物であろうと、特別な修練をへずに、当時の熱統計力学や電磁気学の物理学理論を理解できるだろうか。それは無理というものだろう。同様に、大学時代のミューアが如何に熱心な学生だったとは言え、彼が興味を持って勉強したのは、化学や植物学の自然科学である。しかも彼が大学に在籍したのは二年半に過ぎず、十一歳から二十二歳までは、ほとんど正規の教育を受けていないのである。大学退学後も、各地の植物研究と、ヨセミテ渓谷の地質調査に取り組んでいたミューアに、どうしてエマソンの哲学的思弁が理解できるというのだろうか。それは非常に考え難いことである。しかしだからこそ、ミューアの自然観が、エマソンの超越主義から思想的な影響を受けることもないと言えるのである。何故なら、理解していないものから正しく思想的影響を受けることは、不可能だからである。

ミューアが実際にエマソンの超越主義を、どの程度理解していたのか、定かではない。しかしいずれにせよ、純粋に思想的な観点から見て、両者の間に共通性がないことは、上述の通りである。ただしミューアが、エマソンの人柄にひかれ、人間的・人格的に、深くエマソンに心酔していたことは事実である。またミューアが、「あらゆる人々の中で、高貴な山々と木々の言葉を最も適切に解釈できる人は彼をおいて他にない」と感じていたことも、確かである(NW, 786)[18]。ミューアがエマソンから思想的な影響を受けていたとする誤解の多くは、恐らくこうしたエマソンに対するミューアの人物的評価に由来しているのではないかと思われる。しかし、ある人物の人間性に大きな魅力を感じたり、その人物の文学的表現力を高く評価したりすることと、その人物から思想的な影響を受けることとは同じではない。そして何よりも、ミューアの著作や残された日記などの資料を見るならば、それが自然に関する科学的な記述であろうと、詩的な描写であろうと、常に溢れんばかりの「自然愛」に満たされていることは一目瞭然である。これに対し、エマソンにとっての「自然」は、言わば神的存在の認識に至るための手段に過ぎない。このような両者の間に、どうして思想的な影響関係があると言えるのだろうか。

●――ヨセミテ氷河形成説

ミューアがヨセミテにやって来た当時、ヨセミテ渓谷は、過去の大地震のような「激変」によって形成されたものだと考えられていた。この「激変説」は、ハーヴァードの地質学教授であったジョサイア・ホイットニー Josiah Dwight Whitney（一八一九―一八九六）[19]を中心とする調査団が、一八六〇年から一八七四年まで、カリフォルニアの地形、地質、自然史に関する調査・研究を行い、その結果ホイットニーによって唱えられたものである。この調査結果は、『カリフォルニアの地質学的調査』*Geological Survey of California* として順次公開されたが、その第一巻『カリフォルニアの地質』において、ホイットニーは、ヨセミテ渓谷の形成について触れ、次のように記している。

……恐らくこの壮大な［ヨセミテの］裂け目は、シエラの峰々を隆起させ、現在の形状に近い形に、山々の表面を形成したのと同じ類の力によって、今のように手荒く切り開かれたものと思われる。数々のドームや、ブロデリック山のような岩塊は、それ自体が隆起したことによって形づくられたものと思量される。なぜなら、通常見られる削剝《さくはく》の痕跡を示すようなものは、何も見出し得ないからである。ハーフドームについては、明らかに、〔同様の岩塊の〕半分が〔地下に〕沈み込んでしまって、真ん中で真っ二つに割られたように見える。より真実に近い形で言うなら、「物質が崩壊し、世界が破滅する」[20]ような出来事が、そこで起こったように見える。

（Whitney 1865, 421）

さらにホイットニーは、一八六九年に『ヨセミテ・ガイドブック』*The Yosemite Guide-Book* を出版し、この中でも次のように述べている。

シエラが隆起する過程か、もしくはその後に、ヨセミテでは、「断層」又はほぼ直角に交わる亀裂として記された地域において、いわゆる陥没があったと思量される。より単純な言い方をすれば、シエラの山脈を形成する大規模な隆起に伴って起こったに違いない一連の激変を通じ、渓谷の底が、支えを下から取り払われたために、計り知れない深さで沈み込んでしまったのである。

（Whitney 1869, 74）

ホイットニー説の特徴は、シエラネバダの山脈を形成したのと同じメカニズムで、同時期にヨセミテ渓谷の地形も形成されたと考えている点にある。この時代の地質や地形に関する研究は、ライエル Charles Lyell（一七九七―一八七五）の斉一説 uniformitarianism や[21]、アガシー Jean Louis Rodolphe Agassiz（一八〇七―一八七三）の氷河研究を経て[22]、やっと近代科学の仲間入りを果たしたばかりだった。しかしホイットニーは、こうした新しい潮流ではなく、それ以前の神話的な解釈に基づいた「激変説」catastrophism の立場に立っていたのである。それ故、シエラの隆起やヨセミテの陥没に関する彼の見解も、地球物理学的な地殻変動とは全く関係なく、神意によるものとする立場に基づいていたのである(Turner 1985, 196-7)。

これに対してミューアは、ごく初期の段階から、ヨセミテやシエラ山中のさまざまな場所に、過去の氷河の痕跡を見つけ、ヨセミテ渓谷の特異な地形は、過去に存在した氷河の浸食によって、形成されたものに違いないと考えたのだった。

ミューアは、すでに一八六九年の夏に、羊飼いのキャラバンとしてハイシエラを歩いた際、氷河による浸食の痕跡を発見したとしている（Muir 1911, L. 972)。このことは、『はじめてのシエラの夏』に、七月十一日の出来事として記述されている。しかしこの著書は、当時のメモをもとに、後年まとめられたものであるため、必ずしも当時の記録通りには記述されておらず、また当時のメモも完全には公開されていないために、果たしてこの日付け通りにミューアが、シエラにおける氷河の痕跡に気づいたか否かは定かではない。

しかし、一八七一年七月六日付けエマソン宛ての手紙でも、ミューアは、「二年前、ヨセミテ・

クリークの、滝の落ち口から一、二マイル遡ったところを歩いていた時、氷河の痕跡を見つけました」と記しており(Muir 1871b)、この点などからも、実際に彼が一八六九年の夏、ヨセミテ周辺の山中で、氷河の痕跡を発見していた信憑性は高いと言えよう。さらに、一八七〇年四月十三日付けカー夫人宛ての手紙でも、彼はホイットニー説を強く否定しており、こうした点から見ても、一八六九年中にミューアがヨセミテの「氷河形成説」に至ったことは、ほぼ間違いないと思われる(Muir 1870a)。なぜなら、この手紙は四月に書かれたものだが、この時期ヨセミテ渓谷はまだ雪に閉ざされているために、彼が氷河の痕跡を目にすることはできず、彼がヨセミテ周辺の山中において氷河の痕跡を発見したとすれば、それは、これより前の雪がなかった季節、すなわち一八六九年の秋以前ということになるからである。

ミューアは当初、自らの「氷河説」を、カー夫人への手紙や、ヨセミテにやって来た人々をガイドする際に、話していた程度だったが、カリフォルニア大学のジョゼフ・ル・コンテ Joseph LeConte(一八二三―一九〇一)がヨセミテにやって来た頃から、状況が少しずつ変化して行くことになる(23)。

ル・コンテはアセンズ(ジョージア州)とニューヨークで医学を学んだ後、ハーヴァードに移り、アガシーの下で博物学を学んだ人物で、各地の大学で博物学や地質学の教鞭をとった後、一八六九年からカリフォルニア大学で、地質学、博物学、植物学担当の教授職に就いていた。したがって彼は、カーの同僚であり、カー夫人とも面識があった(Gisel 2001, 112)。

ル・コンテは、一八七〇年七月二十一日から八月二十六日まで、同僚のフランク・ソールFrank Soule Jr. と、八人の学生と共に、ヨセミテ渓谷とハイシエラを巡る山行に出かけ、この時の詳細な記録を残している(LeConte 1875)(24)。

一行は七月二十一日にオークランドを出発し、マリポサを経由して、七月三十日の夕方、センティネルドームの肩から、初めてヨセミテ渓谷を目にする。その後八月一日にヨセミテに入り、八月五日、ル・コンテが道を尋ねるために製材小屋に立ち寄ると、「着古した製材の作業着を着た、しかし見るからに聡明で、真面目そうな顔つきの男がいて、その澄んだ青い目が」、ル・コンテの興味を引いた。そこで話してみると、その男がかねてよりカー夫人から話に聞いていたミューアであることが分かった。ミューアは、ル・コンテに同行を勧められ、八月八日からル・コンテらと共に、トゥオルミ高原やモノ湖周辺で、ハイシエラの氷河の痕跡や、火山の噴火跡などを観察した後、八月十四日、一人でさらに別の円錐型火山を調べるために、一行から離れた。ル・コンテたちはこの後、ソノラ峠を経由してタホ湖に至り、ここでしばらく休息を取った後、八月二十六日にオークランドに帰着した。

ミューアに関する伝記的研究には、この旅の途中、ミューアの説得によって、ル・コンテが、ヨセミテの氷河形成説を受け入れるようになったかのような論調で述べているものが多いが(Badè 1924, Vol. 1, 285-7; Wolfe 1945, 135)、実際にこの時の記録を読んでみると、これとは少し違った印象を受ける。ル・コンテは元来、ヨーロッパの氷河研究に関する権威とも言うべき、アガシー門下の一人だっただけあって、ミューアから過去に存在した氷河の痕跡を指摘されると、すぐに彼は、ヨセミテ渓谷の形成にとって、過去の氷河による浸食が、非常に大きな役割を果たしていることに気づいたものと思われる。八月二日の記述に、ヨセミテ渓谷の花崗岩に関する記述があり、八月五日にミューアと出会った後、八月八日の記述に、初めて氷河に関する記載が見られる。したがって、ル・コンテがヨセミテで、氷河の痕跡に初めて気づいたのは、定説通り、ミューアの指摘によるものだろう。しかし、この部分の記述を見ると、ル・コンテは、特にミューアに「説得」されたわけではなく、幾つもの氷河の痕跡を見て、すぐに彼がヨセミテ渓谷における氷河の浸食作用に気づいていることが分かる。さらに、八月十日の夕食後にはメンバーに請われて、キャンプファイアーを囲み、ル・コンテは、氷河に関する「レクチャー」を行っている。記録には、このレクチャーの概要が記載されているが、この内容を見ると、かえって地質学の専門的な研究者ではないミューアの方が、ル・コンテとの会話やレクチャーを通し、当時最先端とも言うべき氷河研究の一端に触れて、大いに学ぶところがあったのではないかと思われる(25)。

次にミューアの氷河研究が大きな転機を迎えたのは、翌年の九月初旬に、マサチューセッツ工科大学(MIT)のランクル John Daniel Runkle が、ヨセミテにやって来た時だった(Badè 1923, Vol. 1, 295)。ランクルはハーヴァード出身の数学者で、この時はMITの学長職に就いていた。ランクルはヨセミテを訪れると、ミューアの案内で、五日間ほどヨセミテの峡谷や万年雪の残る峰々を歩き、その時にミューアのヨセミテ氷河形成説を聞いたのだった。そして、その正しさを確信した彼は、ミューアに、研究成果を論文にまとめ、ボストン科学アカデミー Boston Academy of Science で発表するよう勧めたのである(Gisel 2001, 148)。
ミューアは、初めての学術論文の執筆に戸惑いを覚えながらも、カー夫人のアドバイスを受けながら原稿に取り組み、早くも九月末頃には、やはりガイドの仕事を通して知り合いになった、下院議員のメリアム Clinton Levi Merriam に、論文の骨子を送っている(Badè 1923, Vol. 1, 302-8)。そして完成した原稿は、「ヨセミテの氷河」"Yosemite Glaciers" として、一八七一年十二月五日の『ニューヨーク・デイリー・トリビューン』紙 New York *Daily Tribune* に掲載されたのだった。[26] ヨセミテ渓谷に代表されるシエラネバダの地形と景観は、氷河による浸食作用とモレーン[27]によって形成されたものであるという、ミューアの「ヨセミテ氷河形成説」が、こうして初めて世に示されることになったのである。しかし、なぜミューアの研究が、ランクルの推薦したボストン科学アカデミーにではなく、『デイリー・トリビューン』紙に発表されることになったのかは、不明である。[28]
メリアムに原稿を送った後、ミューアはさらに大きな発見をする。「生きた氷河」living glacier を発見したのである。十月に入って、マーセド山群で氷河の痕跡を調べていた時、彼はレッドマウンテン Red Mountain に張り付いた雪の塊 snow-bank が、「生きた氷河」であることに気づいた。シエラに生きた氷河が存在することを知ったミューアは、翌年、これまで単なる万年雪だと考えられていた、ライエル山 Mt. Lyell やマクルーア山 Mt. McClure の雪渓に杭を立て、氷の移動量を計測した。こうしてシエラ山脈にも、生きた氷河が存在することを確認すると、彼はその結果を、一八七二年十二月、『オーバーランド・マンスリー』誌 *Overland Monthly* に、「カリフォルニアの生きた氷河」"Living Glaciers of California" として発表した。

またその間にも、ミューアがＭＩＴのランクルに送っていた氷河研究のレポートが——ミューアの許可なしにではあったが——、ＭＩＴのニーランド Samuel Kneeland によって、ボストン自然史学会 Boston Society of Natural History で発表され、今やミューアの氷河研究は、ボストンの科学界でも注目されるものとなっていた(29)。

このようなミューアの研究成果に、最も強い衝撃を受けたのは、言うまでもなくハーヴァードのホイットニーだろう。シエラの氷河と、その影響に関するミューアの調査結果は詳細を極め、氷河研究の権威アガシーをして、「これまでの誰よりも、氷河の活動を適切に捉えた最初の男だ」と言わしめたほど、学問的水準の高いものだった (Badè 1923, Vol. 2, 293)。今や、ヨセミテ渓谷は過去の大地震のような「激変」によって形成されたものだとする、ホイットニーの「学説」は、完全に否定されざるを得ない状況となったのである。

ところで、ミューアの伝記的研究には、ホイットニーは、ミューアを「たかが羊飼い」とか「無知」などと呼び、決してミューアの研究成果を認めようとしなかったとするものが多いが(30)、実際にホイットニーがこのような表現を使った事実を、私は確認することが出来なかった。ただしホイットニーの研究チームが、かつてシエラネバダの調査を行った時に助手を務めた、クラレンス・キング Clarence R. King（一八四二―一九〇一）が、後の著作で、ミューアに対して「野心的なアマチュア」ambitious amateur という表現を使い、ミューアの研究を「突飛な考え」vagaries だと見なしていることは確認できる（King 1878, 478）。また没後に編纂されたホイットニーの伝記資料には、『ヨセミテ・ガイドブック』まで出版している彼にとって、極めて重要な意味を持つに違いない、ミューアの「ヨセミテ氷河説」については、関連した記述が一切なく、編集者が、意図的にこの話題に触れることを避けているのが分かる（Brewster 1909）。

いずれによせ、ミューアが実証したように、シエラネバダに生きた氷河が存在することも、ヨセミテ渓谷がかつて氷河で覆われていたことも、その後徐々に、科学的な事実として認知されて行くことになる。しかし、ヨセミテ渓谷の特異な地形が、氷河の浸食作用のみによるものであるか否かは、当時の科学的限界もあって、両者の生存中には解決しなかった。この問題に一応の決着が見られたのは、フランソワ・マッテス François Emile Matthes（一八七四―一九四九）によって後に行われた十七年間に渡る精密な調査・研究の結果においてであった。マッテスの研究では、ミューアが指摘した通り、ヨセミテ渓谷がかつて氷河で覆われていたことは事実だが、氷河の浸食作用に対するミューアの評価は過大であり、ヨセミテ渓谷の形成には、氷河期以前の水（マーセド川）による浸食が大きく寄与し、そこに形成された深いV字谷が氷河期に氷で覆われて、その後の浸食作用とモレーンの形成を経て、現在の地形になったと結論づけられた（Mattes 1930）。こうしてホイットニーの「激変説」は完全に退けられ、ミューアの主張については、おおよそそれが認められるという結果で、ヨセミテ渓谷の形成に関する論争は、決着したのだった。

なお、現代の地質学的知見では、北米大陸の形成後、太平洋プレートが北米プレートの下に沈み込むことによって、北米プレートの海岸沿いに、火山活動と地殻の隆起が起こり、およそ五〇〇〇万年前に現在のシエラネバダに近い地形が形成された後、数度の氷河期を経て、水や氷河による渓谷の浸食と、モレーンの形成を繰り返した結果、現在のヨセミテ渓谷が形成されたと考えられている(Glazner [*et al.*] 2010, 1-39)[31]。

●――ヨセミテ国立公園への道

ミューアの「ヨセミテ氷河形成説」は、上述のようにボストンの科学界を巻き込む一大事件となった。しかし、アメリカ自然思想の展開にとって、それ以上に重要なことは、ミューアが、氷河研究の発表を契機として、ヨセミテを中心とする、バックカントリーの自然を描いたエッセイを、世に発表していく機会を得たことである。ミューアは、『トリビューン』紙に、シエラの氷河や、ヨセミテの自然に関する記事を寄稿した後、様々な雑誌に、シエラネバダの荒々しくも、神々しいほどに純粋な自然美を描いた、ネイチャーライティングの小品を発表していくことになる。こうして発表された作品は、後のエッセイ集『カリフォルニアの山々』として結実する。そしてこの著書は、アメリカのバックカントリーを愛する者達にとっての、『聖書《バイブル》』ともいうべき書物になっていくのである。

しばしば本書で触れて来たように、アメリカの自然思想は、人里に隣接したフロントカントリーの、牧歌的な自然美と、たやすく人間を寄せ付けないバックカントリーの、野生的な自然美の両面から、自然の意味や価値を捉えていくところに、本質的な特徴がある。バックカントリーを描いた作品には、バートラムやオーデュボンに代表されるような、幾つかの前哨的作品があるが、そこに流れていた幾つかの清流は、ミューアを経て、一つの主流へと合流し、後のアビー Edward Paul Abbey（一九二七—一九八九）[32] やスナイダー Gary Snyder（一九三〇—）[33] らへとつながる、ネイチャーライティングの大河を形成して行くことになるのである。

また、バックカントリーの野生美を描いたミューアの作品は、こうした文学的意味を持つばかりでなく、アメリカに残された原生自然の意義と価値を人々に伝え、その保護へと向けた意識を喚起する役割を担っていくことにもなる。

ハイシエラにおける生きた氷河の発見と、ヨセミテの氷河形成説によって、一躍ヨセミテを代表する人物となったミューアは、その後も精力的にシエラネバダの地質や動植物の調査を行い、その集大成として一八七四年から七五年にかけて、『オーバーランド・マンスリー』誌に七編の『シエラ研究』*Studies in the Sierra* を発表する。原生自然を愛し求めるミューアの探求心は、その後さらにアラスカにまで向けられ、一八七九年から一八八一年にかけては、三度のアラスカ探検に出かけている。しかしこの間に、ミューアは、カー夫人を介して知り合った、ルイ・ストレンツェル Louie Strentzel と一八八〇年の四月に結婚する。そして彼は、三度目のアラスカ探検から戻ると、以後約七年間、義父から買い受けた二、六〇〇エーカー（一一平方キロメートル）に及ぶ、広大な果樹園の経営に専念するため（Stewart 1995, 125）、バックカントリーの生活から遠ざかってしまったのだった。

転機が訪れたのは一八八七年の春、デューイング社 J. Dewing から、『麗しきカリフォルニアと西部ロッキー山脈』*Picturesque California and the Region West of the Rocky Mountains, from Alaska to Mexico* という地誌シリーズの編集と、執筆の依頼を受けてからのことだった（Badè 1923, Vol. 2, 218）。この仕事を通して、バックカントリーへの忘れがたき思いが、再び呼び覚まされたのか、一八八八年の初夏に入ると、ミューアは友人と、オレゴン州やワシントン州の山々に出かけるようになり、八月にはレーニア山 Mt. Rainier（四、三九二メートル）の登頂を果たす（Wolfe 1945, 239-243）。

一方、三度目のアラスカ探検から戻って以来、人里の暮らしで健康を損なうことが多かったミューアの姿を身近に見（Wolfe 1945, 222）、大自然の中にこそ本来の彼の人生があると覚った妻のルイは、レーニア登山に向かったミューアに、次のような手紙を書いた。

あなたの貴重な人生 noble life に、犠牲を強いるような農園は、たとえどのような障害があっても、それを乗り越え、捨て去られるべきです。……愛するジョン、あなたは、アラスカの本とヨセミテの本を書くべきです。あなたは、あなたの本来の仕事をするために、健康で力強いあなた自身であるべきです。子供たちのことさえ考えていてくだされば、あとはあなた自身の人生のこと以外、他には何も考える必要などありません。 (Badè 1923, Vol. 2, 220)

こうしてミューアは、果樹園の仕事から解放され、徐々にではあるが、再びバックカントリーを巡る、旅と執筆の生活へと戻って行くことになった。

一八八九年六月、ミューアは『センチュリー』誌 *The Century* のロバート・アンダーウッド・ジョンソン Robert Underwood Johnson（一八五三―一九三七）と共に、古巣とも言えるヨセミテを訪れた。トゥオルミ高原のソーダ・スプリングス Soda Springs でキャンプファイアーを前にしていると、ジョンソンが言った。

「あなたが、色々な雑誌のエッセイで書いていた、馬の腹まで届くほどの、美しく咲き誇る花々の高原の姿と、ここは全く違っているようだが」。

するとミューアが応えた。

「そうなんだ。今じゃ、そういう姿は全く見られない。あの頃の花々は、蹄のあるバッタどもに、みんな食い尽くされてしまったんだ」(Johnson 1923, 287)。

「蹄のあるバッタ」hoofed locusts とは、羊のことに他ならない。ほとんど何の規制もされていない羊の放牧によって、ハイシエラの高原は、どこも地肌をむき出しにした、無残な姿になっていたのである。

一八六四年に、ヨセミテ渓谷とマリポサの巨樹群は、連邦政府からカリフォルニア州に移管された「寄贈地」になっていたが、それはヨセミテ渓谷の中心部と、マリポサのジャイアント・セコイアが立ち並ぶ、ごく限られた地域のことに過ぎなかった。そして、それ以外の高原や山岳地帯は、ところどころに私有地が点在する、全く管理されていない共有地だった。そのため、森林伐採や、家畜の放牧が自由に行われ、ハイシエラの森林や高原は、かつてミューアが初めて目にしたころの姿とは、似ても似つかない状態になっていたのである(Muir 1890a, 487)。

それればかりか、ヨセミテ管理委員会 Board of Yosemite Commissioners によって管理されているはずの、ヨセミテ渓谷自体が、その多くの場所で森が切り開かれて、ホテルが建設されたり、開墾され、農地化されたりしていたのである(Hampton 1971, Chap. 8)。

このような事態を招いた直接の原因は、管理委員会自体にあった。州知事によって任命される委員の中には、ヨセミテの地理や歴史に、全く通じていない人間もいて、こうした人間が、自分とつながりのある個人や企業に対し、土地の利用や、独占的な事業の許可を与え、その見返りに金品を得るなどしていたのである。中には、ヨセミテでの交通手段を独占的に提供していた、ヨセミテ・ステージ Yosemite Stage やターンパイク社 Turnpike Company の関係者が、州費で建設されたホテルの借用権を得られるように、便宜を図る者までいて、その腐敗ぶりは、新聞や州議会でも、しばしば問題にされるほどだった(Greene 1987, Vol. 1, 289-91)。

しかし、管理委員会が、このように腐敗した組織と化してしまったことの背景には、環境の保護や保全に関する、思想の時代的制約があったことも否めない。そもそもヨセミテの「寄贈地」には、「公共の利用、保養とリクリエーションのための場所」という目的しか与えられておらず、その自然を保護するという意識は極めて薄かった。[34] もちろん、金品を得て、一部の個人や企業に、土地の利用や独占的な事業の便宜を図るなどということは、時代の新旧を問わず、倫理的に許されるものではないということは、言うまでもないが、自然環境の利用や開発自体が、倫理的考察の課題になるなどということは、この時代には、まだごく一部の人々にしか意識されていなかった、ということも事実である。管理委員会が、ヨセミテの自然保護のために、ほとんど機能しなかったことの背景には、こうした時代の制約もあったと言ってもよいだろう。

しかし、自然をめぐる人々の考えは、今や新しい時代を迎えようとしていた。一八七二年には、イエローストーンに、世界で初めての国立公園が誕生し、またアメリカの各地でも、自然を保護しようとする運動が動き始めていた。[35]

ソーダ・スプリングスのキャンプ地で、赤々と燃えるキャンプファイアーの炎に照らされながら、ジョンソンは唐突に、ミューアに言った。

「イエローストーンのように、ヨセミテ国立公園を創ろうじゃありませんか」。

実は、ミューアは以前に、シエラネバダに点在するセコイアの森を、伐採の危機から守るため、新聞記事を書いて、保護の必要性を訴えたことがあった。しかしその時には、多くの人々の関心を集めることができなかった[36]。その経験もあってか、最初ミューアは、ジョンソンの提案にそれほど乗り気ではなかった。しかし、ジョンソンの友人には、雑誌の仕事を通じて親しくなったワシントンの政治家も多く、彼らの力を借りれば、この一帯を国立公園にすることも、決して夢ではないと説得されると、ミューアも、ヨセミテやシエラの自然を保護する必要性に賛同しないわけがなく、こうしてヨセミテ国立公園の創設に向けた、二人の運動が始められることになった(Johnson 1923, 287-288)。

ヨセミテから戻ると、ミューアは手始めに、地元の新聞にヨセミテの荒廃ぶりを伝える記事を書いた(Wolfe 1945, 246)。ニューヨークに戻ったジョンソンも、東部でロビー活動を開始した(Turner 1985, 286)。二人は頻繁に手紙のやり取りをしながら、ヨセミテを国立公園として、連邦政府の管理下に置くための方策を練った(Muir 1944)。

ここで大きな意味を持つことになったのが、サザン・パシフィック鉄道 Southern Pacific Railroad とのつながりだった。言うまでもなく主要な鉄道会社は、いつの時代でも、莫大な資金力と広範な人脈を背景に、大きな社会的影響力を持っている。ミューアは、バックカントリーの作家として世に知られるようになった一八七〇年代の中頃、サザン・パシフィックから、研究・調査資金の援助を受けており、また会社の経営幹部とも面識があった(Orsi 2005, L. 4955)。ジョンソンも、かねてからの知り合いだった、サザン・パシフィック・ファミリーのウィリアム・ミルズ William H. Mills に協力を求めた(Orsi 2005, L. 4984)。ミルズは長らくサザン・パシフィックの土地管理代理人 Land Agent を務めた人物で、当時はやはりサザン・パシフィック傘下の新聞社、『サクラメント・デイリー・レコードユニオン』紙 *Sacramento Daily Record-Union* の編集責任者であると共に、ヨセミテ渓谷管理委員会のメンバーでもあった(Orsi 2005, L. 4969)[37]。

ジョンソンはさらに、自らも『センチュリー』誌の一八九〇年一月号に、ヨセミテ渓谷の荒廃ぶりと、現在の管理委員会の問題点を指摘する記事を書き、イエローストーンのように、ヨセミテ渓谷を連邦政府の管理下に置いて、保護するべきだと訴えた(Johnson 1890)。

ミューアやジョンソンのこうした運動の結果、一八九〇年三月、カリフォルニア州選出の下院議員ウィリアム・ヴァンデヴァー William Vandever によって、ヨセミテ国立公園設立の法案(H. R. 8350)が議会に提出された。ただし現在では、この法案の詳細、及び法案を実際に起草した人物が誰であったのかは分かっていない。残された資料から見る限り、この時点では、ミューアもジョンソンも、ヴァンデヴァーと直接の面識はなかったようである。ただしヴァンデヴァーは、ある意味当然のこととして、サザン・パシフィックの関係者とつながりがあったことから、恐らくミルズを介して、サザン・パシフィックの関係者が、ヴァンデヴァーに法案の提出を持ち掛けたのではないかと考えられている(Orsi 2005, L. 4990)。

なお、この時の法案で示された公園の範囲は、それほど広いものではなかったようだ。そのため、この件に関する新聞記事を見たミューアは、五月八日付けでジョンソンに手紙を送り、公園の範囲は、北はトゥオルミ川流域から南はマリポサの巨樹群までの、ヨセミテ渓谷を中心とした、周囲の山脈や水系を全体として包み込むものでなければならないとする、彼の考えを伝えている(Muir 1890c)。そしてジョンソンは、こうしたミューアの考えに基づいて、六月二日に下院の公聴会で、参考意見を述べた(Runte 1990, 55)。こうした動きの中で、ヨセミテ国立公園の設立を呼びかけるミューアのエッセイが、ジョンソンの編集する『センチュリー』誌の八月号と九月号に掲載された。

この二つのエッセイは、どちらもヨセミテを中心とした、シエラの山々や渓谷の、雄大かつ繊細な美しさを描いた作品になっており、実際には、この地域の自然を保護するために、国立公園の創設が必要であるとするメッセージは、二つのエッセイの、ほんの一部分でしか述べられていない。しかしそれ故にこそ、これらのエッセイは、ヨセミテ周辺の自然の素晴らしさを、人々に深く印象づける魅力に溢れており、国立公園創設の構想を、初めから持ち出さない構成は、極めて効果的なものになっていると言える。

最初のエッセイ「ヨセミテの宝物」"The Treasures of the Yosemite"を、ミューアは、二十二年前に初めて彼が、パチェコ峠からシエラネバダの山々を目にした時の、鮮烈な印象から書き起こしている。シエラは「白い雪の山脈」Nevada or Snowy Rangeではなく、むしろ「光の山脈」Range of Lightだ、と彼は言う(Muir 1890a, 483)。そして、シエラの裾野に広がる森林地帯を抜け、優美なブライダルベール滝に迎えられながらヨセミテ渓谷に入ると、エル・キャピタンから始まりハーフドームに至る、奇岩壁の偉容に圧倒され、さらにテナヤ、ネバダ、イリルエットの各支流に沿って進んで行けば、それぞれに全く異なったバックカントリーの光景が展開される。ヨセミテの原風景を丹念に描写する、ミューアの色彩豊かな文章には、読者をたちどころに捉え、誰をもミューアのガイドで、壮麗なヨセミテを散策しているかのような想いにさせずにはおかない力がある。そして、こうしたこの上なく美しい風景と共に、あらゆる樹木の王とも言うべきジャイアント・セコイアの森が、無残にも伐採され、色とりどりに咲き乱れる花々の海が、今や羊の放牧によって見る影もない姿と化している惨状を、彼は控えめに記す。その描写は、しかしそれ故にこそ、読者の胸に迫る、深い嘆きの響きを持っている。

さらに二つ目のエッセイ「ヨセミテ国立公園案の特色」"Features of the Proposed Yosemite National Park"で、ミューアは、ヨセミテ国立公園の全体像に加えて、トゥオルミ高原からハイシエラへと誘う山行と、ヨセミテに勝るとも劣らない美しさを湛えるヘッチ・ヘッチー渓谷の風景を紹介し、最後に、急速に荒廃しつつあるヨセミテ渓谷一帯を、国立公園として保護することは、喫緊の課題だという一文をもってペンを置いている。

この二編のエッセイは、ミューアがヨセミテの自然を描いたものの中でも、最も美しく、快活な作品であると言えるほどの出来栄えで、『センチュリー』誌上に発表されると、すぐに大きな反響を呼び、ハリソン大統領や内務長官のノーブル John W. Noble にも支持されて、ヨセミテ国立公園法の成立に、大きな役割を果たしたとされている(Wolfe 1945, 251)。

ミューアが提案した国立公園の領域は、一八六四年に連邦政府からカリフォルニア州に譲渡された「寄贈地」（ヨセミテ渓谷とマリポサの巨木群）の規模をはるかに超える広大なものだった。北はヘッチ・ヘッチー渓谷を擁するトゥオルミ川の流域から、南はジャイアント・セコイアが林立するマリポサの森を覆い、西はマーセドのセコイアの森 Merced Grove of Giant Sequoias から、東はライエル山を中央に、そこから南北に延びる稜線に沿って境界が考えられていた。一八六四年に「寄贈地」として指定されたのは、景観の特異性という観点から、ヨセミテ渓谷と、マリポサの森を含む四つの比較的小さな地区だけだったが(US 1864, 325)、ミューアの構想は、「流域」basin という観点から、全体が自然の有機的な連関性をもった面で覆われるものになっていた。

この広大な領域には、天然林の伐採や製材、家畜の放牧、ホテルや運送業などといった様々な業種で、既に多くの人々が入り込んでいた(Orsi 2005, L. 4934)。これまで野放しであったり、既得権によって利益が守られたりしてきた、これらの人々が、ミューアたちの提案を喜ぶわけがなく、当然のこととして、反対運動が起こった。反対運動には、ワシントンの政治家や、政府に対する直接の働きかけや、ミューアに対する根拠のない個人攻撃まであった（Wolfe 1945, 250)。こうした反対運動の結果、ヨセミテ国立公園の法案は、その年の夏中棚上げにされてしまい、会期末での審議入りが、間に合わないかに思われた。(Orsi 2005, L. 4998)。しかしこの時、サザン・パシフィック鉄道の土地管理代理人、ズムワルト Daniel K. Zumwalt が議会工作に乗り出し、一気に両議会で法案を通過させてしまうという、離れ業をやってのけたのだった。しかもこの時通過した法案は、ヴァンデヴァー法案によって提案された、当初の公園面積をはるかに上回り、現在はキングズ・キャニオン国立公園 Kings Canyon National Park の一部となっている、ジェネラル・グラントのセコイアの森 General Grant Grove までも含む修正案(H. R. 12187)だったのである。

修正案は、会期終了日の前日九月三十日に、下院議員のペイソン Lewis E. Payson によって下院に提出され、全く議論されることなく即日下院を通過し、同日中に、上院議員のプラム Preston B. Plumb によって上院に提出されて、同じく即日、上院を通過したのだった。そして翌日の十月一日に、ハリソン大統領がサインをして、法律は成立してしまったのである(Hampton 1971, Chap. 8)。

しかも、この、奇跡とも言うべき議会工作をアレンジしたズムワルトは、同じ会期中に、セコイア国立公園 Sequoia National Park の設立にも関与していたのだった。彼は、ヨセミテ国立公園の成立よりも前に、ヴァンデヴァーを介して、セコイア国立公園の法案を通過させていたのである(Orsi 2005, L. 5094)。

このように、ヨセミテ国立公園の成立には、サザン・パシフィック鉄道の力を背景にしたロビー活動が、極めて大きな役割を果たしていたことがよく分かる。サザン・パシフィックによる、このような動きの裏には、言うまでもなく、観光資源としての国立公園に対する、経済的な思惑があったことは想像に難くない。しかしそれ以上に、実はミルズにしても、ズムワルトにしても、彼ら自身がバックカントリーの熱烈な信奉者でもあったということが、これらの国立公園の成立にとって、大きな意味を持っていたとも言われている(Orsi 2005, L. 4957, 5000)。

国立公園の設立後、連邦政府は軍の騎兵隊を派遣し、公園の管理に当たらせた。騎兵隊の働きは目覚ましく、不法な放牧や森林の伐採は、徐々に排除されていった(Muir 1895)。しかしヨセミテ国立公園には、当初から二つの大きな問題があった。一つは、広大な公園の領域内に点在する私有地の問題であり、もう一つは、ヨセミテ渓谷自体とマリポサの巨樹群が、この時点ではまだカリフォルニア州の所有であったため、これらの地区には、連邦政府の管理権限が及ばないという問題だった。そして、これらの問題の解決において重要な役割を果たすことになるのが、新たにミューアたちによって組織されることになる自然保護団体、シエラクラブなのである。

●——シエラクラブ誕生

今日、アメリカを中心にして、世界に二〇〇万人の会員を擁する環境保護団体、シエラクラブには、二つのルーツがあった。一つは、当時アメリカで形成されつつあった山岳会の流れをくむもので、東部ではすでにウィリアムズタウン・アルパインクラブ The Alpine Club of Williamstown（一八六三—一八六五）、ホワイト・マウンテンクラブ The White Mountain Club（一八七三—一八八四）、アパラチアン・マウンテンクラブ The Appalachian Mountain Club（一八七六—）などが組織されていた(Bennett 2003, 122)。こうした流れを受けて、カリフォルニアでも大学教員を中心として、シエラネバダを活動拠点とする、山岳会を組織しようとする動きが出てきた(Jones 1965, 7)。

もう一つは、当初からヨセミテ渓谷や、シエラネバダの環境保護運動を目的とするもので、発案者は『センチュリー』誌のジョンソンだった。彼はすでに、『センチュリー』誌へのミューアの原稿を催促する、一八八九年十一月二十一日付けの手紙の段階で、その余白に、「カリフォルニアの風物や自然の素晴らしさ、少なくともヨセミテを保護するために、なぜ何らかの組織を作らないのか?」と記している(Johnson 1889)。ジョンソンはさらに、ヨセミテ国立公園の成立後、「イエローストーンとヨセミテの自然保護連合」Yellowstone and Yosemite Defense Association という組織を構想して、友人たちに相談を持ち掛けたりもしている。すると、後に大統領となるルーズベルト Theodore Roosevelt らが設立した、ハンティングと自然保護の団体ブーン&クロケットクラブ The Boone and Crockett Club (一八八七—) を母体とする案なども出されたが、ニューヨークに本部(当時)がある団体では、活動に不便をきたすことがあるだろうとの見方もあり、そこで新たにカリフォルニアで、自然保護を目的とする組織を立ち上げるという構想が、動き出したのだった(Jones 1965, 8)。

こうしてミューアの周りでは、新たに団体を立ち上げるべく、会合や手紙のやり取りが重ねられた。その結果、サンフランシスコの弁護士ウォーレン・オルニー Warren Olney が、先に発足していたロッキー・マウンテンクラブ The Rocky Mountain Club の規約を参考にして、新たな会の規約を起草し、一八九二年六月四日、二七名の発起人が署名して、シエラクラブが誕生することになった(Jones 1965, 9)。初代会長にはミューアが選出され、以来ミューアは一九一四年に亡くなるまで、会長としてシエラクラブを率いて行くことになる。

設立時のメンバーは、総勢一八二名となり、その中の約三分の一は、カリフォルニア大学やスタンフォード大学の関係者だった。その他のメンバーには、銀行家やホテルのオーナーなどの実業家が多く名を連ねた（Jones 1965, 170-173）。中でも注目に値するのは、設立メンバーの中に、サザン・パシフィック鉄道の社屋がある、サンフランシスコの「四番・タウンゼント通り」4th and Townsend Street を住所とするメンバーが、五名もいたことだった。その中には第一副社長と、運賃担当役員の名前も含まれていた（Jones 1965, 58）。会の発足当初から、このような「巨大企業」や実業界の関係者が、数多く関与していることを危惧するメンバーもいたようだが（Jones 1965, 57-58）、国立公園制定の時と同様に、後に展開されるヨセミテ渓谷の返還運動では、サザン・パシフィックの影響力が、大きな役割を果たすことになる。

シエラクラブは、上述のように、自然や登山を純粋に愛好する、山岳会の流れをくむルーツと、自然保護を目的とするルーツからなる団体であるところから、「設立趣意書」Agreement of Association の前文には、二つの目的が明記されている。

ここに設立される団体は、金銭的な利益を目的とするものではなく、太平洋岸の山岳地帯を探査、享受すると共に、交通手段の確保を目的とし、またシエラネバダ山脈における、森林その他の自然環境を保護するために、人々と政府の支持と協力を仰ぐことを目的とするものである。

(Jones 1965, 170)

シエラクラブの活動は、その後対象とする地域が徐々に拡大され、現在では全米の自然保護を目的とする団体となっている。また、設立当初からの活動目的だった野外活動も、シエラクラブならではの特色を示すものとして、今も活発に行われている。しかし、現在のシエラクラブの最大の特徴は、矢張り、政治や行政に直接働きかけることによって、自然保護の目的を実現しようとする点にあると言ってよいだろう。現在シエラクラブは、サンフランシスコの本部を中心として、全米各地に支部 chapter を置いているが、中でもワシントンＤＣ支部は、議会に対するロビー活動の拠点として、大きな役割を担っている。

●──闘うシエラクラブ──初めての勝利

ミューアたちによって設立された初期のシエラクラブも、発足後すぐに、ヨセミテ国立公園の縮小問題に対処するため、ロビー活動を展開することになった。

設立当初のヨセミテ国立公園は、議会での詳細な審議や議論を経ず、かなり乱暴な仕方で、広大な領域を取り込んでしまったため、領域内には多くの私有地や共有地、鉱山権利などが残されていた。そのため、これらの権利者が、公園の廃止や補償を求めて、議会や政府に請願や要求を多数提出する事態となった。これを受けてカリフォルニア州選出の下院議員、アンソニー・カミネッティ Anthony Caminetti が、一八九二年二月十日、この問題を解決するために、公園の西側、北側、東側の一部を公園から削除する法案(H. R. 5764)を下院に提出した(Jones 1965, 12)。

カミネッティは、ヨセミテ国立公園の反対論者ではなかったが、バックカントリーの愛好者ということでもなく、マーセド水系やトゥオルミ水系の水源域を保全するという視点から、国立公園の存在意義を認めていたに過ぎなかった。したがって彼の法案は、当初設定された公園の境界部を一定程度、公園の指定から除外することによって、多くの私有地や共有地を公園の範囲外とし、これらの区域における多くの権利問題を解決するとともに、重要な水系の源流域については、これを保護するという内容になっていた。ミューア自身も当初は、私有地や共有地の問題を解決するためには、ある程度までは、公園の境界部が除外されても仕方ないと考えていたようだが(Jones 1965, 14)、他のメンバーとの議論の結果、シエラクラブとしては、この法案に反対する方針を採ることになった。

シエラクラブ内での議論の経過は資料が乏しく、どのような経緯からミューアが考えを変えるようになったのか、シエラクラブがカミネッティ法案に反対した、本来の理由は何であったのかなどの点が、詳しくは分からない。現在残されている反対声明の草案を見ると、カミネッティ法案では、サンホアキン川の源流域が削られることになり、サンホアキンバレーの水源涵養《かんよう》に問題をきたすことになる点と、トゥオルミ水系の森林が、再び自由な私有地や共有地になることによって、この流域の森林伐採や、過放牧による荒廃地化の危険性があるなどの点が、指摘されている（Jones 1965, 13）。しかしこれらの点は、法案に反対するための表向きの理由であって、反対の真の理由は、一度公園の縮小を認めてしまえば、その後もさらに縮小を求める動きを許すことになり、最悪の場合には、公園の廃止を求める運動にもつながりかねないという恐れではなかったのかということが、草案の端々からうかがわれる。

カミネッティ法案に反対するシエラクラブの声明は、ワシントンに送られ、さらにミューアは、ジョンソンに、会議の経過を注視するよう依頼した（Muir 1892）。一八九三年の二月、審議の経過に「危険」を察知したジョンソンは、ミューアに、シエラクラブが委員会に抗議文を送るべきだとする電信を送った。するとすかさずミューアは、委員会の議長に、法案に反対する旨の電信を送り（Muir 1893）、これが功を奏したのか、カミネッティ法案は、最終的に、委員会での審議を通らず、本会議には上程されることなく、廃案となったのだった（Jones 1965, 14）。

しかしカミネッティは、次の議会でも、ヨセミテ国立公園の縮小に係る法案（H. R. 7872）を提出した。この法案は、内務長官の権限で、国立公園の境界を変更できるようにするものだった。折しも政界では、グロヴァー・クリーヴランド Stephen Grover Cleveland が第二十四代アメリカ大統領に就任し、内務長官も、ヨセミテ国立公園の制定に係わったノーブルから、公園の縮小に好意的な考えを示していた、ホーク・スミス Michael Hoke Smith に交代したところだった。シエラクラブは、これにもすぐに反応した。ミューアたちは、カミネッティの新たな法案に反対する声明をスミスに送るとともに、シエラクラブのメンバーであり、カリフォルニア州議会の議員でもあった、エリオット・マカリスター Elliot McAllister が、カミネッティ法案に反対する決議案を、州議会に提案した。反対決議は議会の賛同を得て、ワシントンに送られた。こうしてカミネッティの法案は、二度目も廃案となった(Jones 1965, 14)。

以上のように、シエラクラブは、ワシントンの議会を相手にした、初めてのロビー活動で、「勝利」を収めたのだった。このことは、ミューアをはじめとしたシエラクラブのメンバーに、組織化されたロビー活動の「威力」を、改めて認識させることとなった。またそれと共に、この一連の展開は、シエラクラブが単なる山岳愛好会ではなく、自然保護を目的として闘う、政治的な組織でもあるという会の性質を、改めて決定付ける象徴的な出来事でもあったと言えるだろう。

公園内に点在する私有地は、一九〇三年の調査で三七〇区画以上もあり、この問題は、その後も紆余曲折を経て、一九〇五年、最終的には公園の境界線を変更し、大部分の私有地を公園の区域外とすることによって、解決の道筋がつけられることになった (Jones 1965, 51; Hampton 1971, Chap. 8)。

●――ヨセミテ渓谷の返還問題――ルーズベルトのヨセミテ来訪

ヨセミテ国立公園には、もう一つ大きな問題が残っていた。それは、ヨセミテ渓谷の中心部とマリポサの巨樹群が、一八六四年に連邦政府からカリフォルニア州に移管されたままの状態にあり、言わば公園の心臓部に、連邦政府の管理の手が及ばないという問題だった。

ヨセミテ渓谷周辺の領域が国立公園となった後も、これらの区域は、カリフォルニア州の予算と、州知事から任命された委員によって管理されていた。しかし州から割り当てられる予算は決して十分なものではなく(Colby 1954, 33)、また任命される委員も、政治的な理由から「無給の委員」を引き受けているに過ぎないことが多かった(Jones 1965, 55)。そのためミューアは、これらの地区の自然を守るためには、カリフォルニア州から連邦政府への返還が必要だと考えていた。しかし、シエラクラブの他の主要メンバーは、当初、なかなかミューアの考えを受け入れようとはしなかった(Jones 1965, 58)。

この理由は、シエラクラブとヨセミテ渓谷管理委員会との結びつきにあった。管理委員の中には、シエラクラブの会員もいたり、また主要メンバーの中にも、管理委員と親しい友人関係にある者もいたりした。さらにメンバーの中には、ヨセミテ渓谷の管轄権を失うことは、カリフォルニアの面目を失うことだ、と考えている人間もいた。加えて一八九〇年代は、総じてシエラクラブとヨセミテ渓谷管理委員会の関係が協力的なものだったことも、返還運動を遅らせる原因となった(Jones 1965, 60-62)。

しかしミューアは、一貫して、ヨセミテ渓谷とマリポサの巨樹群は、連邦政府に返還され、国立公園として政府の適切な管理下に置かれるべきだと主張し続けた。転機は一九〇三年の春に訪れた。ルーズベルト大統領がカリフォルニアを訪問し、ミューアとハイシエラの自然を楽しむために、サンフランシスコにやって来たのである。

ルーズベルトは、若い時からアウトドアスポーツの熱烈な愛好家で、すでに触れたように一八八七年には、秩序あるハンティングと自然保護を目的とした、ブーン&クロケットクラブなども設立していた。大統領に就任してからは、国土の保全や森林の保護政策に力を入れ、一九〇六年には、遺跡保存法 Antiquities Act を成立させる。そして彼は、大統領が議会の承認なしに「歴史的な価値のある建造物、歴史を持つ又は先史時代の構造物、その他の歴史的、科学的な価値のある物件」を指定できるとする条文の拡大解釈を用いて、グランド・キャニオンをはじめとする、幾つもの自然遺産を保護して行った。

ルーズベルトは、一九〇三年の四月から五月にかけて、八週間で西部の二十五州を巡るという視察を行った。この過程で、特にミューアと二人きりで、ヨセミテ国立公園を「視察」するという日程を組み込み、サンフランシスコにやって来たのだった(Wolfe 1945, 290)。

五月十五日、オークランドでミューアが合流すると、一行はレイモンド Raymond まで列車で移動し、レイモンドからは馬車に乗り換えて、ワオナ Wawona に向かった。その晩ルーズベルトとミューアは、レンジャー二人と、コック一人を伴っただけで、マリポサの森でキャンプをした(Wolfe 1945, 291)。巨大なセコイアの下でのキャンプは、野営に慣れたルーズベルトにとっても、改めて森の荘厳さに触れる機会となったが、ミューアにとっても、かつて若き日に、エマソンと共にこの森でキャンプ出来なかったことを思い起こす、感慨深い夜となった[38]。

翌日一行は、ヨセミテ渓谷を一望に収める、グレイシャーポイントに向かった。夜はキャンプファイアーの火で肉を焼き、コーヒーを沸かして食事を取った。モミの枝とシダの葉をかき集めてベッドを作り、テントは張らずに、二人はそれぞれ毛布にくるまって眠った。翌朝目覚めると、雪が四インチも積もっていた(Wolfe 1945, 292)。

三日目に一行は、ヨセミテの谷に入った。谷ではヨセミテ公園委員会Yosemite Park Commissionの面々が、大統領を出迎えようと、豪華な晩餐会と、渓谷の滝や岸壁を照らし出すサーチライトまで用意して待っていた。しかしルーズベルトは、「昨晩は吹雪の中で眠ったよ。……私の生涯で最高の日だった」という言葉を残すと、この晩もミューアとキャンプをするために、ブライダルベール草原の方へと行ってしまったのだった(Wolfe 1945, 293)。

ヨセミテ・グレイシャーポイントに立つルーズベルトとミューア(右)(ⓒ Underwood & Underwood)

この旅を通じて、ミューアは、ヨセミテの木々や花々について語り、ルーズベルトは、鳥や動物たちの物語を披露したことだろう[39]。この三日間は、ミューアとルーズベルトにとって、生涯に渡る友情の礎を築く時間として、決して短いものではなかった。

さらにミューアにとっては、マリポサの森や、ヨセミテ渓谷の荘厳な風景の中に見られる討伐の跡や、こうした景観に不釣り合いな私有地の現状を、直接示すことによって、連邦政府による管理の必要性をルーズベルトに訴える、よい機会ともなった(Trout 1916, 135)。これを一つの契機として、これまでは、なかなかミューアの主張を受け入れようとはしなかったシエラクラブのメンバーも、ミューアの考えに同意するようになった。こうして一九〇四年の末には、「寄贈地」の返還をうたったシエラクラブの声明がまとめられ、返還運動は加速して行くことになった(Jones 1965, 64-65)。

「寄贈地」は、カリフォルニア州の所有である以上、その返還は、カリフォルニア州から申し出る必要があった。このためには、返還に関する法案が、州議会を通過し、最終的には、州知事によって署名されなければならなかった。しかし、すでに州知事の内諾は、ルーズベルトがヨセミテ渓谷を訪れた際に取れていた(Colby 1954, 33)。したがって実際に必要なことは、法案を作成し、州議会を通すことだった。

法案は、シエラクラブでこの問題の実務に当たっていたウィリアム・コルビー William Colby と、サザン・パシフィック・ファミリーのミルズによって起草された。そして、州議会議員のウエイスト William Waste とベルショー C. M. Belshaw によって、法案は州議会に提出された(Jones 1965, 68)。しかし法案の通過には、幾つかの壁があった。中でもサンフランシスコの新聞『イグザミナー』紙 *San Francisco Examiner* による反対キャンペーンと、州上院議員のカーティン John Curtin による反対運動は一際激しく、法案の通過を危うくした。

『イグザミナー』紙の主張は、ヨセミテ渓谷はカリフォルニアの誇りであり、これを失うことは、カリフォルニアの誇りを失うに等しいということと、連邦政府に「寄贈地」を返還しなければならないという、法的根拠はないというものだった(Jones 1965, 66)。こうした主張には、それほど説得力があるとは思えないが、『イグザミナー』紙がこのような主張を大きく展開したことの裏には、同紙の法律顧問だった、ラーマン J. J. Lerman という人物との関連があったのではないかと見られている。彼は、ヨセミテ渓谷管理委員会に関連した仕事によって、彼の事務所を維持していたのだった。(Jones 1965, 66)。

一方カーティンの主張は、もしヨセミテ渓谷が連邦政府に返還されれば、軍の騎兵隊によって管理されることになるが、軍の管理手法は、市民の人権を無視したものになりかねないという点と、たとえヨセミテ渓谷が返還されても、それによって、渓谷の管理に十分な予算が割り当てられるという保証はない、という点からなっていた(Jones 1965, 71)。しかし彼の場合も、ヨセミテ国立公園内に所有する、自身の私有地を巡って、連邦政府と長らく係争を続けてきたことが、政府による管理に極度の反感を持つに至った、真の理由ではないかと考えられている(Orsi 2005, L. 5035)。

一九〇五年一月二十四日、カーティンは州上院の本会議で、二時間に渡り自説を展開した。議会の流れを一気に引き寄せかねない、カーティンの勢いに危険を感じた、同じく上院議員のコギンズ Coggins が、採決の延期を提案し、これが了承されたため、この日の採決は見送られた(Jones 1965, 71)。

一方、ミューアとシエラクラブも、ただ手をこまねいて、このような状況を見ているだけではなかった。コルビーがミルズと共に法案を起草するのと同時に、ミューアは、ニューヨークにいるサザン・パシフィックの社長、エドワード・ハリマン Edward Henry Harriman に、助力を求める手紙を書いた(Muir 1905)。ミューアとハリマンは、一八九九年にハリマンがスポンサーとなったアラスカ探検旅行以来の、親しい間柄だった。すると間もなく、『センチュリー』誌のジョンソンのもとに、ハリマンの秘書から、ハリマンがカリフォルニアの「仲間たち」"his men" に指示したことを伝える電話が入った(Jones 1965, 72)。さらにサンフランシスコのコルビーのもとには、サザン・パシフィックの副社長で法務担当の役員だった、ヘリン William F. Herrin から連絡があった。そしてヘリンはコルビーに、サザン・パシフィックは、表立っての運動は行わないが、「出来るところで」この法案が通過するように支援すると伝えたのだった(Colby 1954, 38)。

法案は、二月二日に下院を問題なく通過し、上院もミューアたちの予測に反して、二月二十三日に「二一対一三」の大差で通過した。[40] この時上院で賛成票を投じた議員の中には、『イグザミナー』紙で、当初「反対」の意向を示していた、九人の議員が含まれていた(Jones 1965, 72)。後にコルビーは、この法案に関わった数週間で、政治というものについて、生涯で最も多くを学んだと語っている(Colby 1954, 38)。

こうしてヨセミテ渓谷とマリポサの巨樹群は、連邦政府に返還され、ヨセミテ国立公園は、名実ともに、ヨセミテを中心とした自然保護区として、連邦政府の管理下に置かれることになった。[41]しかし、ヨセミテ国立公園をめぐるミューアたちの闘いは、これで終わったわけではなかった。

●――ヘッチ・ヘッチーの悲劇

現在のヨセミテ国立公園に、ヘッチ・ヘッチー渓谷 Hetch Hetchy Valley の姿はない。ミューアが「ヨセミテの兄弟」と呼んだこの渓谷は、ダム湖と化してしまったからだ(Muir 1873)。

ヘッチ・ヘッチー渓谷のダム化計画は、一九〇一年にサンフランシスコ市長のジェームズ・フェラン James D. Phelan が、市の水不足問題を解消するために、エレナー湖 Lake Eleanor とヘッチ・ヘッチー渓谷を水源地として利用する許可を、内務省に申請したことから始まる(Manson 1908, 106-109)。

ミューアが初めてサンフランシスコの港に着いた、一八六〇年代の末、市の人口は、一四万人ほどだった。しかしそれから三十数年を経過して、一九〇〇年初頭の人口は、その倍以上の三四万人余りに達していた(US 1918, 50)。三方を海で囲まれたサンフランシスコにとって、水源の確保は極めて重要な問題だった。当時は主にスプリングバレー水道会社 Spring Valley Water

Works が供給する、ロボス川 Lobos Creek からの水に、市民の生活は依存していた(Righter 2005, L. 585)。しかし、この一私企業が供給する水だけで、増え続ける需要に応えるには、限界があった。そこで市は、水源を確保するために様々な可能性を探るが、その中で浮上して来たのが、ヘッチ・ヘッチー渓谷の利用だったのである。

谷の底部が標高約三、八〇〇フィート(一、一五〇メートル)に位置するヘッチ・ヘッチー渓谷にダムを造れば、一八〇マイル(二九〇キロメートル)離れたサンフランシスコまで水を運ぶのに十分な水圧が生み出され、さらにこれから需要が急増すると予想される電力も確保できることが期待された。またヘッチ・ヘッチー渓谷は、ヨセミテ国立公園の中でも一際アクセスの難しい、バックカントリーの最内奥とも言うべき地にあったため、訪れる人もごく僅かだったところから、人為による水質汚染の問題とも無縁という、ダムの建設候補地として恰好の条件を備えていた。

サンフランシスコ市の申請に先立って、一九〇一年二月十五日に連邦議会では、「国有地内通行権利法」The Rights of Way Act が成立していた(US 1903, 790)。これは、内務長官の権限で、国立公園内に電気通信路や水路及びダムなどの建設を許可するという内容の法律だった。サンフランシスコ市が内務省に申請を行ったのは、これを受けてのことだった。

しかし、サンフランシスコ市の申請は、当時の内務長官が、自然環境保護に積極的な考えを持っていたイーサン・ヒチコック Ethan A. Hitchcock だったこともあって、当初はなかなか許可されなかった。この問題の進展に大きな転機が訪れたのは、一九〇六年四月十八日にサンフランシスコを襲った大地震の後だった。

この地震によって、サンフランシスコ市では、多くの建物が倒壊したばかりでなく、地震に起因して発生した火災により、市の中心部が、四平方マイル(一〇平方キロメートル)に渡って焦土と化してしまった(Righter 2005, L. 889)。この大規模な火災は、必ずしも市の水不足が主な原因ではなく、地震によって多くの水道管が破壊されてしまったり、倒壊した家屋によって道路が塞がれてしまったことにより、消火活動に著しく困難を来たしたことが最大の要因だった。しかし市民の憤りは、当時の市の水道システムが、スプリングバレー水道会社という一私企業に依存したものであったことや、かねてからの水不足の問題に向けられた(Righter 2005, L. 898)。こうしてヘッチ・ヘッチー渓谷は、改めてサンフランシスコ市の水源地として注目されることになり、ダム化計画は、市の取り組むべき最重要課題として掲げられることになった(Righter 2005, L. 902)。

一方で、ヘッチ・ヘッチー渓谷を「ヨセミテの兄弟」とも呼んで、渓谷の野生的な自然を愛してやまないミューアたちシエラクラブの主要メンバーは、『センチュリー』誌のジョンソンや、当時全米の各地で立ち上がり始めていた各種の市民団体と連携して、精力的に反対運動を展開した。しかし、一九〇一年にサンフランシスコ市が初めて内務省に申請を行ってから十三年間に渡る、激しい論争と政治的駆け引きの結末は、ミューアたちにとって、到底受け入れ難く、信じ難いものとなった。ヘッチ・ヘッチー渓谷をサンフランシスコ市の水源地としてダム化することを認める法案が、一九一三年の夏から暮れにかけての議会で上下両院を通過し、同年十二月十九日にウィルソン大統領が署名して、法律は成立したのだった(USC 1913d, 1189)。
十三年間の長きに渡る「ヘッチ・ヘッチー論争」の経過は、ここに述べるには、あまりにも錯綜した政治的議論の記述となるため、詳細については補遺に譲ることとするが、すでに七十五歳を超えていたミューアにとって、この結末は、耐え難いほど辛いものだったに相違ない。

◉――ピンショーの「保全論」とミューアの「保護論」

ヘッチ・ヘッチー渓谷のダム化をめぐる論争に対しては、様々な角度からの考察が可能だろう。私はここで特に、この問題の進展において、陰に陽に影響を与え続けた、ギフォード・ピンショー Gifford Pinchot (一八六五—一九四六)という人物の役割に注目してみたい。

ピンショーは、一八八九年にイェール大学を卒業後、当時のアメリカにはまだ導入されていなかった森林学を学ぶためにフランスに留学し、帰国後は、最新の科学的森林学に基づいた森林経営のコンサルタントなどを経て、一八九八年に内務省森林課 Division of Forestry の課長職に就いた。その後一九〇五年に、国有林管理の権限が農務省に移されると、彼は新たに発足した連邦森林局 U. S. Forest Service の初代局長となるが、ルーズベルト大統領と個人的に親しかったこともあって、国有林の管理のみならず、土地利用や環境保全の問題全般に渡って、ワシントンで強い影響力を持っていた。[42] そして彼は、ヘッチ・ヘッチー渓谷をサンフランシスコ市の水源地として利用することを、強力に推奨したのだった。彼のこうした姿勢の背景には、ヨーロッパで彼が学んだ森林学の影響が色濃く反映していると私は考えている。

十八世紀の末から十九世紀の初頭にかけて、ヨーロッパの各地では、過去数百年に及ぶ無秩序な開墾や木材利用から、森林の被覆率が極度に低下して、土壌の劣化や、自然災害が頻発した。これを食い止めるために形成された新たな学問が、森林学だった。過剰な利用から荒廃地となってしまった山野に、森林を再生し、持続的な森林蓄積量を確保して、永続的に森林経営を展開するための方法を確立するということが、森林学に課せられた使命だった（ハーゼル 1996, 115-129）。しかしその一方で森林学は、そもそも、長い文明の歴史の中で原生自然を喪失してしまった、ヨーロッパにおいて形成された学問であるため、特に初期の段階では、「原生自然の保護」という視点が希薄だった。それゆえ、このような特徴を持つ森林学を学んだピンショーの自然観にも、原生自然の保護という視点は皆無であり、彼の主張では、常に、利用を前提とした自然の持続可能性という理念が、強く提唱された。そして、このような理念に基づく自然保護の活動を、彼は特に「保全」conservation と呼び、その重要性を訴えたのだった。

ピンショーにとって、自然は、利用を前提とする「資源」であって、それ自体の存在が目的であるとされることはない（Pinchot 1910, 43）。彼の価値観は極めて明確で、この世界における最も重要な目的は、人間の幸福 well-being を実現することであるとされる。そして人間の幸福は、自然資源の利用に基づくものであるがゆえに、人間の幸福を持続可能なものにするためには、資源の枯渇を招かないように、自然をしっかりと保全しつつ、利用する必要があるとするのが、彼の保全思想の根幹に他ならない(Pinchot 1910, 3)。

このようなピンショーの主張は明解で、かつ現実的でもあるがゆえに、彼はルーズベルト大統領からも全幅の信頼を得、常に大統領の近くにあって、国有林を始めとする自然資源の利用や管理について、多くの助言を求められていたことが知られている(Wolfe 1945, 311-315)。それゆえヘッチ・ヘッチー渓谷のダム建設についても、ルーズベルトは、ピンショーから、その必要性を強く進言されていたのだった。

極めて実利的で合理的なピンショーの保全論 conservation に対して、ミューアのヘッチ・ヘッチー保護論 preservation は、全く異なったスタイルで展開された。それは、この渓谷の比類なき自然美をひたすら称揚するものであって、そもそも「論」とも言い難いようなものだった。

六月のある晴れた日に、ヘッチ・ヘッチー渓谷で、大きな松の木が、夢見るように微かにそよぐ中、……腰の高さほどもある草や花々の中に立っていると、想像してみなさい。渓谷の北の方に目をやると、草原と木立の上に、灰色の花崗岩の絶壁が、一、八〇〇フィートの高さで悠然とそびえ立ち、その前で、トゥイーウララの銀のスカーフが(43)、陽光を受けて燃えるように、虹色に輝いているのが見えるだろう。最上部の白い吹き出し口には、明らかに巨大なエネルギーが見て取れるが、それはすぐに静まり、神聖な静寂を奏でるものとなる。その、岩棚までの落ち着いた流れは、まるで静まりかえった室内にただよう、羽毛の動きのようでさえある。次に目に入ってくるのは、陽の光にきらめく、水で織られた布の繊細さと優美さだ。その布は、とても静かに、決して乱れることなくはためき、灰色の岸壁の下へと、形を変えながら流れ落ちて行く。一刺しの刺繍を手に取って見るように、その手ざわり、模様、色合いが確かめられるかのようだ。滝の上部に目をやると、轟々と、彗星のような白い塊の頭部が分かれ、それは、繊細な灰色と紫の影が織り込まれた、絹のような尾を形作っては、空中を突き抜ける摩擦で消耗し、消えて行く。そのほとんどは、頂上から数百フィートのところで、雲のようにたなびく布の形へと変化しながら、消えて行くのだ。裾に近づくと滝の幅は、二五フィートから一〇〇フィートほどに広がる。ここでもトゥイーウララは、乱れる様子を微塵も見せず、さらに繊細な布地となる。それは、妖精たちが身に纏う、空気と水と太陽の光で織られた薄織物だ。(Muir 1912, 811)

在りし日のヘッチ・ヘッチー渓谷
(Ⓒ Isaiah West Taber)

ヘッチ・ヘッチー渓谷は、この優美なトゥイーウララの滝ばかりでなく、ヨセミテ渓谷に勝るとも劣らない壮麗な景観を擁する、「自然が形作った極めて稀で貴重な山岳聖堂」なのだとミューアは言う。そして、「保全」conservation だの、「汎用化」panutilization だのと叫びながら、この「聖堂」を破壊し、ダム湖に水没させるような行為は、「悪魔」Satan の所業と変わらないと、彼は言い放つのだった（Muir 1912, 814）。

しかし、ミューアのこうした叫びは、現実社会の大衆を揺り動かすまでには至らなかった。もちろん、シエラクラブやジョンソンが行った呼びかけに、数万の人々が応え、ヘッチ・ヘッチー渓谷の自然保護を支持する手紙を書いて、ワシントンの政治家に送ったのは事実だが（Righter 2005, L. 1838）、それはアメリカ全土の大衆から見れば、やはり一部の「自然愛好家」nature lover が動いたに過ぎないことだったと言うべきだろう。

◉───「人間はみな、パンと同様に美を必要としている」

ヘッチ・ヘッチー渓谷をめぐる、ミューアとピンショーの対立は、自然をそのままの姿で永遠に残そうとする「保護」主義と、利用を前提にした「保全」主義の対立だったとする見方は多い。しかし、どちらの立場を正しいとするかは、簡単なことではない。恐らく自然にとって最も良いことは、保護でも保全でもなく、人間のいないことだろうと私は思う。人為こそが、自然をめぐるあらゆる問題の源泉であり、人間さえいなければ、自然をめぐる問題など、そもそも生じて来ないのである。しかし、この世に人間がいることは事実であり、これを無に帰することは不可能だ。そして人間は、ピンショーが指摘するように、幸福を求めるものであり、大多数の人間にとっての幸福は、自然資源に支えられた経済活動によって、実現することも事実なのである。確かにミューアの言うように、「人間はみな、パンと同様に美を必要としている」のかも知れない（Muir 1912, 814）。しかし、「パンがなければ生きられない」のもまた、事実なのである。

イエスは荒野の試練で悪魔に、「人はパンだけで生きるものではない。神の口から出る一つひとつの言葉で生きる」と言い、誘惑する悪魔を追い払ったが（マタイ四・四）、現実の世界では、パンが本当になくなった時、天からマナが降って来ることを期待することはできないのである（出エジプト記一六・四）[44]。そしてパンを得るための経済活動は、しばしば自然破壊を伴って行われ、ひとたび経済発展を成し遂げると、人は失った自然を懐かしんで、後悔するのである。「後悔する前に、貴重な自然を大切に保護しなさい」というのが、ミューアの基本的な主張に他ならない。しかし、それができないのが、人間の現実なのである。

ただし人間は、決定的に絶望的な生き物だということでもないのかも知れない。人間には、後悔や失敗から学ぶというところもあるからだ。ヘッチ・ヘッチー渓谷の悲劇を目の当たりにした、パーシヴァル・バクスター Percival P. Baxter（一八七六―一九六九）は、愛するメインの森や山々の自然を保護するために、三十年以上の歳月をかけ、私財を投じて、広大な土地を購入した。そして、決して国立公園にはしないことを条件に、彼はその土地を「メインの人々」に贈り、それが現在、アメリカでも屈指の野生の姿を今に残す、バクスター州立公園(メイン州)となっている(Hakola 1981, 70, 78)。

また、ミューアの側から見られたピンショーは、ヘッチ・ヘッチー渓谷をダム湖に沈めた、悪魔のようにみなされている場合が多いが(Wolfe 1945, Part 7)、彼が基礎づけたアメリカの国有林管理は、森林資源の持続的な利用を念頭に置いた、極めて合理的な方法に基づくものであるため、現在でもアメリカでは、広大な国有林が良好な姿で存続している。国有林に指定されているところは、ほとんどの場合、国立公園や国立記念物のように、風光明媚な場所ではないが、特に西海岸には、オールドグロース Old Growth と呼ばれる老生林の含まれているところが多く、連邦森林局の適切な管理下で、こうした国有林は、人々に貴重な老生林のトレッキングコースを提供している。

これに対して、自然の保護を強く唱えたミューアの精神を受け継いだはずの、多くの国立公園は、「公共の利用」public use という基本理念を有するがゆえに[45]、過剰な利用を招き、公園のフロントカントリー部分ばかりでなく、バックカントリーにおいても、人為による深刻なダメージに喘いでいる。しかし国立公園に指定されなければ、それらの場所は、「共有地」public domain として、過放牧や乱伐の犠牲となるか、一部の有力な個人や企業の所有となって、観光開発という名の自然破壊に晒されていたかも知れないのである。

●——バックカントリーよ、永遠に

『ヘッチ・ヘッチーをめぐる闘い』*The Battle over Hetch Hetchy* の著者、ロバート・ライターRobert W. Righter は、ヘッチ・ヘッチー渓谷の問題は、自然の「保護」対「保全」の問題ではなく、自然資源の「観光利用」対「物理的利用」の対立であったとする見方を提起している（Righter 2005, L. 153）。確かにヘッチ・ヘッチー渓谷のダム化をめぐる闘いの中で、ミューアたちは、渓谷への交通手段を整備し、観光資源として利用した場合の経済的効果を主張している（Jones 1965, 138）。しかしこれは、果たして彼らの真意だったのだろうか。ここには、バックカントリーに対するミューアたちの、非合理的だが、しかし根本的な思いが暗示されていると私は考えている。

彼らがこのような主張を行った一つの理由は、単に、ダム建設の推進派が、それによってもたらされる経済的効果を、建設の正当性を主張する重要な根拠として挙げているのに対抗し、ダムを建設しないことによる経済的効果を示したかったからである。しかし、少なくともミューアにとってそれは、ダムの建設によって、ヘッチ・ヘッチー渓谷が永遠に失われるより、ここに道路や鉄道を通して観光地化することにより、渓谷の存続を図ることの方がまだましだという、妥協の策以外の何ものでもなく、彼の本意は、ヘッチ・ヘッチー渓谷の、野生的でありながら繊細な自然美を、そのままの姿でいつまでも残し、そこに辿り着くことができる者のみが、その自然美に与ることができれば、それで良いとするものだったのではないかと私は思う。

しかし他方でミューアには、この崇高なまでに美しいヘッチ・ヘッチー渓谷の自然美を、他の人々と共有したいという思いも、本当にあったのだと私は思う(Muir 1907)。そしてそのためには、誰もがそこを訪れることが出来るように、交通機関や宿泊施設も必要だと考えたのだろう。しかし、多くの人々が気軽にやって来るようになれば、バックカントリーは最早バックカントリーではなくなり、野生的な自然美は、そこから失われることになる。バックカントリーの自然美を愛し、それを永遠に残したいという願いと、その美を他の多くの人々と共有したいという思いの間には、根本的な矛盾があるのだ。こうして、その主張に根本的な矛盾をはらんだ、ミューアたちの渓谷擁護論は、実利的な幸福を求める人々の欲求に基づいた、合理的なダム建設論に敗れ、ヘッチ・ヘッチー渓谷を永遠に失うという敗北を喫することになってしまったのである。

ダム湖と化したヘッチ・ヘッチー渓谷(Ⓒ Bobbie Johnson)

ヘッチ・ヘッチー渓谷の闘いに敗れたミューアは、意気消沈し、憔悴しきって見る影もないほどだったと伝えられている（Wolfe 1945, 341）。それでもミューアは、最後の力を振り絞って、アラスカ探検の記録をまとめる仕事に取り組んだ。

ミューアは生涯に七度のアラスカ探検に出かけ、多くの新聞記事やエッセイを発表して来た。しかし、一冊にまとまった形でのアラスカ探検に関する彼の著作は、まだ著されていなかった。アラスカ探検記の原稿は、一九一二年頃から、マリオン・パーソンズ Marion Randall Parsons 夫人の手をかりながら書き始められていた。彼女は、ヘッチ・ヘッチー渓谷をめぐる闘いで、コルビーと共に常に最前線で奮闘したエドワード・パーソンズ Edward T. Parsons の妻であり、(46)ミューアの長女ワンダ Wanda の友人でもあった。しかし原稿は、ヘッチ・ヘッチー渓谷をめぐる闘いのために、中断を余儀なくされていたのだった。そして闘いに敗れた今、彼は再びパーソンズ夫人の手をかりて、執筆を再開したのだった。

朝七時に朝食をとると、昼食と夕食、それから郵便物に目を通して、手紙を書く時間以外は、夜十時まで、彼は執筆に専念した(Parsons 1916)。

一九一四年の夏から秋にかけて、彼は突然、九年前に妻のルイが亡くなってから一切手を付けずに、そのままの形で暮らしていた家の片づけをした。(47)家具を入れ替え、電気まで引き込んだ

(Wolfe 1945, 346)。

一九一四年十二月二十二日、ミューアは、次女のヘレン Helen や、孫たちと共にクリスマスを祝うため、彼らが暮らすモハーヴェ砂漠 Mojave Desert の小さな町、ダジェット Daggett に向かった。ダジェットの駅に着いたのは、午前二時半だった。十二月の深夜、砂漠の冷たい風に吹かれたためか、彼は風邪を引いてしまった。しかし、その日の朝は、ヘレンや孫たちに囲まれて、彼は本当に幸せそうだった。皆で一マイルほど、砂漠の散歩も楽しんだ(Wolfe 1945, 347)。

その晩、ミューアは暖炉のそばで、『アラスカの旅』*Travels in Alaska* の原稿に手を入れた。そして椅子から立ち上がった時、彼はよろめき、倒れこんでしまった。すぐに医師が呼ばれ、肺炎という診断が下された。大事をとって、彼は一二〇マイル離れた、ロサンジェルスの病院に移された(Wolfe 1945, 347)。

病院には長女のワンダも駆けつけた。ミューアは、医師や看護師と冗談を交わすほどもち直した。わずかな時間、ヘレンとワンダが病室を離れた。ミューアが一人で寝ていた時、看護師が戻ってくると、彼は息を引き取っていた。一九一四年十二月二十四日のクリスマスイブだった。ベッドサイドには、最後まで彼が手を入れていた、『アラスカの旅』の原稿が置かれていた(Wolfe 1945, 348)。

『アラスカの旅』は、一八九〇年の探検の途中で止まっている。最後の記述は、アラスカの夜空に繰り広げられた、オーロラの「この上なく静謐で高貴な美」を称える文章で終わっている(Muir

1915c, L. 3203)。

註

＊1——この最初の国立公園は、必ずしも自然の保護が主要な目的ではなかったとされている。観光資源としてのイエローストーンの特異な景観が、他の人物や企業に独占されることを阻止するため、同地域の観光開発を目論んでいた一部の有力な人間たちが、政治的な活動を行った結果として設置されたものだと言うのである(Turner 1985, 281-282)。

＊2——一九一六年に成立した国立公園局設置法(National Park Service Organic Act, 16 U.S.C. §1)において国立公園は、その景観や自然環境を保全しつつ、将来世代の享受を損なわない範囲で、国民の余暇に利用されるものとして規定されている。

＊3——http://en.wikipedia.org/wiki/List_of_National_Parks_of_the_United_States(二〇一四年四月十三日)

＊4——ジョン・バローズは、ミューアとほぼ同時代に活躍したネイチャーライティングの作家である。バローズは、フロントカントリーの自然をこよなく愛したが、ソローには批判的で、一見エマソンを思わせるロマン主義的な自然観を佳《よ》く表現した。それ故、ミューアとバローズは全く異なった自然観を有していたと言えるが、特に晩年の二人の親交は厚く、互いに皮肉交じりの会話を楽しんだり、二人で山行に出かけたりする仲だった(Wolfe 1945, 319)。

＊5——ニュートン『自然哲学の数学的諸原理(プリンキピア)』一六八七年刊。

＊6——Badè(1924, Vol. 1, 240)によれば、ミューアは一八七〇年から七一年にかけて、フンボルト Alexander von Humboldt、ライエル Sir Charles Lyell、チンダル John Tyndall、ダーウィン Charles Darwin らの書物を持って、ヨセミテでの冬を過ごしたとされている。

＊7——カー夫人宛ての手紙の中で、ミューアは「運命の女神と花々が私をカリフォルニアに連れてきた」と書いている。この言葉の通り、彼がヨセミテに来た特別な理由はなく、「ただ何となくやって来た」というのが本当のところかもしれない。

＊8——この「十一月」は、同じ年の十一月なのか、来年の十一月なのか、はっきりとしない。原文には "next November" と書かれているので、通常は「来年の十一月」ととるのが普通だが、カリフォルニアに来たばかりで不安定な生活状況にある人間が、ほぼ二年後のことまで具体的に計画しているとは思えない。それ故この「十一月」は、同じ年の十一月と考えるべきではないかと思われる。

＊9——『はじめてのシエラの夏』の当該箇所では、次のように記述されている。

熱狂し、あらゆる神経を震わせ、全ての毛穴と細胞を満たして、我われは今、山々の中にあり、山々が我われの中にある。我われの肉体は、周りの美しさに対して、ガラスのように透明になったかのようだ。誠にその美しさの分かちがたい一部分になったかのようでさえある。空気や木々、水の流れや岩々、太陽の光波に感応し、全自然の一部であり、老いも若さもなく、病も健康もない、不滅の存在であるかのようだ。今はただ、この大地と空以外に、食物や呼吸に依拠している身体の存在さえ、ほとんど思い浮かべることが出来ない。素晴らしい回心conversion の心境だ、これほど完全で健全な経験は他にない。これまで世界をそこから眺めていた、古い束縛された日々の記憶はほとんどない。この新生の中に、我われはずっとこうしていたかのようだ。

(Muir 1911, L. 214)

『はじめてのシエラの夏』は、一八六九年のキャラバン中に書かれた記録をもとに、後年書き改められたものである。それ故、当初の記録よりも『はじめてのシエラの夏』の方が、記述は全体として洗練されている。この部分も、「回心」の感動を表現するために、よく推敲された文章になっている。しかし当初の粗削りな文章の方が、当時の生の感動を、よく表わしているように思われたので、ここでは当初の記録を訳出することにした。

*10——Wolfe (1945, 125)は、ハッチングズがヨセミテのUpper Hotelを買い取った年を、一八五九年としている。しかし、前後の経緯に関する記述の詳細さから、本書では、Taylorの説を採用することにした。

*11——一八七〇年十二月二十二日付けカー夫人宛ての手紙で、ミューアは、留守中にハッチングズが、妹にミューアたちが建てた小屋を与えてしまい、ミューアが大切にしていた植物ばかりか、フィールドノートやスケッチまでも勝手に処分してしまったことに憤っている(Muir 1870b)。ハッチングズは、ミューアがヨセミテ渓谷で有名な存在となり、多くの著名人たちの訪問を受けることに嫉妬して、ミューアに対して事あるごとに、理不尽な態度をとっていたようである(Gisel 2001, 152)。

*12——Badè (1924, Vol. 1, 252)は、エマソンのヨセミテ来訪を、五月五日としている。なおWolfe (1945, 145) によれば、エマソンはヨセミテを訪れる前に、以前からの友人だったカー夫人から、ヨセミテには「あなたの理想を究極的な形で実現している、あなたの精神的な息子とも言うべき」ジョン・ミューアという人間がいることを知らされていたとされる。ただし、ミューアをエマソンの「精神的な息子」であるとするのは、あくまでもカー夫人——またはウルフ——の解釈であって、ミューアの自然理解が、本当にエマソンの自然観と関連するものかどうかは、別の問題である。

*13——当時ヨセミテ渓谷一帯には、七軒の宿泊施設があったが、エマソン一行は、一八六九年に開業したばかりで、ホテルからの眺めも料理も「谷で一番」との評判だった、ライディッグズ・ホテルに滞在していた(Greene 1987, Vol. 1, 122)。

*14——この話は、この時から二十五年後に、ミューアがハーヴァード大学から名誉修士号を贈られた際の、晩餐会でのスピーチによるものである。

*15——これはミューアの回想によるものであって、エマソン自身は実際にどう感じていたのか、定かで

はない。ターナーは、「エマーソン《ママ》自身はミューアの生活に神秘的なものを感じ取っていなかったのではないかと思われる」としているが（ターナー 1994, 14）、この旅行中のメモや、ミューアの手紙に対する返事の様子などから見て、ターナーの言う通り、エマソン自身はミューアに強い魅力を感じていたわけではないのかもしれない。なお、エマソンの日記に、“My men” という書き出しで始まる、幾人かの名前が記載された項目があり、ここにミューアの名前も書き加えられていることが知られている。ここには、アガシー Louis Agassiz やソローなどのエマソンと親交のあった、当時のアメリカで各分野を代表する人物の名が連ねられている。このことから、エマソンがミューアを、たった一度の出会いで、殊更高く評価するに至ったかのように示唆されることがある（Wolfe 1945, 151）。しかし、この “My men” という表現には、注意が必要である。日記には、この表現の意味が記載されているわけではないので、エマソンがどのような意味でこの表現を使用していたのか、本当のところは分からない。ただし、一般的な英語表現の語感から言えば、“My men” という表現には、「役に立つ人間たち」という意味合いがある。それは必ずしも打算的な意味合いのものではないが、「この分野については、この人間に訊けば、必ず適切で有用な答えが得られる」といった意味に近い。すなわち、フロントカントリーについてはソローに訊けば、どんなことにでも答えてもらえるように、バックカントリーについてはミューアに訊くことができるという意味で、彼の名前はこのリストに書き加えられたのではないだろうか（もちろん、ミューアの名前が書き加えられた時、ソローは既に亡くなっていたが）。したがって、エマソンがミューアの名前を “My men” のリストに書き加えたことが、直ちに彼が、ミューアを「思想的」に高く評価していたということを意味するものではないように思われる。

*16 —— 一八七二年三月二十六日、ヨセミテ渓谷を大地震が襲った。ここでミューアが触れているのは、この地震のことである。このころミューアは、ヨセミテ渓谷の形成に関する研究に取り組んでいた。そして彼は、ヨセミテは古代の氷河活動によって形成されたものだと考えていた。しかし当時ヨセミテは、ハーヴァードの地質学教授であった、ホイットニーを中心とする「専門家」

たちから、古代の巨大地震による地盤沈下によって形成されたものだとされていた。そのため、ヨセミテで大地震が発生した時、地域の住民は、古代にあったとされる、破壊的な地盤沈下がもたらされるのではないかと非常な不安に襲われたのだった。しかし実際には、そのような地盤沈下は起こらなかった。そしてこのことが、ミューアを大いに喜ばせたのだった。引用文冒頭の「今回の地震で私は言いようがないほど満たされた」というのはこの意味からのものである。ミューアにとって、この地震の結果は本当に嬉しかったのだろう。後年彼は、ヨセミテに関するエッセイの中で、この時の地震についてかなり詳しく触れている(Muir 1901, L. 2480 ff.)。

*17——この残った一冊は選集の第一巻で、現在イェール大学図書館の貴重本として収蔵されている。http://hdl.handle.net/10079/bibid/1210486

*18——しかしその一方で、ターナーの報告によれば、エマソンから贈られた選集には、エマソンの自然景観の捉え方に関するミューアの批判が、余白のいたるところに書き込まれているとのことである(Turner 1985, 217)。

*19——ハーヴァードには一八六五年に着任。

*20——"The wrecks of matter, and the crush of worlds" (Addison 1712, 54)からの引用。

*21——ライエルは、自然界に働いている法則性が、現在も過去も同じであることを主張した。これによって、神意による「大洪水」のような、激変によって地質構造が形成されるとする、神話的・宗教的自然理解が否定されて行くことになった。

*22——アガシーは、ヨーロッパの氷河研究によって、地形の形成過程における氷河の役割を初めて明らかにした。

*23——Wolfe (1945, 133)は、ル・コンテのヨセミテ来訪以前に、ミューアに関する記事が「カリフォルニアの新聞」に掲載されたとしているが、私はこの新聞記事を確認することができなかった。

*24——Turner (1985, 197) は、ル・コンテが、地質学の実習のために学生たちをヨセミテ渓谷に連れて来たように述べているが、実際にこの記録を見ると、山行は実習ではなく、学生によって計画

された旅行であり、ル・コンテは学生に誘われた形で参加したものであることが分かる。

*25——ル・コンテのレクチャーの概要には、かつてシエラ全体が氷河に覆われており、ヨセミテ渓谷の形成にも、氷河の浸食作用が係わっているという記述がある。しかし、実際にこの記録が出版されたのは一八七五年であるため、果たして一八七〇年に行われた山行の時点で、この解説があったかどうかは、定かではない。ただしこのレクチャーでは、一八七〇年の時点では詳細が明らかではなかった、シエラ全体の氷河に関する概要が述べられているところから、この時点で記録通りの解説があったとは考え難い。恐らく、この後に発表されることになるミューアの氷河に関する論文や、ル・コンテ自身の研究に基づき、出版時において、レクチャーの内容が補完されたものと思われる。

*26——メリアムは、貿易商や銀行家として成功を収めた人物で、当時は下院議員を務めていた。一八七一年八月二十日付けメリアム宛てのミューアの手紙から、おそらくミューアは、七月頃に、メリアムのガイドとしてシエラの山々を案内したものと思われる(Muir 1871c)。そして、その際にミューアが、ヨセミテ及びシエラの氷河に関する自説を、メリアムに話したことが、手紙の内容から推測される。またメリアムは、ミューアに、その内容を論文ないしレポートとしてまとめることを勧め、活字化の約束をしたことも推測される。メリアムは、ニューヨークで仕事に成功した人物であるため、おそらく『トリビューン』紙を発行している新聞社とつながりがあったのだろう。また、同じ手紙から、メリアムがミューアに対して、スミソニアン協会Smithsonian Institutionでの仕事の斡旋を持ちかけ、ミューアがこれに対して非常に積極的だった様子も窺われる。なお、Holmes（1999, 228）は、メリアムをスミソニアン協会の理事directorとしているが、私はこの事実を確認することができなかった。ただし下院議員としてメリアムが、スミソニアン協会に何らかの関係を持っていたことは推測される。また現在スミソニアン協会の文書館には、メリアムの日記が保管されている。しかし残念ながら、一八七一年分の彼の日記は保管されていない。

＊27――モレーンとは、氷河によって削られた岩石や岩屑、土砂などが土手のように堆積した地形のことである。

＊28――『トリビューン』紙に掲載された文章を読んでみると、一般紙に掲載されたものであるため、それは、論文というよりは、「記事」といったスタイルになっている。学術論文として発表する前に、言わば「速報」のようなつもりで、ミューアはこの記事を発表したのかもしれないが、発表の経緯は不明である。なお、一八七一年十二月三十一日付けミューア宛てカー夫人の手紙には、「東部からは一切音沙汰がなく、お手上げの状態だ」という記述がある(Carr 1871)。また一八七二年十月八日付けカー夫人宛てのミューアの手紙から、ミューアが、氷河研究に関する複数のレポートを、MITのランクルに送っていたことが分かる(Muir 1872b)。さらに一八七二年二月二十一日には、ボストン自然史学会 Boston Society of Natural History で、ミューアがランクルに送った研究レポートをもとに、MITの動物学及び生理学の教授だったニーランド Samuel Kneeland が、シエラネバダの氷河とヨセミテ渓谷の形成における氷河の影響に関して、詳しい発表を行っている(Kneeland 1872)。これらのことから推測すると、地質学の専門家ではなかったランクルが、ミューアから氷河研究のレポートを受け取り、恐らくその扱いを検討するために、レポートを同僚のニーランドに渡したところ、ニーランド自身がその内容に大きな関心をもって、ミューアの許可なく学会で発表したものと思われる。十月八日付けのミューアの手紙の内容から、この発表がミューアの許可を得たものではないことは明瞭である。恐らく前年の九月頃から続々と、ミューアがランドルに研究レポートを送っていたにもかかわらず、ボストンではこのような動きになっていたため、ミューアやカー夫人のもとには、ボストンから一向に音沙汰がなかったのだろう。

＊29――ニーランドが、ボストン自然史学会で、ミューアのレポートを使って発表したのは、一八七二年の二月二十一日、三月六日、五月十五日の三回である。この発表原稿が掲載された学会誌を見ると、一回目と三回目の原著者はニーランドになっているが、二回目は、ヨセミテ渓谷の冬の

現象に関するミューアのレポートを、ニーランドが読み上げただけなので、原著者がミューアになっている。しかし三回目の発表も、三月二十六日に発生した大地震の際のヨセミテの様子を記述した、ミューアの手紙をニーランドが読み上げただけにもかかわらず、原著者はニーランドになっている。

　ミューアは後日、何らかの経緯で、一回目のニーランドの発表を活字にしたゲラ刷りを見る機会があり、カー夫人宛ての手紙の中で、ニーランドはちょっとした謝辞を述べただけで、「最も重大な真実を盗み取った」と強い口調で非難している (Muir 1872d)。ただしこの論文を実際に見てみると、それは全面に渡り、ミューアがランクルに送ったレポートの内容を紹介しているに過ぎず、ミューアが憤慨するほど盗作や盗用の論文になっているようには見えない。ミューアの憤慨は、それ故、多少過剰反応のようにも見受けられる。また、前便でカー夫人が、「ル・コンテが非常に喜んでミューアの成果について話している」と伝えたのに対し (Carr 1872)、ミューアは、「彼が発見したと主張するとは思わないが、もし彼がそうしても、私の立場が弱くなるわけではありません」などと返書に記している (Muir 1872d)。こうした彼の言表を見ると、ミューアは、当時のアメリカを代表する研究者の一人だった、ホイットニーの学説を覆すような自分の発見や理論に対し、それが盗用されることを、非常に気にかけていたように見受けられる。しかし、ニーランドやル・コンテに対するこれらの言表は、カー夫人への「私信」に記されたものに過ぎず、このことを取り立てて大きく問題にすることも、些末な事象の過大評価と言うべきかもしれない。

*30 ――ミューアに対するホイットニーの言葉として、Badè (1924, Vol. 1, 288) は "shepherd"、Wolfe (1945, 133)は "that shepherd" "a mere sheepherder" "an ignoramus"、Turner (1945, 1985)は "mere sheepherder" "ignoramus" という表現を使ったとしているが、いずれの著者も典拠を示していない。

*31 ――ミューアの時代には、暗黙裡に氷河期は一度だったと考えられていたが、現在では過去に数度、

氷河期の存在したことが分かっている。

*32——エドワード・アビーは、代表作の『砂の楽園』によく示されているように、砂漠のような人間のいない、人間を寄せ付けない自然の根源的な価値を、荒々しく野性的な文体で表現した作家である。文体から見ると、繊細で詩情豊かに自然の美しさを謳い上げるミューアとは、正反対の作家のようだが、原生自然の根源的価値を提唱するという意味では、ミューアと同じバックカントリーの作家だと言える。

*33——ゲーリー・スナイダーは、鈴木大拙の著書や、禅の実践を通して、日本的な禅仏教に通じた超越主義的な詩人であり作家でもある。しかしエマソンらとは違い、バックカントリーでの生活経験も豊富で、自然の背後に超越的真理を観ようとするのではなく、彼の作風には、自然そのものに絶対的真理を見出そうとする特徴がある。ミューアは、絶対的真理のような抽象的観念を重要視することはなかったが、原生自然における自然体験に深い意味を認めるという点で、スナイダーもミューアと同じバックカントリーの作家だと言える。

*34——一八六四年に成立した「寄贈地」に関する法律を見ると、「保護」preservation という語は使用されているものの、それはこの寄贈地において、借地などにより利益が生じた場合の使途を規定した条文にあるもので、そのような利益が生じた場合には、「その場所の保護と改良、またはそこへと通じる道路のために使用されなければならない」と規定されているだけである（US 1864, 325）。

*35——一八七八年、バイセイリア Visalia の新聞『デルタ』紙 *Delta* の編集員だったスチュアート George W. Stewart が、トゥーレアリ Tulare 郡のジャイアント・セコイアを守るために運動を開始し、幾たびかの挫折を乗り越えて、一八九〇年にセコイア国立公園を成立させている。また本書第一章で論じたように、一八八六年にはグリンネルがオーデュボン協会を設立し、野鳥とその卵の保護活動を始めている。

*36——ミューアは、一八七五年頃から、ヨセミテ渓谷やキングスリバー渓谷の、無秩序な森林伐採を批

判する新聞記事を書き始め(Muir 1875)、森林を保護する政策の必要性を訴えていた(Muir 1876)。

*37——ミルズの土地管理代理人 Land Agent という仕事は、鉄道会社の土地買収や管理を行う業務だが、当時のサザン・パシフィックの管理職名簿を見ると、本社の土地管理部 Land Department における管理職扱いのポストでもあることが分かる。またミルズはサザン・パシフィック傘下のセントラル・パシフィック鉄道 Central Pacific Railroad の副社長を兼務していた他に（Board of Railroad Comm. 1894, 232)、新聞の編集責任者、ヨセミテ渓谷管理員会の委員、さらにはカリフォルニア通商委員会 California State Board of Trade の議長なども歴任して（*Daily Alta California*, 22 April 1891)、いわばサザン・パシフィック・ファミリーの一員として、サザン・パシフィックの社会的事業を中心に活躍した人物であると言える。またミルズは、私利や政治的目的でヨセミテ渓谷を「利用」していた管理委員会の他のメンバーとは全く異なり、サザン・パシフィックとのつながりを生かして、ヨセミテの整備に尽力した環境保護活動家であったことが知られている(Orsi 2005, L. 4969)。

*38——ルーズベルトがミューアに後年送った手紙に、「いつも思うのだが、エマソンがあなたとキャンプに行けなかったとは、何と残念なことをしたものだろうか」という一節がある(Roosevelt 1908)。またルーズベルトと会う前に、ミューアが彼に送った手紙の中でも、若き日にエマソンがヨセミテにやって来た時、一緒にセコイアの森でキャンプ出来なかったことが触れられている(Roosevelt 1915, 28)。こうして見ると、エマソンとセコイアの下でキャンプできなかったことは、ミューアにとって、文字通り生涯忘れることの出来ない、悔いとして残っていたことが分かる。

*39——ルーズベルトは後の回想録で、ミューアが植物や鉱物については非常に詳しいにもかかわらず、鳥についてはあまり関心がないことに驚いている(Roosevelt 1913, 348; 1915, 28)。

*40——Legislature of the State of California 1905, 924.

公式の記録では、「二一対一三」で法案が可決したとされているが、コルビーのオーラルヒストリーでは、一票差で可決したと語られている(Colby 1954, 40-1)。この点について Jones（1965,

72）は、コルビーに行ったインタビューから、当日は欠席した議員がおり、出席した議員の採決の結果は、一票差での可決だったが、州議会の規則から、「公式」には、欠席した議員の投票を含めることになっているため、最終的な採決の結果は「二一対一三」になったと説明している。ただし、どのような方法で、欠席した議員の投票を行ったのかは、不明である。

*41 ―― ヨセミテ渓谷とマリポサの巨樹群が、実際に連邦政府の管理下に置かれるためには、これを可能にする法案が、連邦議会を通過する必要があった。しかしここでもまた、幾つかの障害があった。一九〇五年三月三日、カリフォルニア州議会を通過した「返還」の法案に、州知事のジョージ・パーディー George Pardee がサインをすると、すぐにそれは、ワシントンのジョージ・パーキンズ George C. Perkins に電信で伝えられた。彼はカリフォルニア州選出の上院議員で、シエラクラブの設立メンバーでもあった。三月三日は、連邦議会の会期末に当たっていたが、パーキンズは、同日、連邦政府が「返還」を受け入れる法案（S. J. R. 115）を上院に提出し、この法案はすぐに上院を通過して、下院に送られた（USC 1905, 3962-3）。しかし下院では、このような議案を、会期末の短い時間で簡単に承認することはできないとされ、返還予定のヨセミテとマリポサを騎兵隊が管理するための、予算だけが認められることになった(USC 1905, 4018-9)。

　このことは、返還に反対する勢力に、運動の機会を与えることになってしまった。反対派は様々な手段を用いて、次の議会で「返還」を受け入れる法案が、議会を通過しないように運動した(Orsi 2005, L. 5072)。これに危機感を持ったシエラクラブとミューアは、再びサザン・パシフィックのハリマンに助力を求めた(Orsi 2005, L. 5092)。この結果、「返還」を受け入れる修正法案(H. R. 118）が、一九〇六年五月七日に下院を通過、六月九日に上院を通過し、六月十一日にルーズベルト大統領が法案にサインをして、ヨセミテ渓谷とマリポサの巨樹群は、文字通りヨセミテ国立公園に帰属することとなった。

*42 ―― ピンショーとルーズベルトは、ルーズベルトがニューヨーク州の知事だった時代から、二人でボクシングやレスリングをするほどの親しい仲で（Miller 2001, L. 1752）、ルーズベルトが大統領に

就任してからも、ピンショーは、常にルーズベルトの近くにいて、特に国有地や国有林に関係した政策に、大きな影響を及ぼしたとされている。またピンショーは、内務長官のガーフィールドとも、極めて親しい間柄にあったと言われている(Miller 2001, L. 1688)。

＊43――Tueeulala滝。

＊44――『旧約聖書』には、モーセに率いられてエジプトから脱出したイスラエル人たちが、荒野で飢えに苦しんでいた時、天からパンが降ってきて(出エジプト記一六・一四)、彼らはそれを「マナ」と呼んだという記述がある(一六・三一)。

＊45――国立公園の前身であるヨセミテの「寄贈地」を創設した一八六四年のヨセミテ渓谷寄贈法で、ヨセミテ渓谷とマリポサの巨樹群は、「公共の利用、保養とリクリエーションのための場所」public use, resort and recreation として規定されている (US 1864, 325)。また、国立公園第一号のイエローストーン国立公園法において、国立公園は、「人々の利益と楽しみに供される公共の公園ないし娯楽の場」public park or pleasuring ground for the benefit and enjoyment of the people として規定されている(US 1872, 32)。

＊46――エドワード・パーソンズは、ヘッチ・ヘッチー渓谷の敗北からちょうど半年後の、一九一四年五月二十二日に、病気で亡くなっている。ミューアは、ヘッチ・ヘッチー渓谷の闘争が、彼の健康を害したと記している。(Muir 1915a)

＊47――妻のルイは一九〇五年八月六日に亡くなり、ミューアと一緒に作り上げた農園の片隅に眠っていた。現在、ミューアもルイの隣で眠っている。

終章——レイチェル・カーソンとアメリカの自然思想

結びにかえて

先年、私はメイン州のバンゴーを訪ねた。バンゴー近郊の森にある、オーデュボン協会のネイチャーセンターを訪問することが一つの目的だったが、ソローが「原初の野生」を体験したメインの森で、幾ばくか、彼が目にした「自然」に触れたかったからでもある。

もちろん現在のメインの森には、ソローが「途方もない荒野」(MW, 91) と呼んだ野生の世界はほとんど見られない。「薄気味悪く、野生的で、……湿気が多く、雑然とした」(MW, 88) メインの森と比較して、ソローは故郷コンコードの景色を、「なだらかな、それでいて変化に富む我われの風景」(MW, 171) と表現しているが、現在のメイン州に広がる風景こそ、なだらかな、それでいて変化に富む風景そのものである。しかしメイン州には、こうした長閑《のどか》なフロントカントリーの自然と共に、ニューイングランドで唯一のアーカディア国立公園 Acadia National Park などもあり、ソローが訪れたクタードン(カターディン)山一帯は、バクスター州立公園として、今も手厚くバックカントリーの自然が保護されている。

今日バクスター州立公園を訪ねると、悠々と草を食《は》むムースや、上手に前足でリンゴを抱え込みながら、実にうまそうにかじりついているヤマアラシなどの長閑な野生動物の姿をよく見かける。ムースを見れば、撃ち殺すか、毛皮を剝ぐことしか考えない人間ばかりだったソローの時代より、動物たちにとっては、むしろ現代の方が安全な時代になっていると言えるかも知れない。

ソローは『メインの森』で、アメリカに残された貴重な野生生物を保護するために、「国立保護区」(MW, 173)を創設するべきだと提案している。また遺稿『野生の果実』でも彼は、人々のために「原始の森」が保護され、「そこに存在する一本の小枝といえども、環境教育 instruction や人々の楽しみ recreation に供される恒久的な共用財産として……そこに存在し朽ちて行くべきだ」（Wild Fruits, 238）としている。まさに国立公園の思想にもつながる自然保護の理念を提唱したソローが、今日のメインの森を見たならば、絶対的な非情さを失った森の姿に眉をひそめると同時に、限られた区域にではあるが、安心して、伸びのびと生活している野生動物の姿に微笑むのではないだろうか。

水草を食むムース（© F. Shibasaki）

アメリカの環境保護運動を考える時、メイン州とゆかりの深いもう一人の人物を私は思いうかべる。レイチェル・カーソン Rachel Carson（一九〇七—一九六四）である。『沈黙の春』によって、似非《えせ》科学主義に基づく工業社会の環境汚染と環境破壊を告発したカーソンは、メイン州サウスポート・アイランドに、シープスコット湾をのぞむ海辺の別荘をもっていた。カーソンは、毎年この別荘で夏を過ごした。そして姪の息子ロジャーとここで経験したことをもとに書かれたエッセイが、『センス・オブ・ワンダー』である。また、彼女の遺稿集『失われた森』*Lost Woods* の題名は、この別荘の近くにある森を、彼女がそう呼んだことに由来している。そしてこの森は、現在、ブースベイ・リージョン・ランド・トラスト Boothbay Region Land Trust によって管理される自然保護区になっている。

カーソンの著作に、ソローからの直接の引用は見当たらない。しかし、彼女がソローの『日記《ジャーナル》』をベッドサイドに備える愛読書としていたことはよく知られており(ブルックス 2006, 408)、また「生物科学について」と題された短いエッセイの中には、つぎのようなソローへの言及が見られる。

生物学は、生きている地球に棲む、生きとし生けるものを扱う。色や形や動きに喜びを感じ、生命の驚くべき多様さを認識し、自然の美しさを楽しむことは、生物としての人間が持つ生まれながらの権利である。生物学との最初の出会いは、できることなら、野原や森や浜辺などで、自然を通じてであってほしい。そして、それを補足し確認する手段として、実験室での研究があるべきだ。最高の才能と想像力に恵まれた生物学者のなかには、生物学との最初の出会いは感覚的な印象や感動を媒介にしていた、という人々もいる。もっともすぐれた著作の大部分は——知識人を対象に書かれたものであっても——人類をも含む生命のたゆまぬ流れに対する、感動に根ざしている。現在、容易に手に入れることのできるハドソンやソローのような偉大なナチュラリストの著書は、このことを示す代表的な作品であり、生物学の分野の著作として権威ある位置を占めている。

(『失われた森』186-7)

まさに文学と科学の融合を目指した、『われらをめぐる海』や『海辺』の著者ならではの主張である。「『知る』ことは『感じる』ことの半分も重要ではない」（『センス・オブ・ワンダー』24）というカーソンの全作品を貫く理念は、ハドソンやソローへの深い共感と共に確立されたものであることがよく分かる。

ソローやカーソンが願ったメインの森の自然保護は、現在、さまざまな形で現実化し、貴重な野生動植物の生息する場所となっている。またフロントカントリーとして人々に開放されている空間は、「訪れる人々に『文明』が手に入れることを困難にしてしまった平安や精神の安らぎをもたらす」（『失われた森』195-6）ところになっていると共に、活発な環境教育のフィールドにもなっている。その中でも、ひときわ充実した展開を見せているのが、オーデュボン協会による環境教育プログラムだと言ってよいだろう。

メイン州には四つのオーデュボンセンター（ネイチャーセンター）があり、今回訪ねたフィールズ・パンド・オーデュボンセンターは、バンゴーから車で十五分ほどのフィールズ湖のほとりにある。ハクトウワシが舞い、アビが遊泳するフィールズ湖の東側に、一九二エーカー（約七七七、〇〇〇平方メートル）の土地を所有し、夏休み恒例のサマーキャンプはもちろんのこと、頻繁に催される自然観察会のほか、幼児を対象にしたお絵かき教室や、音楽教室まで行われている。

センターの窓から外に目をやると、窓辺ではハチドリが舞い、庭先にはウッドチャックやヤマアラシの姿も見られる。木々に目をうつせば、オーデュボンが本格的な野鳥の観察を始めるきっかけとなったツキヒメハエトリを始めとして、アオカケス、アメリカコマドリ、キレンジャクなど、次々と野鳥の姿が目に入ってくる。草原を一面に黄色の花でうめつくしているセイタカアワダチソウが、ここではこの上なく美しい。まさに「草原を金色にするセイタカソウ」Meadow Goldenrodの英名そのものである。子どもたちは草原でレンジャーのインタープリテーションに耳をかたむけ、絵をかき、歌をうたう。カーソンが、子どもたちのために何よりも大切だとした、「美しいものを美しいと感じる感覚、新しいものや未知なものにふれたときの感激、思いやり、憐れみ、賛嘆や愛情などのさまざまな形の感情」(『センス・オブ・ワンダー』24-26)を育む世界がここにある。

カーソンの作品が、こうした感覚や感情の結晶であることは言うまでもないが、カーソン自身も述べているように、その原型を我われは、ソローの作品のうちに、ありありと辿ることができる。そして、そのソローを「嬉しさでぞくぞく」させたのが、オーデュボンの自然誌であり、「オーデュボンの願い」を国立公園として実現させたのがミューアだったのである。

補遺

ヘッチ・ヘッチー渓谷の闘い

第四章でヘッチ・ヘッチー渓谷のダム化をめぐる問題に触れた際、私は、その詳細について言及することを差し控えた。何故なら、十三年間に及んだこの問題の議論に立ち入ることは、錯綜した政治的議論の展開を追うことになり、それはこの部分の叙述を、あまりにも肥大化させてしまうと思われたからである。しかし、「ヘッチ・ヘッチー論争」として知られるこの問題の経緯には、我が国で必ずしも正確に知られていない部分も多い。そこで本書では補遺として、ここにその詳細を記しておくことにしたい。

サンフランシスコ市の水問題と国有地内通行権利法

十九世紀末から二十世紀の初頭にかけて、カリフォルニア北部の中心都市として急成長を遂げたサンフランシスコ市は、増大する人口と、成長著しい各産業を支える最重要課題の一つとして、水資源の確保を急務としていた。折しも連邦議会では一九〇一年二月十五日に、内務長官の権限で、国立公園内に電気通信路や水路及びダムなどの建設を許可する「国有地内通行権利法」The Rights of Way Act が成立したところだった。これを受けてサンフランシスコ市は、一九〇一年十月、ヘッチ・ヘッチー渓谷にダムを建設し、ここを市の新たな水源とする事業の許可を内務省に求めたのだった。ヘッチ・ヘッチー渓谷は、ヨセミテ国立公園の中でも、ひときわ険しいバックカントリーに位置していた。そのため、実際にここを訪れる人間の数はごく限られており、またそれ故に、人為による水の汚染問題とも無縁であるという条件を兼ね備えていた。

しかし、サンフランシスコの申請は、当時の内務長官イーサン・ヒチコックにより、国有地内通行権利法の精神は、国立公園等の特異な景観や自然環境を保護することを前提としたものであるという理由から、一九〇三年一月に却下された(Manson 1908, 128-130)。その一ヶ月後、今度は市の顧問弁護士で、後にウィルソン政権で内務長官となるフランクリン・レーン Franklin K. Lane が、再考を求める請願書を内務長官に送るが(Manson 1908, 112-127)、これも同年十二月に却下される(Manson 1908, 129)。その後もサンフランシスコは、市による直接の申請ではなく、連邦議会での立法化なども試みるが、これも失敗してしまう(Manson 1908, 131)。さらに一九〇五年二月二十日付けでヒチコックは、大統領からの諮問に答えるかたちで、エレナー湖及びヘッチ・ヘッチー渓谷を水源として利用しようとするサンフランシスコ市の要望を、内務長官として認めることはできないとする文書を作成している(Manson 1908, 128-132)。

ここで一度、国有地内通行権利法の成立時期と、サンフランシスコ市の申請時期について整理しておくことにしよう。この法律は、上述のように、一九〇一年二月十五日に成立した。この時の大統領はウィリアム・マッキンリー William McKinley であり、副大統領は空席になっていた。マッキンリーは、一九〇〇年の大統領選で再選を果たして、一九〇一年三月四日から二期目の大統領に就任する。そしてこの時から、セオドア・ルーズベルトが副大統領に就任することになる。副大統領に就任する前、ルーズベルトはニューヨーク州の知事だった。従って、マッキンリー二期目の政権が発足する直前の、国有地内通行権利法が成立した時、ルーズベルトは、まだホワイトハウスの中枢にはいなかったことが分かる。しかしこの後、マッキンリーが一九〇一年九月十四日に暗殺されたため、副大統領だったルーズベルトが、同日、第二十六代アメリカ大統領に就任することになった。サンフランシスコ市の最初の申請が正式に提出されたのは、記録によれば一九〇一年十月十六日である（Manson 1908, 109)。従ってこの申請は、環境保護政策に積極的な、ルーズベルト政権になってからのものであり、その審査も、ルーズベルト政権の内務長官、ヒチコックによって行われたわけである。国立公園内にダムなどの建設を認める法律を制定しておきながら、実際にはなかなか認められなかったことの理由には、このような政治的状況の変動が関係していたと言ってよいだろう。

震災により壊滅的被害を受けたサンフランシスコ
（🅭 Chadwick, H. D）

サンフランシスコ大地震

サンフランシスコ市は、度重なる申請の却下で、ヘッチ・ヘッチー渓谷以外の水源を模索し始める(Righter 2005, L. 849)。しかし、その時に市を襲ったのが、一九〇六年四月十八日の大地震だった。マグニチュード七・八と推定される大地震は、多くの建築物を倒壊させると共に、火災を誘発した。地震は水道管も破壊してしまったため、消火栓も十分に機能せず、市は壊滅的な焦土と化してしまった。

ここで市民の怒りは、市に水を供給していたスプリングバレー水道会社に向けられたと言われている。地震による水道管の破壊は、仮に市が水道を管理していたとしても、避けられないことだったが、市民は怒りの矛先を、どこかに向けずにはいられなかったのである(Righter 2005, L. 898)。

震災後すぐに、市には復興委員会が組織され、その中に「水供給と防火対策」に関する小委員会も、立ち上げられた。小委員会は、主にエンジニアによって構成され、このような災害に対処するためには、スプリングバレー水道会社のような私企業に、市全体が水の供給を頼るべきではなく、市自身が水道システムを整備するべきであるとする方針を打ち出した(Righter 2005, L. 902)。こうしてサンフランシスコ市の目は、再びヘッチ・ヘッチー渓谷に向けられることになった。

この小委員会の中に、ヘッチ・ヘッチー渓谷のダム化をめぐる議論で大きな役割を担うことになる市のエンジニア、マースデン・マンソン Marsden Manson がいた。マンソンは、シエラクラブのメンバーでもあり、クラブの紀要に論文なども発表していた(Manson 1899)。またマンソンは、当時新進気鋭の森林官 Forester としてワシントンで活躍していたピンショーともつながりがあった。第四章において示したように、ピンショーは、ヘッチ・ヘッチー渓谷のダム化に積極的だった。彼は自然を、経済活動に基づく人間の幸福を実現するための、資源だと考えていた(Pinchot 1910, 43)。サンフランシスコで、市の水問題解決に向けて奮闘していたマンソンは、こうした考えを持つピンショーから、ヘッチ・ヘッチー渓谷のダム化を実現するべく、ワシントンで「自身に与えられた権限をもって支援する」という手紙を受け取ったのだった(Pinchot 1906a)。

ガーフィールドの決定

ヘッチ・ヘッチー渓谷にとって、さらに不運だったのは、このような動きの最中に、一貫してダム化を認めてこなかったヒチコックが、内務長官を辞任し、一九〇七年三月五日、ダム建設に好意的だと考えられていたジェームズ・ガーフィールド James R. Garfield が、新しい内務長官に就任したことだった[1]。同じ年の七月、ガーフィールドは、内務長官として西海岸の各地を視察する過程で、サンフランシスコ市の担当者たちと面会した。そして彼は、改めてヨセミテ国立公園内にダムの建設許可を求める市の申請に関して、公聴会を開催することに同意した（Righter 2005, L. 931）[2]。公聴会は一九〇七年七月二十四日に、サンフランシスコで開かれた(Manson 1908, 148)。

こうした動きに危機感を抱いたミューアとシエラクラブの主要メンバーは、八月三十日に理事会を開催し、ヘッチ・ヘッチー渓谷のダム化計画に対して、正式な反対表明を行うことを決め（Jones 1965, 95）、さらにミューアは、ルーズベルトに直接手紙を書いて、ヘッチ・ヘッチーをダム湖に沈めるなどという暴挙から、渓谷を救ってもらいたいと嘆願した（Muir 1907）[3]。しかし、これに対するルーズベルトの返事は、ミューアと同様に素晴らしい自然をいつまでも守りたいという気持ちは山々だが、これには人々の支持が必要であり、現状では多くの人々がヘッチ・ヘッチープロジェクトに賛成している状況を見ると、この動きを阻止することは難しいだろうというものだった。またこの返事の冒頭には、ダム建設に好意的な人物として、ガーフィールドと共に、ピンショーの名も記されており、この問題の進展において、ピンショーが如何に大きな影響を及ぼしていたかがうかがわれる（Roosevelt 1907）。そして翌一九〇八年五月十一日、ガーフィールドは、エレナー湖とその西側に位置するチェリー川 Cherry Creek にダムを建設することを認め、さらに水が必要な場合には、ヘッチ・ヘッチー渓谷をダム化できるとする決定を下したのだった(Manson 1908, 220)[4]。

しかしここには二つの条件があった。一つは、莫大な費用を負担することになるダム建設に、サンフランシスコ市民が同意することであり、もう一つは、国有地の処分に伴う連邦議会の承認を得ることだった。サンフランシスコの住民投票は、一九〇八年十一月十二日に実施され、市の計画は、約八五パーセントの賛成を得た（SFMR 1910, 1416-1417）。さらに議会による承認の手続きに関しては、住民投票に先立ち、ガーフィールドの決定通知書が示された日から五日後の五月十六日に、カリフォルニア州選出の下院議員ジュリアス・カーン Julius Kahn によって、下院合同決議案(H. J. Res. 184）が議会に提出され（USC 1908a, 6440）、十二月十六日に公聴会が開催されることになった。

十二月十六日の公聴会では、マンソンが市を代表して陳述を行い、まずヘッチ・ヘッチー渓谷の取得に係る代替地の承認を求めることから議論が始まった(USC 1908b, 7-8)。公聴会は二日間行われ、議会がクリスマス休暇に入ったため、この問題は、休暇後の一九〇九年一月九日に引き続き審議されることになった。(5)

この休会期間は、ダム建設を阻止したいミューアたちにとって、絶好の運動期間となった。コルビーを中心とするシエラクラブの主要メンバーは、『センチュリー』誌のジョンソンの手も借りて、大々的なヘッチ・ヘッチー渓谷の保護キャンペーンを展開した。その結果、この問題を審議する委員会には、渓谷の保護を訴える内容の手紙や電信が、全米から数百通も送り付けられた(Jones 1965, 102)。またサンフランシスコの申請に対しては、関連した決議案(H. J. Res. 223)に関する小委員会から、灌漑農業などで現在トゥオルミ川を利用している他の関係者の利益を阻害する可能性が指摘され（USC 1909a, 289）、さらにガーフィールドの決定は、そもそも国立公園の理念や、国有地内通行権利法の趣旨から逸脱している可能性があるのではないかといった、多数の懸念が示された（USC 1909a, 26）。その結果、委員会は一致した結論に至ることができず、決議案を本会議に上程することを見送ったのだった(USC 1909b, 13)。

なお、ガーフィールドの決定通知書を読むと、議会の承認に関しては、「必要な場合には」if necessary と書かれており、不可欠な条件とはされていないことが分かる(Manson 1908, 220)。それにもかかわらずサンフランシスコ市は、あえてヘッチ・ヘッチー渓谷のダム建設に関する議会の承認を求めたのだった。この理由は恐らく、国有地内通行権利法に基づく決定の、法的拘束力にあると思われる。内務長官は、この法律に基づいて、国立公園内にダムなどの建設を許可することができるが、同じく内務長官は、この許可を取り消すこともできるのである(US 1903, 791)。それはガーフィールド自身が、前任者のダム建設不許可を取り消し、一転してダムの建設を認めたように、内務長官が代われば、ガーフィールドの決定は取り消されることもあり得るということである。折しもルーズベルト政権の終了は二ヶ月後に迫っており、新しいタフト政権の内務長官が、ガーフィールドの決定を覆さないとも限らない。そのためサンフランシスコ市としては、特に反対運動が強いヘッチ・ヘッチー渓谷のダム建設に関して、議会の承認を取り、後の内務長官がガーフィールドの決定を覆し難い状況を、作り上げておきたかったのではないかと思われる。

タフト大統領のヨセミテ来訪

ヘッチ・ヘッチー渓谷の問題は、タフト政権に受け継がれることになった。両陣営は、新しく内務長官に就いたリチャード・ボーリンガー Richard Achilles Ballinger に嘆願書を送るなどして、推進・反対それぞれの運動を展開したが、しばらくの間ワシントンでは、目立った進展はなかった(Jones 1965, 106-107)。事態が再び動き出したのは、一九〇九年の十月にタフト William Howard Taft 大統領が、ヨセミテ国立公園を訪れたことからだった。タフトは、『センチュリー』誌のジョンソンの薦めにしたがって、ミューアをヨセミテ視察のガイドに選んだのだった(Johnson 1909)。

しかし、今回の大統領のヨセミテ視察は、ルーズベルトの時とはだいぶ様子が違っていた。アウトドアスポーツの愛好者だったルーズベルトとは異なり、体重が三〇〇ポンド(一三六キログラム)以上と言われたタフトの視察では、二人だけのキャンプはおろか、トレイルを行くにも常に馬が使われ、多くの随行者がいつも一緒だった。この時の詳しい記録は、ミューアの側にも、タフトの側にも残されていない。そのため、当時の新聞記事などから様子をうかがうことしか出来ないが、サンフランシスコの新聞は、ヘッチ・ヘッチー渓谷のダム化に反対しているミューアやシエラクラブに、あからさまな反感を示しているものばかりで、記事が伝える内容の信憑性も、疑わしいものが多い。

タフト一行は、十月六日にサンフランシスコに到着し、現地で熱烈な歓迎を受けた後、翌七日から三日間の予定でヨセミテ渓谷を巡る旅に出た。六日にサンフランシスコで行われた晩餐会の出席者名簿に、ミューアの名前はなく(*San Francisco Call*, 6 October 1909)、七日からのガイドとして彼の名前が新聞に見られるところから、ミューアは、七日から大統領の視察団に加わったものと思われる（*San Francisco Call*, 8 October 1909)。そしてヨセミテ渓谷での三日目、九日の様子を伝える記事に、ミューアは、十月十一日から内務長官のボーリンガーとヘッチ・ヘッチー渓谷の視察に向かうよう、大統領から指示されたことが記されている(*San Francisco Call*, 10 October 1909)。

ミューアの伝記作者であるウルフは、この時の新聞記事から、かなり大胆な「物語」を構成し、ミューアとタフトの間に、ヘッチ・ヘッチー渓谷の扱いについて、暗黙の了解が出来上がったかのように書いているが、真実は分からない(Wolfe 1945, 323-324)。また、ボーリンガーに同行したヘッチ・ヘッチー渓谷の視察については、全く資料がないため、さらに様子が分からない。ただし、ボーリンガーとの視察の後に、ミューアが友人やコルビーに宛てた手紙には、「陽気な」merriest 大統領と楽しく過ごしたことや、ボーリンガーに同行した感触から「［サンフランシスコ市の］ヘッチ・ヘッチー渓谷の企みは、だめになるだろう」と書かれているところから、タフトやボーリンガーが、実際に、ヘッチ・ヘッチー渓谷のダム化に消極的だったことは、ほぼ間違いないものと思われる (Muir 1909a; 1909b)。

シエラクラブ分裂

こうしてミューアやシエラクラブの主要メンバーが、ヘッチ・ヘッチー渓谷のダム化という危機を回避するべく奮闘する一方で、シエラクラブの内部では、大きな問題が持ち上がっていた。原因は、サンフランシスコ市の技術責任者として、ヘッチ・ヘッチー渓谷のダム化を強力に主張するマンソンを始めとして、湾岸部に居住するメンバーの中には、水問題の解決策として、ヘッチ・ヘッチー渓谷のダム化に賛成している人たちがいたことだった。そしてこの中には、シエラクラブの発起人の一人で、副会長でもあったウォーレン・オルニーもいた。彼は、一九〇三年にサンフランシスコに隣接するオークランドの市長となり、同じく水問題を解決するためにサンフランシスコと連携して、ヘッチ・ヘッチー渓谷のダム化に賛同する立場を採ったのだった (Righter 2005, L. 1017)。シエラクラブは事務局長のコルビーが中心となり、ヘッチ・ヘッチー渓谷のダム化に反対するパンフレットを度々制作していたが、一九〇九年の十二月、マンソンを中心とするダム推進派のメンバーが、配布されているパンフレットはシエラクラブの総意に基づくものではないという情報を、かねてからシエラクラブに批判的だった『コール』紙 *San Francisco Call* にリークしたのだった (Jones 1965, 109)。言うまでもなく『コール』紙は、ダム推進派メンバーのインタビュー記事を多数掲載し、シエラクラブの内部分裂を助長していった。そしてついにこの問題は、メンバー全員の投票によって、ヘッチ・ヘッチー渓谷に対するシエラクラブの態度を決するという事態にまで、進展してしまったのだった。

ダム化の賛否を示す投票用紙がメンバー全員に送付され、投票は、郵送と事務局の投票箱の両方で受け付けられた。一九一〇年一月二十九日、開票が行われた。ヘッチ・ヘッチー渓谷の自然保護に賛成する票五八九に対し、反対は一六一票となり、ヘッチ・ヘッチー渓谷の自然保護が、シエラクラブの総意として決せられた。しかしこの結果、サンフランシスコを中心とする湾岸部のメンバーが、五〇人ほどシエラクラブから去って行ったのだった(Jones 1965, 108-117)。この分裂劇がミューアの心に与えた苦しみは、計り知れないほど大きなものだったに違いない。この時ミューアは、すでに七十一歳になっていた。

明確な「理由」を提示せよ

一方でワシントンでの動きには、ミューアたちを大いに勇気づけるものがあった。一九一〇年二月二十五日、内務長官のボーリンガーは、サンフランシスコ市に対して、「何故ヘッチ・ヘッチー渓谷は[市の水源利用の]許可から削除されるべきではないのか」についての明確な「理由」を、五月までに提示するよう命じたのだった(US 1910, 6)。この命令は、前年の十月、ボーリンガーのヘッチ・ヘッチー渓谷の視察に同行した、アメリカ地質調査所 United States Geological Survey の所長ジョージ・スミス George Otis Smith の調査報告に基づくもので、この報告書でスミスは、「サンフランシスコ市の現在及び将来の水需要は、エレナー湖だけで十分であり、ヘッチ・ヘッチー渓谷を水源として利用する必要はない」と結論づけていた(US 1910, 9)。

五月二十五日、ヘッチ・ヘッチー渓谷のダム推進派と反対派が、ワシントンに召集されて、公聴会が開催され、激しい論戦が繰り広げられた(US 1910, 9-65)。しかしサンフランシスコ市は、ボーリンガーが二月二十五日付けの通達で求めた、明確な「理由」を提示することができず、さらに詳しい資料を提示するために、公聴会の延長を求めたのだった(US 1910, 58)。これに対してボーリンガーが下した結論は、前任者のガーフィールドが一九〇八年五月十一日付けで下した決定を「全て保留」し(US 1910, 70)、「最終の公聴会」を一九一一年六月一日に設定して、サンフランシスコ市はそれまでに、同市と周辺の自治体が現在及び将来において必要な水を確保するために、エレナー湖の流域と、ヘッチ・ヘッチー渓谷を除いた他の水源では不十分であるのか否かを、内務長官が判断するために必要となる詳細なデータと情報を、陸軍技官による諮問委員会 Advisory Board of Army Engineers に提出することを命じる、というものだった(US 1910, 69-70)。

この結論は、ヘッチ・ヘッチー渓谷の擁護派にとって、満足のいくものではなかった。それどころか、大いに彼らを落胆させるものだったと言ってもよいだろう。なぜなら、サンフランシスコ市は、ボーリンガーから課されていた「理由」を十分に明示できなかったにもかかわらず、実質的には、ダム建設の推進運動を展開するための期間を、一年以上も手に入れてしまったからである。

ボーリンガーがこのような結論を下した理由は、恐らく前任者が下した決定を覆すために、慎重を期したかったからではないかと思われる。内務長官の決定は修正及び破棄が可能であるとは言っても、その波及効果を考えると実際にはそれほど簡単なものではない。そこでボーリンガーは、ガーフィールドの決定からヘッチ・ヘッチー渓谷のダム化を許可する条項を破棄するための、十分な根拠を整える目的で、陸軍工兵隊 Corps of Engineers, U. S. Army に応援を求め、諮問委員会を構成して、中立的な専門委員会による評価を得ようとしたのである。五月二十五日の公聴会には、工兵隊の技官三名が陪席していた。しかしサンフランシスコ市の提示した資料が不完全なものであったため、翌日開かれた諮問委員会で、技官たちは、サンフランシスコ市ばかりでなく、周辺の自治体における人口増加なども考えた場合、本当にヘッチ・ヘッチー渓谷のダム化は必要ないという結論を下すことが出来なかったのである (US 1910, 67)。これはサンフランシスコ市にとって、幸運以外の何ものでもなかったと言うべきだろう。自らが不十分だったが故に、ヘッチ・ヘッチー渓谷のダム推進派は、完全な敗北を免れたのである。

ボーリンガーの辞任劇

推進派にとっての幸運は、もう一つ続いた。一九一一年三月十二日、この問題に最終判断が下されるはずだった公聴会を待たずして、ボーリンガーが、内務長官を辞任してしまったのである。そしてこの辞任劇で、またしても大きな係わりを持つ人物として登場してくるのが、ピンショーなのである。ピンショーは、ボーリンガーが、国有地管理局 General Land Office の局長だった時代から、アラスカの炭鉱開発に絡む不正に関与しているという、国有地管理局ポートランド（オレゴン州）支部の支部長ルイス・グラビス Louis Glavis の告発に同調し、一九一〇年一月、上院議員ジョナサン・ドリヴァー Jonathan P. Dolliver に公開書簡を送って、この問題を議会の場で公にしたのである（Ganoe 1934, 325）。この書簡でピンショーは、ボーリンガーの不正を調査するための議会による公聴会を要求し、また、事前に情報が伝えられていたにもかかわらず適切に対処しなかった、タフト大統領を暗に批判した（USC 1910, 368）。これにより、ピンショーはタフトから連邦森林局長の職を解かれ（Miller 2001, L. 2587）、ボーリンガーは、一月二十八日から六月の会期末まで、議会の公聴会で追及されることになった（Ganoe 1934, 326）。その後、この問題に関する審議委員会の最終答申が示され、ボーリンガーの潔白は認められたが（Ganoe 1934, 327）、彼は一連の騒動の責任をとるかたちで、一九一一年三月十二日、内務長官の職を辞したのだった。

ボーリンガーの後任として内務長官に任命されたのは、ワシントンでは無名に等しいウォルター・フィッシャー Walter L. Fisher だった。フィッシャーは、シカゴ市の腐敗した市政を正すべく結成された、シカゴ自治住民投票連盟 Municipal Voters League of Chicago の会長を務めたり、シカゴ市の顧問として公共交通機関の整備に係わったりしたことのある法律家で、ピンショーが設立した全米保全協会 National Conservation

Association の副会長なども務めていた（Library of Congress 2013）。

フィッシャーは着任後すぐに、サンフランシスコ市の求めに応じ、一九一一年六月一日に予定されていた公聴会の開催を半年間延期して、十二月一日とした（US 1913b, 4）[6]。この延期は、サンフランシスコ市が、前年、新たにこの分野のエキスパートとも言うべきエンジニアを外部から迎え、公聴会に提出するべき資料の作成を進めていたが、当初の期日までに完成させる見通しがつかなかったことが、一つの理由かと思われる。ただし、九月にフィッシャー自身がヘッチ・ヘッチー渓谷の視察を行っているところから見ると、フィッシャー自身も、この問題を検討するための時間を必要としていたのだろう（Jones 1965, 127-130）。しかしフィッシャーは、その後もサンフランシスコ市の求めに応じて延期を繰り返し、最終的にフィッシャー長官の前で公聴会が行われたのは、一九一二年十一月二十五日から三十日までの六日間だった（US 1913b, 5）[7]。前回の公聴会が開かれた一九一〇年五月から、何と二年半の歳月が経過していた。

『フリーマンレポート』の衝撃

この間にサンフランシスコ市は、前回の公聴会で要求された詳細な資料を作成するべく、水道などの都市基盤整備や治水事業の専門家であるジョン・フリーマン John R. Freeman を、新たに顧問エンジニアに迎えて、ヘッチ・ヘッチー渓谷のダム化を中心とした水道事業計画の策定に取り組むことができた。フリーマンは、ボストンのチャールズリバー・ダムブリッジ Charles River Dam Bridge の建設や、ニューヨーク市の水道事業計画の策定などで当時よく知られたエンジニアで、ニューヨークやサンフランシスコの他にも、ロサンジェルス、サンディエゴ、メキシコシティなどの水道整備や、各地の水力発電所建設にも技術顧問として係わっている（Bush 1935, 175-176）[8]。ボーリンガー前長官の許で行われた一九一〇年五月二十五日の公聴会の記録に、サンフランシスコ側の発言として、フリーマンの助言を得たことが記されているので、既にこの時点で、市はフリーマンに援助を求めていたことが分かる（US 1910, 34）。その後一九一〇年十月二日の『コール』紙に、フリーマンがマンソンと十日間の予定で、ヘッチ・ヘッチー渓谷の現地調査に向かった記事が掲載されているところから、フリーマンは、この頃から本格的に資料作成を開始したものと思われる。

およそ二年の歳月をかけて作成された『フリーマンレポート』は、四〇一ページに及ぶ詳細なもので、その内容も、ミューアたちヘッチ・ヘッチー渓谷の擁護派にとって、驚くべき点が盛り込まれたものになっていた。(9) 完成予想図として、ダム湖を周遊する馬車道や、吹き出す滝をまたぐようにして通り抜ける遊歩道の合成写真を掲載し、ここに「ヘッチ・ヘッチー湖」Hetch Hetchy lake が造られれば、サンフランシスコ市と近隣都市の水問題は解決し、莫大な電力が生み出されるばかりか、多くの人々が余暇を満喫できる自然環境を提供することができると、フリーマンは主張したのである（Freeman 1912, 15）。ノルウェーやスイスの山間の湖を廻るように造られた観光道路や（Freeman 1912, 18）、ボストンやニューヨークの貯水池を囲むようにして整備された公園の例を挙げて（Freeman 1912, 35-45）、フリーマンは、サンフランシスコ市が渓谷への道路を整備し、美しいダム湖を造ることによって、現在はそこを訪れるために、特別な装備や多額の費用を必要とするヘッチ・ヘッチー渓谷を、より多くの市民に親しまれる、憩いの地に生まれ変わらせることができるとする説を展開したのである（Freeman 1912, 147-148）。そしてもちろん『フリーマンレポート』には、一九一〇年五月の公聴会で内務長官から要求された、サンフランシスコ及び周辺都市の将来に渡る水需要の見通しや、ヘッチ・ヘッチー渓谷以外の水源の可能性に関する詳細なデータも含まれていた。

シエラクラブは、『フリーマンレポート』に対するコメントとして、後に『コルビーブリーフ』Colby Brief

と呼ばれるパンフレットを作成した。そしてこの中でコルビーは、ヘッチ・ヘッチー渓谷の魅力は、ダム建設によって水没することになる、谷の底部に広がった景観の美しさにあり、これを中心にして観光開発を行えば、数十年後の経済効果は、ここをサンフランシスコの貯水池としてしまうことから得られる利益よりも大きく、サンフランシスコと周辺都市の水需要は、ヘッチ・ヘッチー渓谷以外の水源によっても、十分に満たされ得ると主張した(Jones 1965, 135-145)。

ワパマ滝をまたぐ遊歩道の合成写真
(Freeman 1912, 16)

しかし、ヘッチ・ヘッチー渓谷のダム化に反対して来た詩人のハリエット・モンロー Harriet Monroe をして、その圧倒的なボリュームと、多くの写真を駆使したビジュアルな効果の前に、「何と言ってよいか分からない」と言わしめたほどの『フリーマンレポート』に対し(Righter 2005, L. 1541)、わずか一〇ページほどの『コルビーブリーフ』が、どれほどの影響力を持ち得たと言えるだろうか。それどころか、『フリーマンレポート』の影響によって、これ以降に展開されるヘッチ・ヘッチー渓谷擁護派の議論が、純粋に渓谷の原生自然を保護しようという方向から、観光利用の方向に大きく傾いてしまい、自然保護の議論としての一貫性を失ってしまった感がある。この意味でも『フリーマンレポート』は、ヘッチ・ヘッチー渓谷の存亡に関わる議論の展開にとって、極めて重要な意味を持つものだったと言えるだろう。

翌一九一三年二月十九日、内務長官の要請で公聴会に陪席していた、陸軍工兵隊の三人の技官による答申が示された。[10] 結論は、ヘッチ・ヘッチー渓谷の他にもサクラメント川 Sacramento やマクラウド川 McCloud など、複数の利用可能な水源があるが、「唯一、費用の観点から」、ヘッチ・ヘッチー渓谷を水源として利用することが適当であるとするものだった(US 1913a, 50)。さらにヘッチ・ヘッチー渓谷をダム化した場合には、推定で一一五、〇〇〇馬力、約四、五〇〇万ドルに相当する電力が得られる点も、利点として挙げられた(US 1913a, 51)。渓谷の擁護派が訴え続けて来た、ヘッチ・ヘッチー渓谷の特異な自然景観が持つ価値は、全く考慮されず、唯一、ダムの建設によって「若干のキャンプ場」が消滅しても、『フリーマンレポート』が提案している「遊歩道」trails が整備されれば、これまでは利用できなかった区域が利用可能になるとする、わずか五行のコメントが答申書に添えられているだけだった(US 1913a, 51)。[11]

フィッシャーの結論

フィッシャー長官によって召集された公聴会は、一九一二年十一月二十五日から六日間に渡って開催された。この公聴会に関する正式な記録は、公開されていない。わずかに残されたシエラクラブの資料から見る限り、両者とも、相手の主張を完全に封じ込めるほど決定的な論証は展開できなかった様子がうかがわれる (Jones 1965, 145-147)。渓谷の保護派からは、八名の代表者が出席した。その中にはシエラクラブを代表してウィリアム・バーデー William F. Badè と、『センチュリー』誌のジョンソンが含まれていた。しかし、さすがのジョンソンも、軍の技官から、ヘッチ・ヘッチー渓谷以外の水源に関する質問を受け、「太平洋の水でも濾過して使えばいい」などという、精彩を欠いた答弁をしてしまったようである (Righter 2005, L. 1652)。この時の代表団にはコルビーは含まれておらず、既に七十四歳を過ぎたミューアの姿もなかった。

軍の技官のみによって構成された諮問委員会がこのような答申を行うことになったのは、当然のことだと言えるかもしれない。現代のように、美的価値や心理的影響まで含めて、あらゆるものを定量化し、その経済的効果を算定する仕組みがなかった時代、技術者たちが利用可能な「客観的データ」には限りがあった。彼らにとって、現在及び五十年後の人口推計と、それに伴って必要になる水の量や、可能な水源から得られる水量と、その確保に必要な費用の概算は可能だった。しかし、渓谷の保護派が主張する、「かけがえのない自然美」の価値を算定する方法は、彼らにはなく、『コルビーブリーフ』が提唱するような、将来の観光利用による経済的価値も、彼らには「未知数」だったのだろう。

全米市民協会 American Civic Association の会長で、東部におけるヘッチ・ヘッチー渓谷擁護派の中心的人物として公聴会に出席していた、ホレス・マクファーランド J. Horace McFarland は、純粋に技術的観点からのみ示された答申書の、こうした問題点を即座に見抜き、フィッシャーに対して、技術者ではなく、国立公園や国立記念物が国家と国民に対して持つ価値を顧慮しなければならない内務長官の立場にある者は、単に技術や費用の点からのみで、この問題に判断を下すべきではないという手紙を送っている（Jones 1965, 149-150）。そしてフィッシャーの下した決断は、この問題の解決を議会に委ねるというものだった。

フィッシャーが諮問委員会から答申書を受け取った日は、彼が内務長官を務めるタフト政権が終了（一九一三年三月四日）する、二週間前だった。フィッシャーは任期満了となる期日の三日前の日付け（三月一日）で、サンフランシスコ市長と管理委員会 Board of Supervisors に宛てた文書を送り、この短い期間に様々な点を考慮し、最終的な判断を下すことが出来なかったとしている（US 1913b, 5）。さらにフィッシャーは、この問題に関する内務長官の権限を定めた「一九〇一年二月十五日の法律」、すなわち国有地内通行権利法 Rights of Way Act の現実的な適応範囲と、現在の問題が持つ重大な意味や影響を考えるなら、この法律のみを根拠として、この問題に関する最終的な判断を下すことは、適当ではないと考えたともしている(US 1913b, 5-6)。そもそも国有地内通行権利法の趣旨は、公共の利益の観点から、国立公園を含む国有地内に、電線や水道管を通すことを許可する権限を、内務長官に与えるとするもので、この法律では、内務長官の許可によって、国立公園などの国家的自然遺産の主要部分が失われる場合などについては、考慮されていないのである(US 1903, 790-91)。それゆえ、もし内務長官が今回の問題に関して最終的な判断を下せば、それは今後の類似した問題にとっての、極めて重要な先例となるが、それは問題の大きさから考えて、内務長官に与えられた権限を超えるものだとフィッシャーは言うのである(US 1913b, 6)。したがってこの問題に関する最終的な判断は、国有地内通行権利法を制定した、議会に託すべきだと、彼は結論したのである(US 1913b, 8-9)[12]。

レイカー法案

こうして決戦の場は、議会に移されることになった。サンフランシスコ市の動きは早かった。正に地元の選挙区にヘッチ・ヘッチー渓谷を持つ、下院議員のジョン・レイカー John E. Raker を介して、次々と法案が議会に提出されていった[13]。また、サンフランシスコ側にとって都合の良いことには、三月に発足した新政権でウィルソン Thomas Woodrow Wilson 大統領が選任した内務長官は、十二年前にサンフランシスコ市が、初めてヘッチ・ヘッチー渓谷のダム建設許可を申請した時に市の顧問弁護士だった、フランクリン・レーンだったのである。

最初の法案は、四月七日に提出されたが、六月二十三日に二度目の修正案が提出され、この修正案に関して六月二十五日から、下院の国有地に関する委員会 Committee on the Public Lands による公聴会が、開催されることになった(USC 1913a, 3)。サンフランシスコ側は既に五月の時点から、ロビー活動の要員を続々とワシントンに送っていたが（Clements 1979, 208）、渓谷の擁護派は、この動きについて行くことが出来なかった。公聴会の記録を見ると、六月五日に非公式の委員会が行われ、「サンフランシスコの切迫した水不足」の「緊急事態」を考慮し、この法案を「緊急の案件」として、本会議に上程する方針が決められたことが分かる(USC 1913a, 3)。記録には明記されていないが、前後の文脈から、このような委員会の方針決定には、レーン新内務長官の影響力が強くうかがわれる。

一方は「公費」による潤沢な資金力と、「公務」という名目の自由な活動時間に加えて、内務長官の絶大な影響力まで手中に収め、組織的な政治活動を展開するのに対し、他方は、所詮、「自然愛好家」の単なるボランティア集団に過ぎなかった。実際、擁護派の活動資金は、ほとんどがミューアとコルビー、そしてシエラクラブ恒例の「山行」Outing を最初に提案したことで知られるエドワード・パーソンズの三人による、個人的な支出に頼っていたと言われている(Jones 1965, 156)。

こうして公聴会は、サンフランシスコ側の思惑通りに方針が決定され、渓谷の擁護派は、公聴会の告知(六月二十四日)から開催日(六月二十五日)までの期間が、短かすぎたこともあって（Ferris 1913）、主要なメンバーを公聴会に送ることができなかった。[14] 公聴会は六月二十五日から二十八日までと、七月七日に行われたが(USC 1913a, 3, 50, 130, 179, 271)、実に擁護派は、カリフォルニアからの出席者はおろか、実際にヘッチ・ヘッチー渓谷を見たことのある者を一人も送ることができない状態だった。そのため公聴会では、擁護派の議論が説得力を持たず、ヘッチ・ヘッチー渓谷のダム建設許可を求める法案は、下院の本会議に送られることになってしまった。

公聴会の意見を反映した修正案(H. R. 7207)が、八月一日にレイカーによって提出され（USC 1913b, 3023）、八月二十九日から、途中に休会を挟んで、四日間の審議が行われた。そして九月三日に採決が行われ、賛成一八三、反対四三の大差で、法案は下院を通過した（USC 1913b, 4151）。この間にミューアは、法案の通過を阻止するべく、多数の友人や有力者に手紙を書いたが、効を奏することはなかった。またこれまでの議会工作では、最後に頼みの綱としてきたサザン・パシフィック鉄道のハリマンも、既にこの世を去っていた。

上院国有地委員会での公聴会は、九月二十四日に一日しか開かれなかった(15)。『センチュリー』誌のジョンソン他四名の渓谷擁護派と、灌漑農業の関係者一名が、ダム建設の反対意見を述べ、推進派は、法案提出者のレイカーと、ウィリアム・ケント下院議員 William Kent(16) が法案の趣旨を述べたほどで、公聴会は終了し、法案は「満場一致」で本会議に送られた（USC 1913c）。

最後の決戦

最後の決戦が迫っていた。西海岸ではシエラクラブのパーソンズが中心となり、上院議員や大統領宛てにダム建設に反対する手紙を書くことを呼びかける、数千部のパンフレットが作成され、全米の有力者に送られた(Jones 1965, 163)。これ以前に配布されたものを含めると、この頃に作成されたシエラクラブのパンフレットは、数万部に及んでいる（Jones 1965, 159-160)。七十五歳になったミューアも、連日、支援を呼びかける手紙を知人たちに書き続けた。東海岸ではジョンソンが、新たに「ヨセミテ国立公園自然保護委員会」National Committee for the Preservation of Yosemite National Park を組織し、東部の自然保護団体と連携して、ヘッチ・ヘッチー渓谷の保護を訴えるキャンペーンを展開した(Jones 1965, 163-164)。

上院本会議での審議は、十二月一日から始まった（USC 1913d, 6)。議場では、渓谷の自然保護ばかりでなく、トゥオルミ川を利用する灌漑農業の問題も絡んで、活発な議論が展開された（Righter 2005, L. 1859）。上院議員たちは、全米の市民から送られてきた、自然保護を訴える手紙の膨大な数にも驚かされた（Righter 2005, L. 1838）。しかし、内務長官の強い支持と、ピンショーの「保全主義」に沿った森林局や農務長官の支持を得て（USC 1913a, 5-50）、さながら緊急の「行政立法」かのように扱われたレイカー法案は（Jones 1965, 165）、一九一三年十二月六日深夜十二時、賛成四三、反対二五、棄権二七で可決した（USC 1913d, 385-386）。それから二週間後の十二月十九日、ウィルソン大統領が署名して、法律は成立した（USC 1913d, 1189）。

　こうして、十三年間に及んだヘッチ・ヘッチー渓谷をめぐる攻防は終わりを告げ、渓谷の運命は、ダム湖に沈むことと決してしまったのである。

註

＊1——ピンショーは、マンソン宛て一九〇六年十一月十五日付けの手紙で、新しい内務長官がヘッチ・ヘッチー渓谷のダム化に対して、どのような決定を下すか分からないとしながらも、「彼の態度は、我われに好都合な方向に向くだろう」と期待できるので、マンソンに対して、ダム建設に向けた準備を進めるよう促している（Pinchot 1906b）。

＊2——この時の公聴会は、「エレナー湖及びヘッチ・ヘッチー渓谷」に水源を求めるというタイトルではなく、明示的に「ヨセミテ国立公園」内に水源を求めるという申請に基づくものとされている。

＊3——パシフィック大学のデジタルコレクションとして公開されている、この手紙の内容は、一九〇八年四月二十一日付けルーズベルト宛ての手紙と、ほぼ同じ内容であり、この二つの手紙の整理には、混乱が見られる。それぞれの手紙に対するルーズベルトの返事から見て、この手紙は一九〇七年九月十六日のものであり、一九〇八年四月二十一日のものは、現在公開されているものとは別の内容であると思われる（Muir 1908b）。

　この混乱の原因は恐らく、バーデーが、ミューアに関する著書の中で、この手紙を一九〇八年四月二十一日のものとして収録したことにあると思われる(Badè 1924, Vol. 2, 417)。

*4――この決定は、その内容から、五月七日にマンソンがワシントンで提出した「嘆願書」に基づくものであることが分かる。この嘆願書でマンソンは、「科学的観点」から、サンフランシスコ市が必要とする水量は、エレナー湖だけでは不十分で、ヘッチ・ヘッチー渓谷のダム建設が不可欠だとしながらも、実際の工事は、エレナー湖及び、エレナー湖の水量を調整するために、その西側に位置するチェリー川のダム化を優先して行い、実際に、さらに多くの水量が必要となった場合にのみ、ヘッチ・ヘッチー渓谷のダム化を行うので、この計画を承認してほしいと願い出ている(Manson 1908, 214)。

また Wolfe (1945, 313) によれば、四月二十七日にルーズベルトは、ミューアからの手紙を添付して、ガーフィールドに手紙を送り、現時点ではエレナー湖のダム建設だけを認め、ヘッチ・ヘッチー渓谷に関しては、判断を保留するべきだと示唆したとされる。ただし私は、この手紙のオリジナルを確認することができなかった。

*5――一月九日に再開された公聴会は、H. J. Res. 184 ではなく、関連決議案の H. J. Res. 223 に関するものとして開催されている(USC 1909a, 3)。

*6――一九一一年三月二十三日の『コール』紙に、フィッシャー内務長官が「サンフランシスコ市に六ヶ月の延長を許可した」と報じた記事がある。フィッシャーの着任は三月十三日であるところから、市は、新内務長官の着任後すぐに、延期の願いを申請したことが分かる。

*7――一九一一年十二月一日の次は、一九一二年三月一日に延期され、さらに六月十日に延期されて、最終的な公聴会の開催は、十一月二十五日から三十日となった。フィッシャーが、退任の三日前にサンフランシスコ市に宛てた文書から、これらの度重なる延期は、サンフランシスコ市の資料が完成するまで、彼が市の願いを聞き入れたことによるものだったことが分かる (US 1913b, 4-5)。しかしフィッシャーは、当初からヘッチ・ヘッチー渓谷のダム化に積極的だったピンショーの友人でもあり、ピンショーから、何らかの働きかけがあった可能性は否定できない。

*8――Righter (2005, L. 1487) は、タフト大統領が、フ

リーマンをサンフランシスコ市に紹介したとしているが、典拠が不明である。

＊9――サンフランシスコ市が『フリーマンレポート』を内務省の諮問委員会に提出した日付けは、不明である。しかし『フリーマンレポート』には、八月九日付けの文書が添付されており（Freeman 1912, 401）、委員会の答申書には、サンフランシスコ市の最終的な文書提出日が、九月一日だったと記載されているところから（US 1913a, 10）、『フリーマンレポート』の正式な受理は、九月一日だったと考えてよいだろう。

＊10――三人の技官の他に、技官助手であるH. H. Wadsworthが、資料の検討と答申の作成に関わっている(Righter 2005, L. 1666)。

＊11――現在、ヘッチ・ヘッチー湖の北側にはトレイルが整備されているが、ヨセミテ渓谷と比較して、訪れる人は極めて少ない。二〇一三年十一月までの一年間に、各ゲートを通過した車両台数を見ると、次のようになっている。Arch Rock: 710,909; South Entrance: 1,005,420; Big Oak Flat: 574,681; Hetch Hetchy: 30,972（NPS Stats 2014)。

＊12――フィッシャーのこうした結論は、一見、任期満了を口実にして、彼が困難な判断から逃げたかのようにも映るが、実際に国有地内通行権利法の条文を検討してみると、この法律に関する彼の指摘は、妥当なものだと評価できるように思われる。

＊13――H. R. 112（一九一三年四月七日）、H. R. 4319（四月二十五日）、H. R. 6281（六月二十三日）、H. R. 7207（八月一日）、H. R. 7297（Franklin Wheeler Mondell 提出）(Jones 1965, 155)。

＊14――擁護派の主要メンバーは、本業のスケジュールや旅費の問題から公聴会に出席することができなかったと言われている(Clements 1979, 209)。

＊15――現在この公聴会の記録は、形式的には委員会の公式記録として存在しているが(USC 1913c)、当初、委員会は、速記録の作成を認めなかったため、ジョンソンが交渉し、彼の「自費」で記録が作成されることになったとされている(Johnson 1923, 311)。また記録は、ジョンソンたちが「非公式」のものとして利用するという条件だったが、後に委員会側がジョンソンの了解を得ずに、公式の記録として公開してしまったものであるともされている(Johnson 1923, 312)。そのため、この記録には、公聴会の冒頭で速記録の作成をめぐって、どのよ

うなやり取りが行われたかなどの様子が記述されておらず、またこの記録は、公聴会の全ての発言を収録したものなのかも不明である。ジョンソンによれば、この記録は、各発言者の校正も経ずに公開されたものだという(Johnson 1923, 312)。

*16——ケントはかつて、サンフランシスコ湾の北に流れる、レッドウッド川 Redwood Creek 沿いの森が、貯水池のためのダム建設によって、伐採される危機にあった時、レッドウッドの森を保護するために、一帯を買い取り、連邦政府に寄贈した人物である（Righter 2005, L. 1798）。その後この森は、一九〇八年にルーズベルト大統領によって、国立記念物に指定され、ケントの希望により「ミューアの森」Muir Woods National Monument と名付けられた。これに対してミューアは、「あなたは、ジャイアント・セコイアと同じように、あなた自身を永遠の存在にしました。世界中のあらゆる善良な人々が、あなたに祝福を贈るでしょう」とケントに最大級の賛辞を贈っている（Muir 1908a）。そのケントが、ヘッチ・ヘッチー渓谷のダム化では、賛成の立場をとったのだった。Righter（L. 1805）はこれについて、ケントの自然保護思想は、ピンショーの保全主義に近いものであり、自然の保護は人間の幸福の実現に優先されないという信念に、基づくものだったとしている。

あとがき

私の専門は、科学技術に関連した応用倫理学というものであって、本来はアメリカの思想や文学の研究ではない。その私が本書のようなテーマに取り組むことになったのは、二〇〇二年に一年間ボストンカレッジに滞在した際、近郊のコンコードを訪れたことがきっかけになっている。コンコードで、エマソンやホーソンが暮らした「旧牧師館」や、ウォールデン湖を訪ねた後、私は軽い気持ちで、エマソンのエッセイやソローの著書を手に取ってみた。関連して、エマソンやソローの解説書なども読んでみたところ、そこでの解説と、実際に私がそれらの作品から得た印象が、非常に違っていることに驚いた。特に違和感を覚えたのは、エマソン研究の中で論じられているソローの解釈と、ソロー研究の中で論じられているエマソン理解に対してだった。そこで、さらにそれらの解説や研究書を検討してみると、どうも私には、エマソン研究者の多くは、ソローの自然観を正確に捉えておらず、ソロー研究者の多くが、エマソンの超越主義や観念論の内容を適切に理解していないように思われた。こうして私は、半ば私自身の趣味のようなものとして、エマソンやソローの作品を読み、改めてその意味を考え直してみることにした。

本書の最大の特徴は、エマソンの思想の取り扱いにあると言えるかもしれない。本文中でも幾度か触れたように、アメリカの自然をめぐる思想を紹介している書物には、エマソンとソローをアメリカ自然思想の源泉であるかのように論じ、またソローをエマソンの思想的後継者のように見なしているものが多い。しかし私は本書で、自然の意味を「フロントカントリー」と「バックカントリー」の二面から捉えていくアメリカ自然思想の形成にとって、エマソンの超越主義的自然観は、一般に思われているように大きな影響は及ぼしておらず、またソローが確立した「フロントカントリー」の思想も、エマソンの超越主義とは非常に異なるものだという見方を提示した。エマソンの超越主義は、自己や自然の根底に神の存在を直観することが主眼であり、自然の多様性それ自体に本質的な価値があるとは考えない。エマソンの思想は、ヨーロッパの伝統的な観念論の延長線上に位置するものであって、アメリカで独自に発達する自然思想とは、本質上異なるものなのである。そのことを示すために私は、他の章と比較して、かなり異質な思弁的論述を多く含むエマソンの自然観に関する考察を、敢えて本書に収めた。

オーデュボンに関する章は、ソローの「マサチューセッツの博物誌」を読んだ際、その冒頭にオーデュボンに言及した部分のあったことが、契機となっている。ソローが、ゾクゾクするほど面白いと言う、オーデュボンについて調べてみたところ、彼の作品が、アメリカに残された原生自然が持つ価値の発見に大きく寄与し、それが、後の「バックカントリー」というアメリカ独自の自然観へと結びついて行く、淵源の一つになっているのではないかと思われた。そこで私は、言わばバックカントリーの世界に湧き出る源泉の一つに彼を位置づけ、そのような視点から彼の作品が持つ意味と、その後の影響について考えてみることにした。

アメリカの「バックカントリー」という自然観が確立する上で、ミューアの果たした役割は決定的である。バローズは、バックカントリーの原生自然を追い求めるミューアについて、「彼には……一つの大陸が必要だった」と言っているが、むしろミューアには、「地球全体が必要だった」と言うべきかもしれない。それほど彼の活動範囲は広大だ。しかし本書において私は、アラスカ探検や、晩年の世界旅行については敢えてほとんど触れず、ヨセミテ渓谷との関連に的をしぼって、彼の思想と活動の跡を辿ることにした。それは何よりも、これらの事柄に触れだせば、一つの章では収まり切らず、ミューアに関する独立した一書を必要とすることになってしまうからであり、また本書の本来の目的は、ミューアについての評伝を記すことではなく、彼の足跡を辿ることによって、アメリカに特有の「バックカントリー」という自然観の形成と展開を描き出すことだったからでもある。

二〇一一年から二〇一二年にかけて、私はワシントン大学に滞在し、ミューアとバックカントリーに関する章の執筆に取り組んだ。私事にわたり恐縮だが、この間に母が倒れ、母はそれ以来、病院のベッドから離れることが出来ない状態になってしまった。本書の三分の一ほどは、文末にあげる既発表の拙論によるものだが、本書を独立した一書としてまとめるために、私はそれらに大幅な加筆と修正を行った。その作業の大半を、私は病床の母の枕元で行った。本書の上梓を待たず、母は天国の人となってしまったが、学生時代から、私の自由気ままな生き方を見守り続けてくれた母幸代に、感謝の気持ちを込めて本書を捧げたい。

最後に、ワシントン大学の加藤眞司氏には、同大への受け入れにおいて大変なご尽力を頂いた。ミューアやヘッチ・ヘッチー論争に関する論述で、私は多くの一次資料を参照したが、同大での滞在がなければ、決して本書を完成させることが出来なかったと思う。加藤氏には、この場を借りて改めてお礼を申し上げたい。

文一

初出一覧

「エマソンの自然観」『明治大学教養論集』第四三六号、五五—六三、二〇〇八。

「アメリカ自然思想の源流」『明治大学人文科学研究所紀要』第六六巻、一—四九、二〇一〇。

「クタードン　ソローの山」『明治大学教養論集』第四九五号、三九—五五、二〇一三。

「ソロー『マサチューセッツの博物誌』と『冬の散歩』」『明治大学教養論集』第四九八号、八三—九八、二〇一四。

「エマソンの自然観再考」『駒澤大学仏教経済研究所紀要』第四三巻、一一九—一三三、二〇一四。

索引

◉————人名索引

あ行

か行

さ行

た行

な行

は行

ま行

や行

ら行

わ行

◉————書名・作品名・紙誌名索引

あ行

か行

さ行

た行

な行

は行

ま行

や行

ら行

わ行

文献に関する註

＊キンドル版（アマゾン）を使用した場合は頁番号ではなく、Lの記号によって、当該箇所を示した。

オーデュボンの作品及び著作

AUDUBON, John James (1897): *Audubon and His Journal,* Maria R. Audubon [ed.], New York: Charles Scribner's Sons, Kindle Edition.

BA: *The Birds of America* (1827–1838), London: Pub. by the author.
この「作品」の原典を見ることは極めて困難である。ただし複製版は多数出版されている。本書では下記の縮小写真版を適宜参照し、図版の引用もこれに依拠した。
Audubon's Birds of America: The Audubon Society Baby Elephant Folio, New York: Abbeville Press, 1993.

OB: *Ornithological Biography* (1831–1839), Edinburgh: A. Black, Online Edition; http://digital.library.pitt.edu/cgi-bin/t/text/text-idx?c=darltext&cc=darltext&type=bib&q1=ornithological+biography&rgn1=title&Submit=Search)

QNA: *The Quadrupeds of North America* (1846–1854), New York: Pub. by V.G. Audubon.

オーデュボン、ジョン・J (1994)：『オーデュボンの自然誌』スコット・R・サンダーズ編、宝島社。

エマソンの著作

＊エマソンの著作に関する引用は、一般にAMS版全集かHarvard University Press版全集による場合が多いが、国内では大学図書館でもこれらを完備しているところが少ない。そのため本書では、現在最も入手しやすいキンドル版全集を使用した。

EMERSON, Ralph Waldo (1872): "Letter from R[alph] W[aldo] Emerson to John Muir, 1872 Feb 5," Identifier: muir02_0676-md-1, ark:/13030/tf609nb7wg, http://library.pacific.edu/ha/

CEE: *The Complete Essays of Ralph Waldo Emerson*, The Complete Works Collection, Kindle Edition, 2011.

LE: *The letters of Ralph Waldo Emerson*, ed. Ralph L. Rusk, New York: Columbia University Press, 1939.

JE: *The Journals of Ralph Waldo Emerson*, ed. Edward Waldo Emerson and Waldo Emerson Forbes, Boston: Houghton Mifflin, 1904-14.

JMN: *The Journals and Miscellaneous Notebooks of Ralph Waldo Emerson*, ed. William H. Gilman, Cambridge: Belknap Press of Harvard University Press, 1960-82.

『エマソン論文集』(上·下)岩波文庫、2003年。

「主の晩餐」「自然」「アメリカの学者」「神学部講演」「自己信頼」「償い」「霊の法則」上巻所収。

「大霊」「円」「超越論者」「詩人」「自然」「運命」「逃亡奴隷法」「ソーロウ」下巻所収。

『自然について』日本教文社、2002年。

「天文学」「博物学者」『自然』「アメリカの学者」「神学部講演」「自然の方法」「自然」所収。

『精神について』日本教文社、2002年。

「歴史」「自己信頼」「償い」「精神の法則」「愛」「友情」「神」「円」「知性」所収。

カーソンの著作

CARSON, Rachel (1941): *Under the Sea Wind*, New York: Simon & Schuster, Kindle Edition, 2011.

—(1951): *The Sea Around Us*, New York: Oxford University Press, Kindle Edition, 2011.

—(1955): *The Edge of the Sea,* Boston: Houghton Mifflin, Kindle Edition, 1998.

—(1962): *Silent Spring*, Boston: Houghton Mifflin, Kindle Edition, 2002.

—(1965): *The Sense of Wonder*, New York: HarperCollins, Kindle Edition, 2011.

—(1998): *Lost Woods: The Discovered Writing of Rachel Carson*, Boston: Beacon Press, Kindle Edition, 2011.

『われらをめぐる海』ハヤカワ文庫、1977。

『センス·オブ·ワンダー』新潮社、1996 (2002)。

『失われた森』集英社、2000（2001）。
『海辺』平河出版社、1987。
『潮風の下で』岩波現代文庫、2012。
『沈黙の春』新潮文庫、1974。

カントの著作

Grund: *Grundlegung zur Metaphysik der Sitten*, Werkausgabe, Bd. 7.
KrV: *Kritik der reinen Vernunft*, Werkausgabe, Bd. 3, 4.
KpV: *Kritik der praktischen Vernunft*, Werkausgabe, Bd. 7.
KU: *Kritik der Urteilskraft*, Werkausgabe , Bd. 10.
Prol: *Prolegomena zu einer jeden künftigen Metaphysik, die als Wissenschaft wird auftreten können*, Werkausgabe, Bd.5.
Werkausgabe: in 12 Bänden, Hrsg. Von Wilhelm Weischedel, Frankfurt am Main: Suhrkamp.

コールリッジの著作

CP: *The Complete Poetical Works of Samuel Taylor Coleridge*, ed. E. H. Coleridge, Oxford: Clarendon Press, 1912, 1962.
CW: *The Complete Works of Samuel Taylor Coleridge*, ed. W. G. T. Shedd, New York: Harper & Brother, 1868.
『「政治家必携の書——聖書」研究』こびあん書房、1998。
『文学的自叙伝』法政大学出版局、2013。
『方法の原理』法政大学出版局、2004。

ソローの著作

A Week: *A Week on the Concord and Merrimack Rivers, The Writings of Henry David Thoreau*, Vol. 1, Boston: Houghton Mifflin, 1906.
CEP: *Collected Essays and Poems*, Witherell, Elizabeth Hall [ed.], New York: Library of America, 2001.
Collected Poems of Henry Thoreau, Carl Bode [ed.], Baltimore: Johns Hopkins Press, 1964.
Journal, The Writings of Henry David Thoreau, Vol. 7-20, Boston: Houghton Mifflin, 1906.

Journal (1842–1848) : The Writings of Henry D. Thoreau, Robert Sattelmeyer & John C. Broderick [ed.], Princeton: Princeton University Press, 1984.
MW: *The Maine Woods, The Writings of Henry David Thoreau*, Vol. 3, Boston: Houghton Mifflin, 1906.
NH of Mass: "Natural History of Massachusetts", *The Writings of Henry David Thoreau*, Vol. 5, Boston: Houghton Mifflin, 1906.
Walden: *Walden or Life in the Woods, The Writings of Henry David Thoreau*, Vol. 2, Boston: Houghton Mifflin, 1906.
Walking: "Waling," *The Writings of Henry David Thoreau*, Vol. 5, Boston: Houghton Mifflin, 1906.
WW: "A Winter Walk," *The Writings of Henry David Thoreau*, Vol. 5, Boston: Houghton Mifflin, 1906.
Wild Fruits: Thoreau's rediscovered last manuscript, Bradley P. Dean [ed.], New York: W.W. Norton, 2000.
『H. D. ソロー(アメリカ古典文庫)』研究社、1977。
『ウォーキング』春風社、2005。
『森の生活　ウォールデン』(上・下)岩波文庫、2001。
『コッド岬』工作舎、1993。
『コンコード川とメリマック川の一週間』而立書房、2010。
『ザ・リバー』宝島社、1993。
『ソロー 博物誌』彩流社、2011。
『メインの森』講談社学術文庫、1994。
『市民の反抗』岩波文庫、1997。
『野生の果実』松柏社、2002。

ミューアの著作

MUIR, John (1870a): "Letter from John Muir to Mrs. [Jeanne C.] Carr, 1870 Apr 5, 13," Identifier: muir02_0244-md-1, ark:/13030/tf609nb7wg, http://library.pacific.edu/ha/
―(1870b): "Letter from [John Muir] to Mrs. [Jeanne C.] Carr, [1870] Dec 22," Identifier: muir02_0356-md-1, ark:/13030/tf609nb7wg, http://library.pacific.edu/ha/
―(1871a): "Letter from John Muir to R[alph] W[aldo] Emerson, [1871 ca May 8]" Identifier: muir02_0440-md-1, ark:/13030/tf609nb7wg, http://library.pacific.edu/

ha/

– (1871b): "Letter from John Muir to [Ralph Waldo] Emerson, [1871] Jul 6," Identifier: muir02_0472-md-1, ark:/13030/tf609nb7wg, http://library.pacific.edu/ha/

– (1871c): "Letter from John Muir to Clinton L. Merriam, 1871 Aug 20," Identifier: muir02_0496-md-1, ark:/13030/tf609nb7wg, http://library.pacific.edu/ha/

– (1872a): "Letter from John Muir to [Ralph Waldo] Emerson, 1872 Mar 18," Identifier: muir02_0726-md-1, ark:/13030/tf609nb7wg, http://library.pacific.edu/ha/

– (1872b): "Letter from [John Muir] to [Jeanne C.] Carr, 1872 Oct 8," Identifier: muir02_0942-md-1, ark:/13030/tf609nb7wg, http://library.pacific.edu/ha/

– (1872c): "Living Glaciers of California," *Overland monthly and Out West magazine*, Vol. 9, Iss. 6, 547–549.

– (1872d): "Letter from [John Muir] to [Jeanne C.] Carr, 1872 Oct 8," Identifier: muir02_0942-md-1, ark:/13030/tf609nb7wg, http://library.pacific.edu/ha/

– (1873): "The Hetch Hetchy Valley," *Boston Weekly Transcript*, March 25, 1873, Online Edition; http://www.yosemite.ca.us/john_muir_writings/muir_hetch_hetchy_boston_25mar1873.html

– (1875): "A New Yosemite: The King's River Valley," *San Francisco Daily Evening Bulletin*, Aug. 13, Reprint. Engberg (1984), 92–102.

– (1876): "God's First Temples: How Shall We Preserve Our Forests?" *Sacramento Daily Union*, Feb. 5, Reprint. NW, 629–633.

– (1890a): "The Treasures of the Yosemite," *The Century Magazine*, Vol. 40, No. 4, 483–499.

– (1890b): "Features of the Proposed Yosemite National Park," *The Century Magazine*, Vol. 40, No. 5, 656–666.

– (1890c): "Letter from John Muir to[Robert Underwood]Johnson, 1890 May 8," Identifier: muir06_0472-md-1, ark:/13030/tf609nb7wg, http://library.pacific.edu/ha/

– (1892): "Letter from John Muir to [Robert Underwood] Johnson, 1892 Nov 28," Identifier: muir07_0703-md-1, ark:/13030/tf609nb7wg, http://library.pacific.edu/ha/

– (1893): "Letter from John Muir & Warren Olney [Pres. & V. Pres. of Sierra Club] to [Robert Underwood] Johnson, 1893 Feb 26," Identifier: muir07_0837-md-1,

ark:/13030/tf609nb7wg, http://library.pacific.edu/ha/
−(1894): *The Mountains of California*, New York: Century Company, Kindle Edition, 2011.
−(1895): "Letter from John Muir to [Robert Underwood] Johnson, 1895 Sep 12," Identifier: muir08_1162-md-1, ark:/13030/tf609nb7wg, http://library.pacific.edu/ha/
−(1901): *Our National Parks*, Boston: Houghton Mifflin, Vook classics, Kindle Edition, 2011.
−(1905): "Letter from [John Muir] to [Edward Henry] Harriman, 1905 Jan 5," Identifier: muir15_0038-md-1, ark: /13030/tf609nb7wg, http://library.pacific.edu/ha/
−(1907): "Letter from John Muir to [Theodore Roosevelt], 1907 Sep 9," Identifier: muir16_0986-md-1, ark:/13030/tf609nb7wg, http://library.pacific.edu/ha/
−(1908a): "Letter from John Muir to William Kent, 1908 Jan 14," Identifier: muir17_0072-md-1, ark:/13030/tf609nb7wg, http://library.pacific.edu/ha/
−(1908b): "Letter from John Muir to [Theodore Roosevelt], 1908 Apr 21," Identifier: muir17_0428-md-1, ark:/13030/tf609nb7wg, http://library.pacific.edu/ha/
−(1909a): "Letter from John Muir to [Katharine] Hooker & Marian, 1909 Oct 20," Identifier: muir18_0817-md-1, ark:/13030/tf609nb7wg, http://library.pacific.edu/ha/
−(1909b): "Letter from John Muir to [William] Colby, 1909 Oct 21," Identifier: muir18_0823-md-1, ark:/13030/tf609nb7wg, http://library.pacific.edu/ha/
−(1911): *My First Summer in the Sierra*, Boston: Houghton Mifflin, Kindle Edition, 2011.
−(1912): "Hetch Hetchy Valley," *The Yosemite*, New York: The Century Co., Reprint. NW, 810–817.
−(1913): *The Story of My Boyhood and Youth*, Boston: Houghton Mifflin, Kindle Edition, 2011.
−(1915a): "Edward Taylor Parsons," *Sierra Club Bulletin*, Vol. 9, No. 4, Online Edition; http://www.yosemite.ca.us/john_muir_writings/edward_taylor_parsons.html
−(1915b): *Letters to a Friend; Written to Mrs. Ezra S. Carr 1866–1879*, Gloucester UK: Dodo Press, 2009.

– (1915c): *Travels in Alaska*, Boston: Houghton Mifflin, Kindle Edition, 2011.
– (1916): *A Thousand-Mile Walk to the Gulf*, Boston: Houghton Mifflin, Kindle Edition, 2011.
– (1938): *John of the Mountains: The Unpublished Journals of John Muir*, Linnie Marsh Wolfe [ed.], Madison: University of Wisconsin Press; 2 edition, 1979.
– (1944): "The Creation of Yosemite National Park. Letters of John Muir to Robert Underwood Johnson," *Sierra Club Bulletin*, Vol. 29, No. 5.
NW: *Nature Writings*, William Cronan [ed.], New York: Library of America, 1997.
『1000マイルウォーク緑へ』立風書房、1994。
『はじめてのシエラの夏』宝島社、1993。
『山の博物誌』立風書房、1994。

その他の参考文献

ADDISON (1712): *Cato, A Tragedy*, Edinburgh: J. Wood, Online Edition; https://openlibrary.org/works/OL16288870W/Cato
BADÈ, William F. (1924): *The Life and Letters of John Muir*, Boston: Houghton Mifflin.
BAKER, Cathleen A. (1985): "Audubon's The Birds of America: A Technical Examination and Condition Survey of the Four-Volume Folio Set Belonging to Syracuse University," Master Thesis, New York; Syracuse University, 2009.
BARROW, Mark V., Jr. (1998): *A Passion for Birds: American Ornithology After Audubon*, Princeton, NJ: Princeton U. P.
BENNETT, Randall H. (2003): *The White Mountains: Alps of New England*, Mount Pleasant, SC: Arcadia Publishing.
BOARD OF RAILROAD COMM. (1894): *Annual Report of the Board of Railroad Commissioners of the State of California*, Sacramento: State of California.
BODE, Carl (1964): *Collected poems of Henry Thoreau*, Baltimore: Johns Hopkins Univ. Press.
BREWSTER, Edwin Tenney (1909): *Life and letters of Josiah Dwight Whitney*, Boston: Houghton Mifflin.
BURROUGHS, John (1967): Clara Barrus [ed.], *The Heart of Burroughs's Journals*, Port Washington, N.Y.: Kennikat Press.
BURTT Jr, Edward H. & DAVIS Jr, William E. Davis (2013): *Alexander Wilson: The*

Scot Who Founded American Ornithology, Cambridge, MA; The Belknap Press of Harvard Univ. Press, Kindle Edition.

BUSH, Vannevar (1935): "Biographical Memoir of John Ripley Freeman," *National Academy Biographical Memoirs*, Vol. 17, 171–187.

CARR, Jeanne C. (1871): "Letter from [Jeanne C. Carr] to John Muir, [1871] Dec 31," Identifier: muir02_0626-md-1, ark:/13030/tf609nb7wg, http://library.pacific.edu/ha/

–(1872): "Letter from [Jeanne C. Carr] to John Muir, [1872] Sep 24," muir02_0916-md-1, ark:/13030/tf609nb7wg, http://library.pacific.edu/ha/

CHANNING, William E. (1892): *The works of William E. Channing*, Boston: American Unitarian Association.

CHARLES, W. Townsend (1919): "Note on Audubon's Labrador Trip," *The Auk*, Vol. 36, No. 3, July, 424–426.

CLEMENTS, Kendrick A. (1979): "San Francisco's Fight for Hetch Hetchy, 1908–1913," *Pacific Historical Review*, Vol. 48, No. 2, 185–215.

COLBY, William Edward (1954): *Reminiscences of William Edward Colby: Oral History Transcript / 1953–1954*, Regional Cultural History Project, University of California, Berkeley.

DeLATTE, Carolyn E. (1982): *Lucy Audubon: a biography*, Baton Rouge: Louisiana State University Press, 2008.

ENGBERG, Robert & WESLING, Donald (1980): *John Muir: To Yosemite and Beyond*, Madison: University of Wisconsin Press.

ENGBERG, Robert (1984): *John Muir Summering in the Sierra*, Madison: University of Wisconsin Press.

FARQUHAR, Francis Peloubet (1965): *History of the Sierra Nevada*, Berkeley: University of California Press.

FERRIS (1913): "Letter from Scott Ferris to John Muir, 1913 Jun 24," Identifier: muir21_0539-md-1, ark:/13030/tf609nb7wg, http://library.pacific.edu/ha/

FISHER, Albert Kenrick(1939): "In Memoriam: George Bird Grinnell," *The Auk*, Vol. 56, 1–12.

FOOTE, W. W. (1904): "Introduction and Sketch of the Author," *Indians of the Yosemite Valley and Vicinity, Their History, Customs and Traditions* by Galen Clark, 1904, Online Edition; http://www.yosemite.ca.us/library/indians_of_the_yosemite/

introduction.html

FORD, Alice (1988): *John James Audubon: A Biography*, New York: Abbeville Press.

FREEMAN, John R. (1912): *On the proposed use of a portion of the Hetch Hetchy, Eleanor and Cherry valleys within and near to the boundaries of the Stanislaus U. S. national forest reserve and the Yosemite national park as reservoirs for impounding Tuolumne River flood waters and appurtenant works for the water supply of San Francisco, California, and neighboring cities*, San Francisco: The Rincon publishing company.

GANOE, John T. (1934): "Some Constitutional and Political Aspects of the Ballinger-Pinchot Controversy," *The Pacific Historical Review*, Vol. 3, No. 3, 323–333.

GELDARD, Richard (1993): *The Esoteric Emerson: The Spiritual Teachings of Ralph Waldo Emerson*, Aurora, CO: Lindisfarne Press.

GISEL, Bonnie J. (2001): *Kindred & Related Spirits*, Salt Lake City: University of Utah Press.

GLAZNER, Allen F. & STOCK, Greg M. (2010): *Geology Underfoot in Yosemite National Park*, Missoula: Mountain Press Publishing Company.

GREENE, Linda Wedel (1987): *Yosemite: the Park and its Resources, a history of the discovery, management, and physical development of Yosemite National Park, California*, U.S. Dept. of the Interior, National Park Service.

HAKOLA, John W. (1981): *Legacy of a Lifetime, The Story of Baxter State Park*, Woolwich: Thea Wheelwright, TBW Books.

HAMPTON, H. Duane (1971): *How the U.S. Cavalry Saved Our National Parks*, Indiana University Press, Online Edition; http://www.nps.gov/history/history/online_books/hampton/index.htm

HAWTHORNE (AN): *Passages from the American note-books of Nathaniel Hawthorne, The complete works of Nathaniel Hawthorne*, Vol. 7, Boston: Houghton Mifflin, 1883.

HOLMES, O. W. (1885): *Ralph Waldo Emerson*, Boston: Houghton Mifflin.

HOLMES, Steven J. (1999): *Young John Muir: An Environmental Biography*, Madison: University of Wisconsin Press.

HOWARTH, William (2001): *Walking with Thoreau*, Boston: Beacon Press.

JOHNSON, Robert Underwood (1889): "Letter from Johnson to John Muir, 1889 Nov 21," Identifier: muir06_0282-md-1, ark:/13030/tf609nb7wg, http://library.

pacific.edu/ha/
—(1890): "The Care of the Yosemite Valley," *The Century Magazine*, Vol. 39, No. 3, 474–475.
—(1909): "Letter from R[obert] U[nderwood] Johnson to John Muir, 1909 Sep 7," Identifier: muir18_0715-md-1, ark:/13030/tf609nb7wg, http://library.pacific.edu/ha/
—(1923): *Remembered Yesterdays*, Whitefish, MT: Kessinger Publishing, 2004.
JONES, Holway R. (1965): *John Muir and the Sierra Club: The Battle for Yosemite*, San Francisco: Sierra Club.
KING, Clarence (1878): *Systematic Geology, Report of the Geological Exploration of the Fortieth Parallel*, Vol. 1, Washington: GPO.
KNEELAND, Samuel (1872): "On the Glaciers of the Yosemite Valley," *Proceedings of the Boston Society of Natural History*, Vol. 15, 35–47.
LeCONTE, Joseph (1875): *A Journal of Ramblings Through the High Sierras of California by the "University Excursion Party,"* San Francisco: Francis & Valentine, Online Edition; http://www.yosemite.ca.us/library/leconte/
LEGISLATURE OF THE STATE OF CALIFORNIA (1905): *Journal of the Senate*, Sacramento: State of California.
LEONARD, Zenas (1839): *Narrative of the Adventures of Zenas Leonard*, Clearfield, Pa.: D.W. Moore, Online Edition; http://user.xmission.com/~drudy/mtman/html/leonintr.html
LEOPOLD, Aldo (1949): *A Sand County Almanac and Sketches Here and There*, Oxford University Press, New York, Kindle Edition.
LIBRARY OF CONGRESS (2013): "Walter L. Fisher Papers," Finding Aid to the Collection in the Library of Congress, http://hdl.loc.gov/loc.mss/eadmss.ms012073
MASON, Marsden (1899): "Observations on the Denudation of Vegetation – A Suggested Remedy for California," *Sierra Club Bulletin*, Vol. 2, No. 6, 295–311.
MANSON, Marsden & GRUNSKY, C. E. (1908): *Reports of the Water Supply of San Francisco California*, San Francisco: Authority of the Board of Supervisors.
MATTHES, François Emile (1930): *Geologic History of The Yosemite Valley: Geological Survey Professional Paper 160*, Washington: GPO.
MILLER, Char (2001): *Gifford Pinchot and the Making of Modern Environmentalism*, Washington: Island Press, Kindle Edition.

NPS Stats (2014): Public Use Statistics Office, "National Park Service Visitor Use Statistics: District YTD Report," https://irma.nps.gov/Stats/Reports/Park

ORSI, Richard J. (2005): *Sunset Limited: The Southern Pacific Railroad and the Development of the American West, 1850–1930*, Berkeley: University of California Press, Kindle Edition.

PARSONS, Marion Randall (1916): "John Muir and the Alaska Book," *Sierra Club Bulletin, John Muir Memorial Number*, Vol. 10, No. 1 (1916 January) [5], pp. 33–36, Online Edition: http://www.sierraclub.org/john_muir_exhibit/life/scb_jm_memorial_1916.html

PETERSON, Roger Tory (1993): "Introduction," *Audubon's Birds of America: The Audubon Society Baby Elephant Folio*, New York: Abbeville Press.

PINCHOT, Gifford (1906a): "Letter from Gifford Pinchot to Marsden Manson, 1906 May 28," Resource Identifier: muir16_0258-md-1, University of the Pacific Library Holt-Atherton Special Collections.

– (1906b): "Letter from Gifford Pinchot to Marsden Manson, 1906 Nov 15," Resource Identifier: muir16_0412-md–1, University of the Pacific Library Holt-Atherton Special Collections.

– (1910): *The Fight for Conservation*, New York: Doubleday, Page & Company.

RIGHTER, Robert W. (2005): *The Battle over Hetch Hetchy: America's Most Controversial Dam and the Birth of Modern Environmentalism*, New York: Oxford University Press USA, Kindle Edition.

ROOSEVELT, Theodore (1907): "Letter from Theodore Roosevelt to John Muir," 1907 Sep 16, Identifier: muir16_1010-md-1, ark:/13030/tf609nb7wg, http://library.pacific.edu/ha/

– (1908): "Letter from Theodore Roosevelt to John Muir, 1908 Jan 27," Identifier: muir17_0125-md-1; ark:/13030/tf609nb7wg; http://library.pacific.edu/ha/

– (1913): *An Autobiography*, New York: The Macmillan Company.

– (1915): "John Muir: An Appreciation," *Outlook*, Vol. 109, 27–28.

RUNTE, Alfred (1990): *Yosemite: The Embattled Wilderness*, Lincoln, NE: University of Nebraska Press.

SCHAFFER, Jeffrey P. (1978): *Yosemite National Park: A Natural-History Guide to Yosemite and Its Trails*, Birmingham, AL: Wilderness Press, 2003.

SFMR (1910): City and County of San Francisco, *San Francisco Municipal Reports*

1908–1909, San Francisco: City and County of San Francisco.

SMITHSONIAN INSTITUTION (2014): "The Passenger Pigeon," *Encyclopedia Smithsonian*, http://www.si.edu/encyclopedia_Si/nmnh/passpig.htm (Feb. 1, 2014)

STEWART, Frank (1995): *A Natural History of Nature Writing*, Washington: Island Press.

TAYLOR, H. J. Mrs. (1936): [Rose Schuster Taylor], *Yosemite Indians and Other Sketches*, San Francisco: Johnck & Seeger, Online Edition; http://www.yosemite.ca.us/library/yosemite_indians_and_other_sketches/

TROUT, William Henry (1916): *Trout Family History*, Milwaukee, Wis.: W.H. Trout.

TURNER, Frederick (1985): *John Muir: Rediscovering America*, Cambridge, Mass.: Perseus.

US (1864): United States, *Statutes at Large*, Vol. 13, Boston: Little, Brown and Company.

–(1872): United States, *Statutes at Large*, Vol. 17, Boston: Little, Brown and Company.

–(1903): United States, *The Statutes at Large*, Vol. 31, Washington: GPO.

–(1910): United States, *Proceedings Before the Secretary of the Interior in Re Use of Hetch Hetchy Reservoir Site in the Yosemite National Park by the City of San Francisco*, Dept. of the Interior, Washington: GPO.

–(1913a): United States, *Hetch Hetchy valley; report of Advisory Board of Army Engineers to the Secretary of the Interior on investigations relative to sources of water supply for San Francisco and Bay communities*, Washington: GPO.

–(1913b): United States, *Water Supply, City of San Francisco; Application for Lake Eleanor and Hetch Hetchy Valley reservoir sites, Act of February 15, 1901*, Washington: GPO.

–(1918): United States, Department of Commerce, Bureau of Foreign and Domestic Commerce, *Statistical Abstract of the United States*, Washington: GPO.

USC (1905): United States Congress, *Congressional Record, Vol. 39, 58th Congress, 3rd Session*, Washington.

–(1908a): United States Congress, *Congressional Record, Vol. 42, 60rd Congress, 1st Session*, Washington.

–(1908b): United States Congress, *San Francisco and the Hetch Hetchy Reservoir Hearing Held Before the Committee on the Public Lands of the House of Representatives, December 16, 1908, on H.J. Res. 184*, Washington: GPO.

– (1909a): United States Congress, *San Francisco and the Hetch Hetchy Reservoir. Hearings held before the Committee on the Public Lands of the House of Representatives, January 9 and 12, [20 and 21] 1909, on H.J. Res. 223*, Washington: GPO.

– (1909b): United States Congress, *Granting use of Hetch Hetchy to city of San Francisco*, Washington: GPO.

– (1910): United States Congress, *Congressional Record, Vol. 45, 61st Congress, 2nd Session*, Washington.

– (1913a): United States Congress, *Hetch Hetchy Dam Site; Hearing before the Committee on the Public Lands, House of Representatives 63rd Congress First Session on H. R. 6281*, Washington: GPO.

– (1913b): United States Congress, *Congressional Record, Vol. 50, 63rd Congress, 1st Session*, Washington: GPO.

– (1913c): United States Congress, *Hetch Hetchy Reservoir Site: hearings before the United States Senate Committee on Public Lands, Sixty-Third Congress, first session, on Sept. 24, 1913*, Washington: GPO.

– (1913d): United States Congress, *Congressional Record, Vol. 51, 63rd Congress, 2nd Session*, Washington: GPO.

WILSON, Alexander (1813): George Ord [ed.], *American ornithology, or, The natural history of the birds of the United States*, Vol. 9, Philadelphia: Brandford & Inskeep.

– (1829): *American ornithology; or, The natural history of the birds of the United States, Plates*, New York: Collins & Co; Philadelphia: Harrison Hall.

– (1983): Clark Hunter [ed.], *Life and Letters of Alexander Wilson*, Philadelphia: American Philosophical Society.

WITHERELL, Elizabeth Hall (1990): "Thoreau's watershed season as a poet: The Hidden fruits of the summer and fall of 1841," *Studies in the American Renaissance*, 1991.

– (2001): *Henry David Thoreau: Collected Essays and Poems*, New York: Library of America.

WHITNEY, Josiah Dwight (1865): *Geology, Geological Survey of California*, Vol. 1, Philadelphia: Caxton Press.

– (1869): *The Yosemite Book: A Description of the Yosemite Valley and the Adjacent Region of the Sierra Nevada, and of the Big Trees of California, illustrated by maps*

and photographs, New York: Julius Bien, 1871.

WOLFE, Linnie Marsh (1945): *Son of the Wilderness: The Life of John Muir*, Madison: Univ. of Wisconsin Press, 1973.

アウグスティヌス:『告白録』(『アウグスティヌス著作集』第5巻I)教文館、1993。

ウィッチャー、スティーヴン・E(2001):『エマソンの精神遍歴』南雲堂。

ヴェーバー、マックス(1989):『プロテスタンティズムの倫理と資本主義の精神』岩波文庫。

エックハルト:『エックハルト説教集』岩波文庫、1990。

カエサル:『ガリア戦記』岩波文庫、2005。

シュナイダー、リチャード・J(1993):『ヘンリー・デイヴィッド・ソーロウ研究』ニューカレントインターナショナル。

ターナー、フレデリック (1994):「ミューアは英雄である」(『山の博物誌』立風書房)9–18。

ニーチェ、フリードリヒ:『この人を見よ』(『ニーチェ全集』第14巻)理想社、1967。

ニュッサのグレゴリオス:『雅歌講話』新世社、1991。

ハーゼル、カール(1996):『森が語るドイツの歴史』築地書館。

パーク、デーヴィッド・B(1978):『ユニテリアン思想の歴史』アポロン社。

ハーディング、ウォルター(2005):『ヘンリー・ソローの日々』日本経済評論社。

ブライ、ロバート(1993):『翼ある生命』立風書房。

ブルックス、ポール(2006):『自然保護の夜明け』新思索社。

フレッチャー、コリン(1994):「シエラ・クラブ版へのまえがき:風景に溶けこみ、自然と一体になってしまう」(『1000マイルウォーク緑へ』立風書房)7–15。

ボウラー、ピーター・J (1987):『進化思想の歴史』、朝日選書。

ポンティング、クライブ(1994):『緑の世界史』(上)朝日選書、1997。

石　弘之(2003):『世界の森林破壊を追う—緑と人の歴史と未来』朝日選書。

市村尚久(1994):『エマソンとその時代』玉川大学出版部。

伊藤詔子(1998):『よみがえるソロー』柏書房。

大西直樹(1993):「訳者あとがき」(ルーアク、コンスタンス『オーデュボン伝』平凡社)335–343。

岡島成行(1990):『アメリカの環境保護運動』岩波新書。

加藤則芳(1995):『森の聖者—自然保護の父ジョン・ミューア』山と溪谷社。

西郷容子(1995):「訳者あとがき」(『オーデュボンの自然誌』宝島社)313–316。

土屋博政(2004):『ユニテリアンと福澤諭吉』慶應義塾大学出版会。

森下直紀(2010):「ダム・ディベート」(立命館大学大学院先端総合学術研究科『Core Ethics』Vol. 6)437–449。
山口　晃(2011):「野生・神話・博物誌:訳者あとがき」(『ソロー博物誌』彩流社)275–309。

柴﨑 文一（しばさき・ふみかず）
1958年生まれ。明治大学政治経済学部教授。駒澤大学仏教学部卒業。上智大学哲学研究科修士課程修了。ミュンヘン・イエズス会哲学院博士課程修了（Ph.D）。哲学、倫理学のほか、環境思想、科学技術社会論の研究を行う。

明治大学リバティブックス

アメリカ自然思想の源流
――フロントカントリーとバックカントリー

2014年10月10日　初版発行

著　者……………… 柴﨑 文一
発行所……………… 明治大学出版会
〒101-8301
東京都千代田区神田駿河台1-1
電話　03-3296-4282
http://www.meiji.ac.jp/press/
発売所……………… 丸善出版株式会社
〒101-0051
東京都千代田区神田神保町2-17
電話　03-3512-3256
http://pub.maruzen.co.jp/
ブックデザイン……… 中垣信夫＋中垣呉
印刷・製本………… 株式会社シナノ

ISBN 978-4-906811-11-3 C0010

新装版〈明治大学リバティブックス〉刊行にあたって

教養主義がかつての力を失っている。
悠然たる知識への敬意がうすれ，
精神や文化ということばにも
確かな現実感が得難くなっているとも言われる。
情報の電子化が進み，書物による読書にも
大きな変革の波が寄せている。
ノウハウや気晴らしを追い求めるばかりではない，
人間の本源的な知識欲を満たす
教養とは何かを再考するべきときである。
明治大学出版会は，明治30年から昭和30年代まで存在した
明治大学出版部の半世紀以上の沈黙ののち，
2011年に新たな理念と名のもとに創設された。
刊行物の要に据えた叢書〈明治大学リバティブックス〉は，
大学人の研究成果を広く読まれるべき教養書にして世に送るという，
現出版会創設時来の理念を形にしたものである。
明治大学出版会は，現代世界の未曾有の変化に真摯に向きあいつつ，
創刊理念をもとに新時代にふさわしい教養を模索しながら
本叢書を充実させていく決意を，
新装版〈リバティブックス〉刊行によって表明する。

2013年12月
明治大学出版会